国家电网公司
电力科技著作出版项目

DIANWANG QIYE YUNYING
FENXI TIXI YU YUJING JISHU

电网企业
运营分析体系与预警技术

孙艺新　著

中国电力出版社
CHINA ELECTRIC POWER PRESS

内 容 提 要

《电网企业运营分析体系与预警技术》是一部系统阐述电网企业运营分析与运营预警关键技术的学术专著。本书面向大型电网企业运营发展的基本现状，建立运营分析技术框架，提出电网企业运营监测、分析、预警相关量化模型，还收录与之相关的延伸主题，为电网企业创新发展与管理决策提供技术支撑。

本书共 7 章，包括概述、运营绩效指标体系构建与优化、运营绩效分析评价技术、运营绩效综合预警技术、运营流程分析与预警技术、外部环境数据获取与监测技术和运营风险综合分析评价技术。

本书适合从事企业管理人员、管理咨询人员及科研工作者参考使用。

图书在版编目（CIP）数据

电网企业运营分析体系与预警技术/孙艺新著 . —北京：中国电力出版社，2017.12
ISBN 978 - 7 - 5198 - 1483 - 0

Ⅰ.①电…　Ⅱ.①孙…　Ⅲ.①电力工业－工业企业管理－研究　Ⅳ.①F407.616

中国版本图书馆 CIP 数据核字（2017）第 297053 号

出版发行：中国电力出版社
地　　　址：北京市东城区北京站西街 19 号（邮政编码 100005）
网　　　址：http://www.cepp.sgcc.com.cn
责任编辑：罗翠兰　（010 - 63412428）
责任校对：马　宁
装帧设计：张俊霞　郝晓燕
责任印制：邹树群

印　　　刷：三河市万龙印装有限公司
版　　　次：2017 年 12 月第一版
印　　　次：2017 年 12 月北京第一次印刷
开　　　本：787 毫米×1092 毫米　16 开本
印　　　张：15.25
字　　　数：266 千字
印　　　数：0001—1500 册
定　　　价：70.00 元

前　言

近年来，国际经济形势正在发生深刻变化，经济复苏缓慢，增速分化加剧，全球制造业普遍面临着固定资产投资增速下滑、市场增长率放缓、大宗商品及原材料价格波动频繁、劳动力成本上升等状况。我国经济也步入新常态，经济增长由高速增长向中高速增长换挡，GDP增速将由10％以上的高增长阶段过渡为7％左右的中高速增长阶段，出口、投资对经济的拉动作用降低。在此背景下，传统大型企业亟须由粗放式发展向集约化管理转变，以投资提升市场份额、以市场占有率换取财务利润率的经营导向难以持续。传统大型企业需要适应市场由快速增长向平稳增长过渡的"新常态"，并平衡投资、维护、长期、短期、内部、外部等方方面面的目标要求，如何不断提高企业的运营管理能力就显得意义重大。

作为一项实践的学问，管理学在应用中不断细分，不断与时俱进。以企业运营分析预警工作而言，目前国内外理论并没有成熟的或形成共识的结论。本书作为对电网企业在运营分析与预警工作中的实践总结，试图在技术方法层面给出一套全面翔实的解决路径。

作为典型的传统大型企业，电网企业在电力体制改革、售电量增速下滑、原材料成本上升等多重因素影响下，需要通过统筹优化发展目标、挖掘自身管理潜力、降本增效，提升经营水平与可持续发展能力。电网企业的运营管理长期以来更多专注于电网运营，包括电力流的调度控制、设备的运营维护等，对企业内部运营活动与过程管控关注度显得不足，难以适应未来企业创新发展的需要。

综合来看，当前阶段大型电网企业运营分析体系与预警技术涉及四个方面的内容，即关键要素分析、综合绩效评价、系统集成与相关分析。关键要素分析方面，需要从电网企业运营的本质属性入手，深入企业购电、输配电、售电等核心业务环节，目前缺乏对关键运营要素进行梳理与甄别的方法，要素间的相互关系不明确；综合绩效评价方面，目前基于专项评价的方法与模型较多，缺乏基于多个视角下，对企业运营活动的综合绩效进行分析评价的方法与模型；系统集成方面，目前缺乏对电网企业运营系统的明确阐述，部分研究只限于财务子系统、电力供需子系统等，如何将各个运营模块进行有机集成，形成具有综合性与扩展性的运营系统仿真模型是当前亟待解决的问题；相关分析方面，需要在前面研究的基础上，深入挖掘要素与要素的关系、要素下指标与整个系统的关系、不同要素与指标变化对整个运营系统带来的影响，在此基础上可以发现企业运营规律并对关键指标进行预警研究。

目前电网运营系统建模研究尚处于起步阶段，国外电力企业整体处于产业生命周期的平稳发展阶段中后期，业务变革动力不足，在企业组织架构、管理流程方面相对稳定；国内电网企业处于产业增长的黄金阶段，更重视企业管理变革，已开展了企业运营监测（控）中心建设的改革尝试，并取得了初步成效。但无论理论界还是企业界，目前仍缺少对运营监测体系的系统梳理归纳，尤其在系统集成与相关分析领域，目前的研究主要停留在传统的数据挖掘与商业职能分析上，缺少对绩效、运营活动的系统整合。从数据分析最活跃的互联网产业来看，已经初现端倪的"大数据"分析技术与管理理念已经为今后企业管理变革指出了新的发展方向，也为运营分析体系研究提出了新的方法。

本书以电网企业运营分析预警为出发点与着力点，将运营监测指标体系、评价方法、流程分析、风险评价、运营预警等多方面技术工作进行全面系统深入的研究。本书主要目的是：以电网企业运营管理基础为导向，针对当前电网企业运营监测、分析存在的关键技术问题提出科学、系统、有效的分析技术模型与方法，为电网企业运营分析体系的建立和完善运营预警技术提供理论与实践借鉴。

本书力求在企业运营监测理论创新与实践方面具有一定参考价值：一是对电网企业重新认识运营分析预警技术的发展路径、工作重点具有理论启示；二是对电网企业逐步建立全面的运营分析预警技术体系具有实践启示；三是对企业开展运营分析、监测、预警工作在方法论与关键技术方面具有借鉴意义。

由于时间仓促，水平有限，书中难免存在不足或疏漏之处，敬请读者批评指正。

作者
2017 年 9 月

目 录

第一章　概　　述

本章主要阐述企业运营分析与预警的相关概念、功能、企业运营分析体系与预警技术的基础模型等，论述运营分析工作的发展历程并明确电网企业运营分析体系与预警技术的脉络与重点。

第一节　企业运营分析与预警的相关概念

一、运营分析

运营分析与科学管理相生相伴。在早期科学管理时期，运营分析属于企业管理活动的一部分。泰勒在《科学管理原理》中谈到，科学管理是过去就存在的各种要素的"集成"，即把原来的知识收集起来，加以分析、组合并归类成规律和规则，从而形成一门科学。可见，从源头上来讲，分析就是管理活动的重要组成部分。泰勒还指出了企业管理的目标，就是使雇主的财富最大化，同时也使每一位雇员的财富最大化。他认为财富最大化只能生产率最大化的结果。可见，对于管理学早期，最能够反映企业运营状况的指标是生产率。以生产率作为运营分析的核心指标是大型企业的通行做法。宝洁公司早在上个世纪末就开发了驾驶舱的应用，将与生产率相关的核心指标作为企业高管每周关心的问题，便于了解运营总体状况。企业提高生产率并非是一个"客观"的运营过程，"主观"能动性的作用非常大。马奇与西蒙最早提出了员工满意度与生产率的相关性，标志着组织与激励作为一个独立的研究领域的诞生。在《组织》一书中，两位作者首次将竞争、合作、人力认知、情感、外部环境等因素作为研究组织控制过程的关键要素。企业的运营分析视野也进一步开阔，不仅包括外部环境，还包括内部条件。随着管理学的不断细分，组织行为学、战略管理、领导变革、人力资源管理等逐渐各自占有一席之地,管理学的内涵与外延不断扩大,心理学、计量学、社会学等相关领域成果都在管理学中落地生根。按照成思危对管理学科的划分,主要包括基础管理、职能管理与战略管理三个层次,运营管理可作为一种职能管理的分支。运营过程是一个投入、转换和产出的过程,是一个价值增值的过程。狭义上,运营分析是对企业运营全过程的分析;广义上,则是对企业运营业务进行全面、系统、科学、客观地评价、预测与溯源等分析工作。本书对运营分析的界定主要参考广义。

从分析工作的定位、层级与服务对象等要素出发,运营分析包括企业级和部门级两个层面。一般来说,企业级运营分析在定位上更侧重对企业整体影响,研究范围更广泛,分析内容与企业生产、安全、经营、发展等紧密相关、分析结果供决策层与管理层参考;部门级运营分析在定位上更侧重对专项业务的指导,研究范围、分析内容偏重于相关专业,分析结果直接应用于部门开展工作,同时为决策层提供专项决策支撑。

从分析工作的侧重点来看,主要是对企业的综合绩效、核心资源与运营状况展开分析。综合绩效侧重企业运营活动的结果,包括资产质量、服务水平、业绩水平等方面,通过行业对标、国外对比、自身历史对比等多个视角发现绩效差距和问题;核心资源分析主要针对企业资源的规模和配置效率,包括人力资源、资金资源、物质资源、信息资源等方面,反映企业资源的配置效率以及变化趋势;运营状况分析重点关注企业的主要经营活动,包括核心流程的运营效率与效益情况,反映部门内部以及跨专业、跨部门业务流程的运行效率和合规性,并发现运营过程中的管理漏洞与问题。

从业务发展趋势看,运营分析不仅是对企业内部管理的提升手段,还将成为企业拓展新兴业务、提高营销服务的有力工具。从这个角度来讲,运营分析本身将成为企业独立的业务活动。以云平台为例,互联网企业将人工智能下的数据分析服务整合为业务,并进行商业变现。谷歌、阿里、亚马逊等国内外先进企业正是利用其分析资源、分析优势,将分析业务开发成为可持续盈利的核心业务。

二、企业运营预警

预警,顾名思义就是"预先发布警告"。预警从性质上分为经济预警和非经济预警,从范围上分为宏观预警和微观预警,从时间上分为短期预警和长期预警。由于经济预警理论和方法的发展相对成熟,非经济预警理论一般是以经济预警理论为基础进行的延伸。

企业运营预警主要包括预警分析和预控对策两大任务体系构成。预警分析是对企业的各种逆境现象,如管理失误、管理波动(即经营逆境)进行的识别分析与评价,并由此做出警示的管理活动，是对企业经营活动中的重大逆境现象的早期征兆进行即时矫正与控制的管理活动；包括监测、识别、诊断与评价四个阶段。预控对策是指实现对各种逆境现象的早期预防与控制，并能在严重的逆境形势下，实施风险管理方式；包括组织准备、日常监控、风险管理三个活动阶段。企业预警管理方法体系是在信息论、控制论、系统论的基础上，由预警信息系统、预警指标系统、预测系统、预警准则、预控对策系统的不同方法所构成。

第二节　电网企业运营分析预警模型梳理

电网企业的运营承载着实现电网功能的重任，不仅要为电能的传输与保障提供完全可靠的技术支撑，还要为促进经济、社会发展与稳定提供支持。一般来说模型构建与开发是运营分析预警技术的重点，狭义上，模型主要包括输入项、核心算法、输出项，且能够发挥一定分析预警功能；本书不仅研究此类模型，对具有一定功能的逻辑架构也界定为模型，或称为概念模型。

当前在电网企业中较为常见的运营分析、预警工作主要围绕以下三种分析模型展开。

一、财务指标与风险控制模型

该模型主要从财务指标分析电网企业的运营绩效与风险状况。遵循集约化、标准化、精益化要求，以财务管理要素为主线，以财务内部控制流程为基础、以信息系统为支撑，以优化整合为重点，以增强财务内控制度的整体性、配套性、协调性为目的，全面梳理，科学规划，深入整合，建立起一套规范、标准的制度建设工作机制和统一规范的财务内控制度平台，确保财务管理行为的有章可循和财务管控的全面覆盖。

（1）覆盖范围：涵盖整个电网企业集团系统，包含总部、各网省电网企业及直属单位的财务管理工作，以与财务相关的内控流程为主，重点突出业务流进入财务管理部门内部的各项流程操作和内控规定。重点涵盖包括：①预算管理，以加强预算的过程监控与考核评价及预算执行过程管理，紧密联系绩效考评与预算管理；②融资管理，以控制融资规模，优化融资结构，控制融资风险；③股权投资管理，通过预警分析，提高资金运作效率及投资收益，确保资本的安全性、收益性和电网企业产权结构的科学合理；④资金管理，旨在加强资金安全管理，切实防范资金风险；⑤电价管理，规范电价执行，提高电价管理水平，加强电价分析与监督，确保国家电价政策的贯彻与落实，避免潜在的政策性风险；⑥成本管理，通过财务预警，加强成本过程管控，提高成本信息质量，发挥成本使用效益，促进成本管理的持续改进和发展；⑦工程财务管理与固定资产管理，通过提升资产标准化、精益化、信息化管理水平，确保国有资产保值增值，充分发挥固定资产的效能，提高资产使用效益；⑧清产核资管理，旨在规范清产核资工作基本程序，真实反映电网企业资产及财务状况；⑨产权、担保与税务管理，保障各级产权有序流动，促进电网企业资产的合理流动和资本的优化配置，明确产权权属关系，进一步规范电网企业税务管理行为，合理保证各类税金计提及计算准确；⑩财务报告、财务稽核与财务评价管理，促进各单位强化财务控制意识，建立健全财务控制体系，落实财务控制措施，提升集团化运作、集约化发展、精益化管理水平，提高企业经营效益和资产运营效率。

（2）实施流程：①收集风险管理初始信息。即收集与电网企业风险、风险管理以及内部控制相关的内部、外部初始信息，包括历史数据和未来预测。②开展财务预警风险评估。即采用定性和定量相结合的方法，对收集的风险管理初始信息和电网企业各项业务管理及其重要业务流程进行风险辨识、分析和评价。③制订财务预警风险管理策略。即电网企业根据自身条件和外部环境，围绕电网企业发展战略，确定风险偏好、风险承受度、风险管理有效性标准，选择风险承担、风险规避、风险转移等适合的风险管理工具的总体策略。④提出和实施财务预警风险管理解决方案。即电网企业根据风险管理策略，针对各类风险或每一项重大风险制订内部控制措施和解决方案，方案应包括风险解决的具体目标，所需的组织领导，所涉及的管理及业务流程，所需的条件、手段等资源，风险事件发生前、中、后所采取的具体应对措施以及风险管理工具。⑤财务预警风险管理的监督和改进。即电网企业对风险管理初始信息、风险评估、风险管理策略、关键控制活动及风险管理解决方案的实施情况进行监督、检验，并根据变化情况和存在缺陷及时加以改进。

二、电网运行与安全防控模型

该模型主要将电网运行状况与经营绩效进行融合，旨在提高电网运行风险管控水平，确保电网运行安全。重点围绕人员配置、制度建设、检修管理、网架结构、应急能力等多方面对当前电网运行中存在的隐患进行预警分析，并针对以上环节提出加强电网运行风险管控措施的具体建议。

覆盖范围：涵盖电网运行、核心业务流程上线、基建与技改工程停送电协调、同杆并架线路稳定管理、负荷预测、二次设备（系统）管理、技术支持系统建设、网厂协调管理、通信管理、电网应急管理等方面的风险预警。主要风险点包括：①安全稳定接入风险，随着电网的快速发展，短路电流超标问题日益突出，特高压投运及风电、太阳能发电项目的大规模接入对电网运行特性和运行安全产生了较大影响。②核心业务流程上线风险，随着电网运行管理和安全管理要求不断提高，调度核心业务流程不断增加，传统的流程管理模式已不能满足管理要求。③基建与技改工程停送电协调风险，由于跨区域、跨省、跨地区线路建设沿途跨越、穿越多条运行线路，变电站技改工程施工停电方式倒换复杂造成此类风险。④同杆并架线路稳定风险，电网建设一些重要断面采取了同杆并架线路，因无法有效实施安全稳定措施，影响了重要断面的输电限额，造成电网规划目标与实际运行差异较大。⑤负荷预测偏差的风险，如果负荷预测出现偏差，轻则造成机组调峰调谷困难，导致电网频率、电压不合格，重则造成全网备用容量不足，导致拉路限电，严重影响电能质量和供电可靠性。⑥二次设备（系统）管理风险，由于通信和自动化设备（系统）的检修和操作在流程化、制度化方面仍处于有待完善的阶段造成。⑦通信管理风险，为配合电网一次线路建设、技改等工程，通信网络结构经常随工程建设而调整改变，工作期间常处于开环或电路中断运行状态，大量新增通信业务电路的组织保障和已运行业务电路的调整、割接等工作给通信网安全生产运行带来巨大压力。⑧电网应急应对风险，由于电网运行环境日趋严峻，自然灾害和外力破坏事故的频度和强度不断增长，对电网安全运行和可靠供电造成严重威胁。

三、资产全寿命周期管控模型

该视角以电网资产为对象，应用资产全寿命周期管理基本理论，以确定资产最优运营策略为目标，以资产全寿命周期成本评价模型、技术状态评价模型为基础，以资产风险评价模型为核心，形成系统化的资产评价法，支持资产全寿命周期各环节预警分析及全过程业务执行工作。实现各层面资产全寿命周期管理工作的横向协调、纵向贯通、目标统一、运转流畅，提升电网安全运行水平，提高资产运营效率和效益。

（1）覆盖范围：以资产价值管理为主线，重点覆盖设计、采购、运维、退役等资产全寿命周期管理关键业务环节，进一步强化资产计划、标准、绩效管理。

（2）模型方法：应用资产全寿命周期管理评估系列模型，从资产状态、风险分析、策略制订等方面开展电网资产状态、风险预警及未来变化趋势定量分析、评估和关键环节管控，进一步优化电网资产投资、建设、运维、改造策略，提高电网运行水平和资产运营效益。其中主要涉及的模型方法包括：①资产全寿命周期成本（LCC）评价模型，以资产全寿命周期成本（费用）计算为基础，从资产运营的长期效益出发，全面考虑资产规划、设计、建造、购置、运行、维护、检修、改造、报废等全过程，使全寿命周期内 LCC 最低的评价方法。其核心内容是在资产全寿命周期管理决策过程中，将各个阶段的成本进行统筹计算，并将多种方案的 LCC 进行比较，最终找出 LCC 最优的方案。②资产技术状态评价模型，其核心是以电网设备故障概率浴盆曲线为基础，计算、分析各类电网资产在不同运行阶段可能发生故障的概率，并依此确定电网资产的基本技术状态，用于进行资产风险评估和进行资产 LCC 的成本预计。③资产风险评估模型，在资产 LCC 评价、技术评价的基础上，考虑安全、成本、环境等多方面因素，将潜在的风险在社会、经济等方面的影响进行量化，用于评估不同重要等级资产发生故障在电网可靠性、人身安全、维护资金以及对环境影响等方面的后果。④资产策略制订模型，以资产风险评价结果、为依据，制订资产建设、技改、检修、运维优先排序方案，并结合电网企业战略规划目标、财务、物资、人力资源状况以及电网企业外部监管、环境保护等要求，制订或优化资产管理决策。该模型主要用于对各类资产业务活动进行优化选择，并制订不同阶段业务策略。

综合来看，电网企业运营分析预警工作在实践层面多是基于传统战略管理、运用管理、绩效分析等方面延伸而成，作为独立的、全局性的研究实践可以追溯到国家电网公司于 2012 年开创的运营监测（控）中心建设，此前很少有电网企业尝试在企业运营层面建立专业的机构并进行专业化的监测分析工作。不过，从研究方法与技术储备来看，目前对电网企业的运营分析预警技术仍存在很多局限性，诸如：基于战略层面开展的研究较多，涉及企业运营层面的监测预警的研究较少；运营指标数量种类繁多，缺乏精简、筛选的有效技术手段与评价方法；电网企业预警评价研究更重视实现总体评价功能，缺乏横向协同评价；在跨专业、跨部门的信息获取方面还存在盲区，缺乏有效、及时的信息获取渠道；在数据治理方面还缺乏有力的制约机制，数据真实性、准确性、及时性还不够等。

上述三类分析预警模型作为单一视角具有优势，不过在把握电网企业运营发展全局上仍有一定局限，特别在实践层面，由企业的某一专业部门（如财务部门、发展部门）承担具体工作时往往存在专业上的知识边界障碍。举例来说，作为财务部门，在开展绩效分析与风险控制时难免偏重于业绩指标的分析，而在具体业务流程运转分析方面存在短板；同样，资产运营部门关注业务高效执行与协同，而对外部环境变化则相对缺乏敏感性。因此，开展电网企业运营分析与预警工作，需要以企业级视野关注运营活动内部各个要素的变化，通过系统集成的方式建立更加有效的分析技术框架。

第三节　企业级运营分析体系与预警技术框架

本书提出的电网企业运营分析体系与预警技术框架充分考虑电网企业内外部环境变化特点与价值使命，结合了市场化改革、国际化视野、大数据趋势等环境因素，同时考虑电网企业内部创新发展的需求以及运营管理的独特性，把握电网企业的资产运营全过程的系统性与全寿命周期特点，在效率效益追求上兼顾社会责任的价值导向，力求为开展运营分析、研判企业运营状况、加强风险预警等工作提供客观、有效的技术支持与决策支撑。

一、运营分析预警模型基本结构与功能

参考平衡计分卡、战略地图、价值链分析等理论对运营活动的描述，借鉴国内大型电网企业在企业级运营监测、分析、预警中大量实践，这里提出电网企业运营分析体系与预警技术概念模型，其示意图见图 1-1。

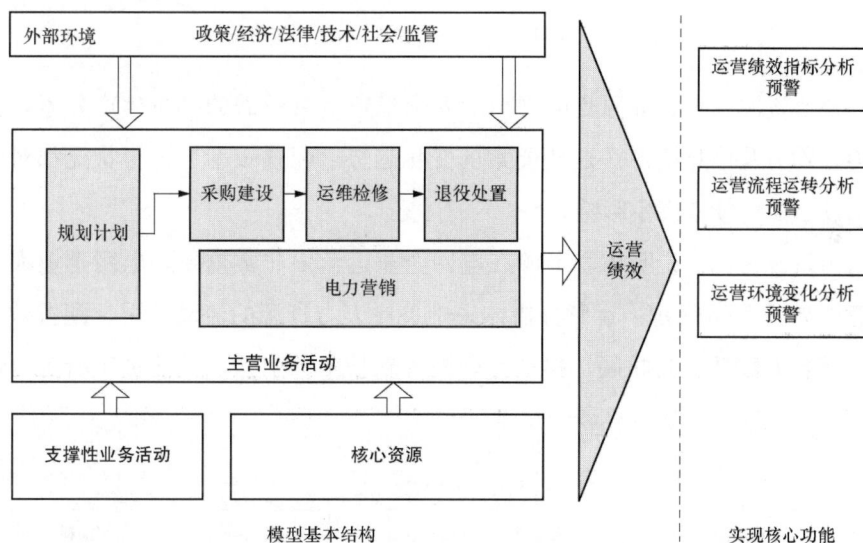

图 1-1　电网企业运营分析体系与预警技术概念模型示意图

1. 模型基本结构

借鉴电网企业运营模型、价值链、流程再造等理论方法，将电网企业运营分析体系抽象为以下四个主要部分。

（1）运营活动。运营活动包括主营业务活动与支撑性业务活动。理解把握运营业务活动的载体是运营流程，研究分析电网核心运营流程是分析研判电网趋势、诊断运

营问题的焦点,其中核心流程包括资产运营流程与营销业务流程等;其他支撑性业务活动包括风险管理、科技管理、信息化支撑、物资供应链管理等活动。

其中,资产运营流程涵盖了资产从规划计划、采购建设到运维检修、退役处置的全过程,涵盖了电网企业的经营管理与日常运营的大多数环节。以资产运营活动为例,可以发现电网企业作为资本密集、技术密集型企业,资产管理的环节十分繁复,资产管理的优劣直接关系电网企业运营的效率效益以及国有资本的保值增值效果,电网企业资产运营活动全过程示意图如图1-2所示。

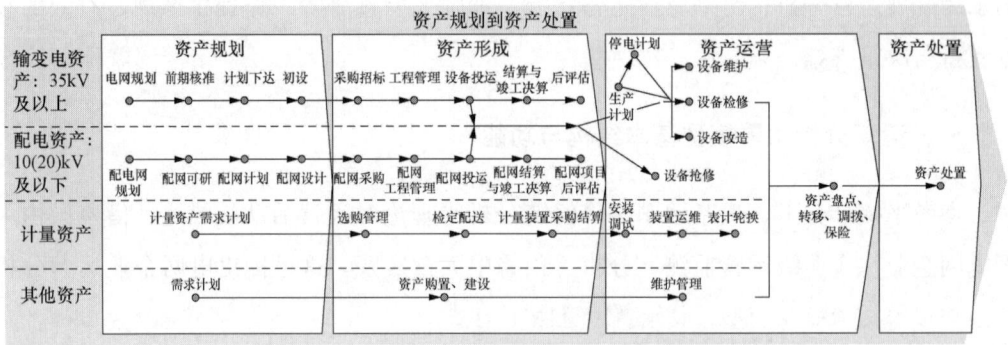

图1-2 电网企业资产运营活动全过程示意图

(2)核心资源。核心资源是电网企业安全稳定运营所需的必备生产要素,包括人力、财力、物力及信息资源。这些要素的变化趋势、配置效率、运行状况都对电网企业运营活动、运营绩效产生影响。

以人力资源为例,说明核心资源在电网企业运营中非常重要,电网企业人力资源分析示意图如图1-3所示。运营分析体系中关注人力资源的流动情况、配置效率、绩效情况,随着大数据、互联网、移动互联网等新技术的引入,关注员工行为、情绪与绩效的相关性也成为当前业界新的热点。

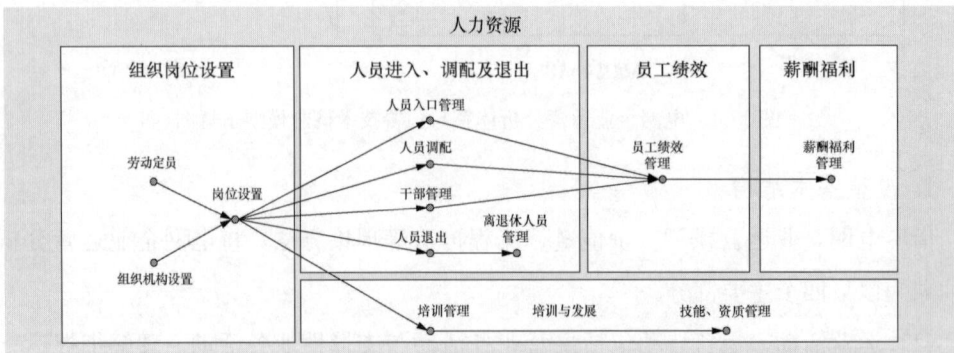

图1-3 电网企业人力资源分析示意图

（3）运营绩效。运营绩效是电网企业运营活动结果的价值表现。电网企业作为公用事业企业，运营绩效具有一定综合性，不仅包括经济效益类指标与发展潜力类指标，还包括社会责任、环保节能等社会效益指标。

以营业收入为例，作为反映运营绩效的关键指标，该指标受到一系列因素影响，分析不同因素的变化情况，找出相互影响关系，对分析、监测、预警都具有直接帮助。

电网企业营业收入指标的构成关系示意图见图1-4。

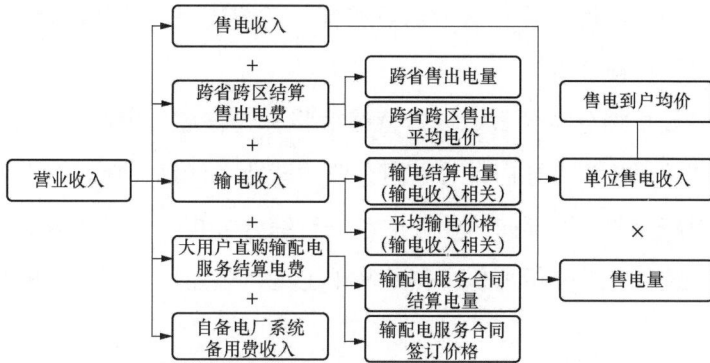

图1-4 电网企业营业收入指标的构成关系示意图

（4）外部环境。外部环境包括电网企业运营所面临的各类环境，对电网企业运营活动（流程）、核心资源、运营绩效都将产生影响。电网企业需科学合理地识别、评估外部环境产生的运营风险。

以监管来源为例，电网企业运营分析体系需要关注的监管政策风险来源多个政府部门，电网企业监管部门来源示意图如图1-5所示。

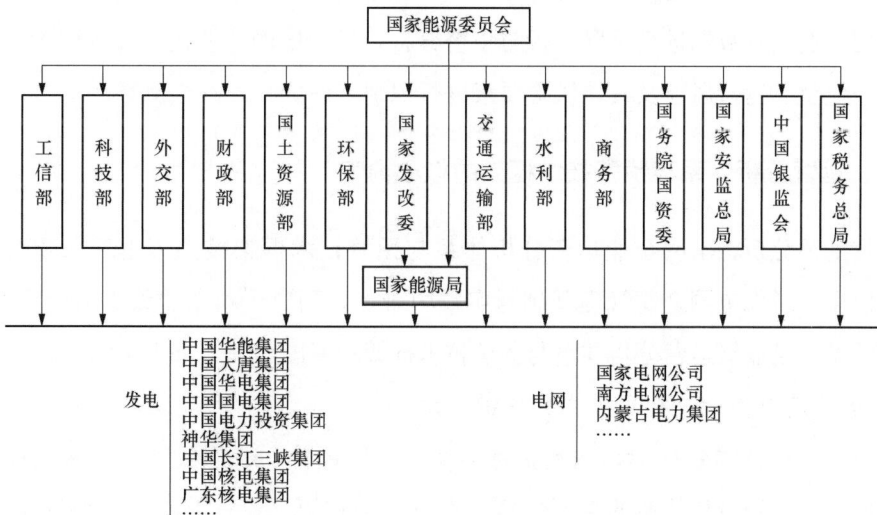

图1-5 电网企业监管部门来源示意图

电网企业运营分析体系关注的要素非常庞杂，对关键因素进行识别，对关键指标进行分析、监测、预警是企业控制运营风险、提高运营效率效益的手段。

2. 模型功能设计

与本章第二节三种模型有所不同，本模型试图建立更为综合的企业级视角，考虑电网安全、效能、成本等技术经济指标的平衡，综合企业运营内外部环境因素，并将指标数据、明细数据、流程记录均作为研判企业运营趋势的重要因素。

围绕核心要素，本模型建立运营绩效指标、运营流程、外部因素变化 3 条主线，实现以下 3 种分析与预警功能。

（1）运营绩效指标分析预警。以运营绩效指标为核心，串联整个运营体系框架。以提升企业整体效率效益为导向，对电网企业主营业务活动、核心资源的投入产出情况进行分析，对跨专业、跨部门的业务活动进行综合分析，从效率效益角度对电网企业运营综合绩效进行客观分析评价；在此基础上进行多角度、多场景的绩效动态预判与综合预警。

（2）运营流程运转分析预警。以运营流程为核心，用运营过程指标与数据串联整个运营体系框架。以合规性、执行效率、效果为导向，结合价值链分析，以电网企业运营的核心流程为对象，通过监测大量明细数据、过程数据，分析流程关键节点的科学性、有效性、效率、效益、及时性和合规性，实现对电网企业运营活动的"事前引导、事中纠偏、事后评估"。

（3）环境因素变化分析预警。以外部环境变化为核心，将环境因素指标与内部运营活动结合，从而串联起整个运营体系。以提升企业风险预判、预控能力为目的，通过对电网企业运营数据进行关联分析与预警分析，发现电网企业运营过程中的风险点，对电网企业整体运营风险及具体风险要素进行识别、评价、分析与预警。

二、运营分析体系与预警技术框架的核心内容

根据上述分析，电网企业运营分析体系与预警技术框架按照以上 3 条主线展开，在当前阶段，考虑电网企业管理基础与实践中难点，列出了每条主线中需要重点解决的关键技术，企业级运营分析体系与预警技术框架示意图如图 1-6 所示。

1. 运营绩效指标分析预警中的关键技术

重点关注运营绩效指标，构建指标体系—分析评价—综合预警的技术支撑体系，这是电网企业运营分析体系的主要内容。本书分别在第二、三、四章详细阐述。其中各项技术逻辑关系示意图如图 1 7 所示。

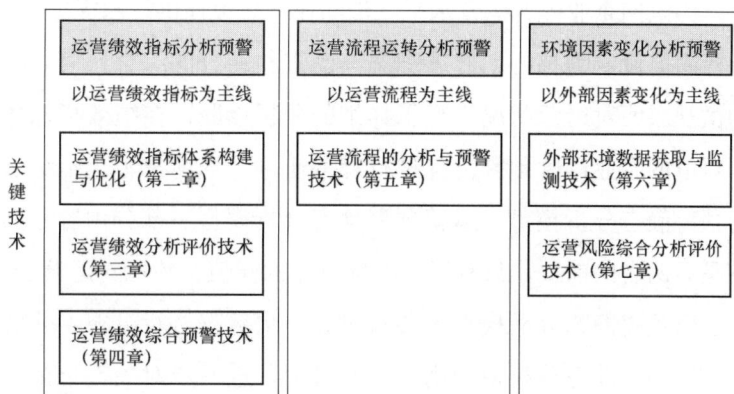

图 1-6　企业级运营分析体系与预警技术框架示意图

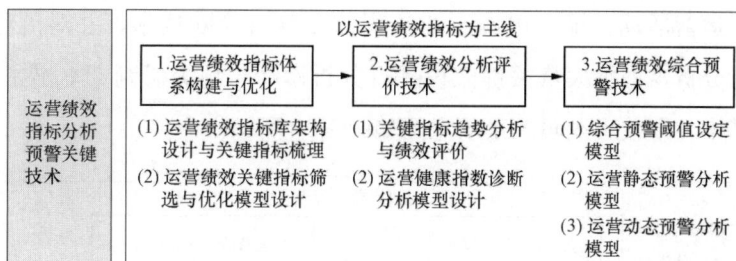

图 1-7　运营绩效指标分析预警中的关键技术逻辑关系示意图

（1）运营绩效指标体系涵盖了运营分析各个要素，关键指标筛选优化技术是基础。结合平衡计分卡、战略地图等工具，针对电网企业特点，建立涵盖效率效益、客户市场、业务运营、资源支撑的四个维度的运营绩效指标库架构；基于指标间的相关关系，识别、筛选关键指标是指标体系优化方面的难点。本项技术包括：指标体系优化方法、具体指标筛选优化与验证模型、明细数据需求分析三部分内容。其中指标体系优化方法可对整个指标体系的数量、维度、关系的改进优化提供技术支撑，指标筛选优化与验证模型可对具体应用场景中选择合适的指标提供技术支持，明细数据需求分析则为更细化的明细指标提供分析支撑。

（2）运营绩效分析评价技术适用范围广，建立诊断分析模式是关键。结合电网企业实际分析需要确立关键指标，对关键指标进行横向对比分析、纵向趋势分析能够迅速掌握企业运营状况；建立企业运营健康指数是掌握电网企业整体运营水平的有效工具，并能够对运营状况进行诊断分析，明确管理短板，提升运营效率效益。本项技术包括：建立确立适用于电网企业不同业务单元、不同指标量纲的分析评价模型；将指标评价拟合为指数评价；通过运营健康指数反映运营绩效中的薄弱点，挖掘影响因素，提出改进建议，为电网企业提升运营水平，消除业务短板提供技术支撑。

（3）以指标阈值设定为核心，开展静态与动态相结合的综合预警。综合预警模型主要从指标的微观层面对运营状况进行了详细的分析诊断，在绩效指标体系与评价模型的基础上，对电网企业运营预警情况进行趋势研判。本项技术包括综合预警阈值设定模型、运营预警静态分析模型、运营预警动态分析模型三部分内容。其中综合预警阈值设定模型是后两者的前提，只有提出准确可靠的阈值，才能对运营趋势进行合理、客观的判断；运营预警静态分析模型主要对过去历史数据进行分析，并对运营警情进行分析评价；运营预警动态分析模型则在此基础上，进一步对关键指标未来走势进行预测分析，从而对电网企业未来运营状态进行动态预警。

2. 运营流程运转分析预警中的关键技术

重点关注运营活动，提出电网企业流程监测分析诊断技术，并对流程执行效果、预警要素进行分析，列举大量关键流程进行分析诊断与预警研判。本书主要在第五章详细论述。其中各项技术逻辑关系示意图如图 1-8 所示。

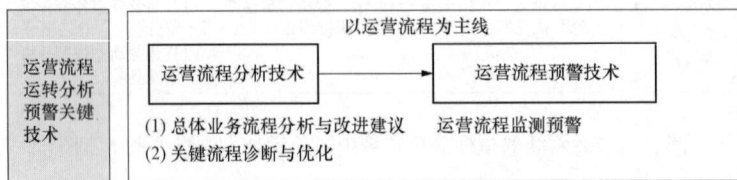

图 1-8　运营流程运转分析预警中的关键技术逻辑关系示意图

（1）关注运营流程总体运转情况，识别关键流程。本项技术包括运营流程关键节点识别方法、运营流程分析评价方法和运营管理流程全面导入分析。其中运营流程关键节点识别方法为选择关键流程、判断关键节点提供依据；运营流程分析评价方法为流程关键节点的评价标准提供分析判断方法；运营管理流程全面导入分析可在明细数据接入条件下，以价值流与信息流为主线全面贯穿运营管理的各项业务活动与明细中，监测相关业务的运营风险与合法合规性。

（2）以资产管理流程为例，详细分析诊断关键流程。对电网规划、采购建设、运维检修、退役处置的 12 项关键流程进行分析诊断，发现流程监测的关键环节，清晰责任部门，并提出优化建议。

（3）建立流程预警评价模型，识别预警等级。对电网企业运营流程的预警源进行分析评价，得出预警等级。以资产管理流程为例，研究提出的基于流程监测的资产管理风险评价理论与方法模型，确立主要流程的预警等级，形成预警地图，为电网企业加强流程管理、控制运营风险提供决策支撑与技术支持。

3. 环境因素变化分析预警中的关键技术

重点关注外部环境，根据外部环境因素变化情况，明确监测要点与应对策略，分析、衡量、评价电网企业面临的各类运营风险。本书主要在第六章、第七章详细论述。其中各项技术逻辑关系示意图如图1-9所示。

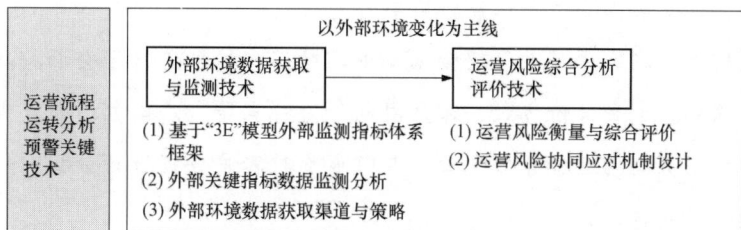

图1-9　环境因素变化分析预警中的关键技术逻辑关系示意图

（1）面向外部环境建立数据获取与监测体系。电网企业运营活动需要实时根据外部环境进行调整，对外部环境进行监测分析的重要性将越来越强。本书探索建立了适合电网企业运营特点的"3E模型"指标体系，并确立了需要重点监测的外部指标，结合能源、经济、环境、明细数据四个维度确立核心监测指标。此外，本书还结合数据资产管理的最新趋势，对外部数据获取渠道与相关机制建设进行了详细阐述，为电网企业建立健全外部环境监测网络提供技术支撑。

（2）内外部相结合开展运营风险综合分析评价。内部运营要素与外部环境结合，可以更及时、准确判断企业面临的整体运营风险，在实践方面，电网企业需要识别风险、衡量风险并评价风险的总体水平。本书重点对电网企业内外部运营风险点进行全面系统地梳理与量化分析。其中运营风险识别分析模型侧重对风险进行全面扫描，识别出关键风险点；运营风险衡量模型，侧重对风险发生概率、风险损失进行量化分析计算，衡量风险值大小；运营风险评价分析模型侧重对风险影响、应对进行综合评价，为风险控制、管理提供技术支撑；运营风险应对机制侧重在一定风险承受度下，对运营风险进行合理控制，形成有效的管理支撑与机制保障。

扩展阅读

法国电力集团运营分析工作与实践

法国电力集团（简称法国电力）成立于1946年，是一家国有的综合性跨国能源公司，在核电、水电和可再生能源等清洁能源领域具有较强的国际竞争力。法国电力拥有欧洲最大的电力生产体系，在法国、意大利和英国有稳定的市场，主要从事发输配电、天然气供应、工程和咨询等业务。与此同时，法国电力积极拓展国际业务，通过子公司以独资或合资形式参与亚洲、拉美和非洲的 20 多个国家的电力项目。法国电力高度重视运营分析，其实践做法包括：

一、建立职能服务型运营分析中心

法国电力在客户关系管理数据库中，对用户信息进行了全面搜集，包括客户名称、电费计价方式、客户用电行为特点等。法国电力研发部下成立了职能服务型的运营分析中心，专门负责对客户数据进行分析，以对销售管理进行支撑。

该部门以项目制的形式，负责向销售、营销和财务控制在内的六个业务部门提供客户行为分析支撑，以改善这些部门的服务质量并实现客户的最大化保留。

其工作职责可分为 5 个方面：①与相应的部门保持沟通，找到分析所需的相关数据；②对内部数据进行清理，对外部源数据进行整合；③采用神经网络、聚类、回归分析等分析方法对数据进行按需分析，预测电力需求侧的变化、区分客户群特点及消费规律；④在全面了解客户情况的基础上，按照客户的忠诚度、利润率、生命周期价值以及与新推出产品的相关性对客户进行打分；⑤确保法国电力拥有必要的工具来满足不断发展的营销需求。

通过坚持不懈地克服各种数据复杂性问题，基于客户数据的运营分析，使得客户关系管理部很好地为公司提供了销售支撑：

（1）为相关部门提供一致的关键业绩指标（KPI），例如，按照客户领域和销售渠道预测各类一级市场和大众市场内中小企业和家庭住户的电力消耗和需求趋势，营业收入，成本和利润率。从而帮助营销部门更为精确地找准目标客户，推出更具盈利性的新产品，进而保留客户和扩大市场份额。该部门的项目负责人认为：通过评分，法国电力的营销部门可以把营销工作的重点对准那些对新产品比较感兴趣的客户，以更低的成本赢得高达 15％的新客户。

（2）分析部门提供的信息能够让法国电力根据客户的要求，对产品和服务进行改进，为新的商业活动更好地分配资源，改善服务。例如，通过对来自客户的问题进行区分，确定哪些问题是最重要的，哪些是比较耗费时间的问题，从而使呼叫中心的响应速度提高10％。

（3）借助分析型研究成果对客户服务方法实现本地化，通过为客户提供更好的商业信息来实现地区服务自治，提高法国电力在商业运作上的灵活性。

二、大数据研究支撑数据处理能力提升

目前在全法国已经安装3500万只智能电表，电表产生的数据量将在5～10年内达到PB级。智能电表采集的主要是个体家庭的用电负荷数据。以每个电表每10min抄表一次计算，3500万只智能电表每年产生1.8万亿次抄表记录和600TB压缩前数据；每天产生5亿次抄表记录，和大约2TB的抄表数据。这些电表数据，结合气象数据、用电合同信息及电网数据，构成了法国电力的大数据。

以智能电表采集数据为例，这些数据具有以下特点：数据具有时间序列特性；数据来源具有分布式特性，并且需要在不同尺度上进行处理；某些应用需要对数据进行实时处理。考虑到大数据的广泛应用前景，针对自身海量数据的特性及其处理需求，法国电力的研发部门成立了大数据项目组，借助大数据技术研究海量数据的处理架构，实现用电负荷的精细化测量，降低信息决策系统与运行操作系统之间的延迟。目前该项研究尚属于起步阶段，该项目组的短期目标是：将分布式智能技术集成于原有业务系统，包括具有数据处理功能的智能路由器、分布式数据库、分布式数据处理以及分布式复杂事件实时处理技术。这些分布式技术同时需要支持控制中心的统一集中式控制。

法国电力以用户用电负荷曲线的海量存储和处理为突破口，利用大数据技术，形成了能够支撑在规定延迟内的复杂、并行处理能力。其中数据的接入形式包括批处理或数据流两种；数据的预处理包括时间同步、异常数据检测及修正，以及改变数据表达形式等；数据处理包括按区域的指标计算、账单模拟、商业智能BI等。

三、数据质量管理

法国电力认识到，数据质量问题事关重大。IT部门存在一定的能力局限性，尤其是在面对技术应用、企业流程甚至是整个组织等跨专业性、全局性问题时。通过研究，法国电力发现，在应用数据开展分析前，相比较

个人对不同信息系统中数据的单次提取和数据质量管理行为，采取建立大数据库对数据进行集中、由专门的数据质量管理专家进行数据质量管控、自动集中监测数据质量的方式，有助于提升数据库的性能，促进数据质量管理经验的分享以及规避个人处理能力的不足。

法国电力数据质量管理专家需具有深厚的统计学、信息系统、数据工程等多学科背景以及丰富的 IT 实践能力，他们深知如何使用正确的工具、方法和最佳实践进行数据质量管理，以及如何在 IT 项目中穿插进行数据质量管理。法国电力的数据质量管理专家开展了一系列针对数据质量提升的专项分析研究，比如设计了多维星状模型对数据进行存储、分析和检验测试，为数据的应用提供了较好的支持。

总的来看，数据研究和运营分析是法国电力快速应变的基础和重要手段。在分析能力上，法国电力重视对数据提取、数据质量、分析技术及工具研发，能够从多个角度对市场消费群体进行精确区分和定位；对于自身、市场、环境准确分析，为法国电力成功实行战略转型提供了强有力的决策支撑。在分析组织上，法国电力在研发部下成立了职能部门型的运营分析机构，在一定范围（主要是客户关系领域）提升了对集团相关部门的分析协作水平，帮助法国电力较好地实施了企业战略。

第二章 运营绩效指标体系构建与优化

大量的运营绩效指标能够反映一个企业综合的运营状况。目前电网企业运营管理中涉及的指标超过 2000 项，重点覆盖了电网结构、装备水平、经营效益、电网规模、电网规划、投入产出、综合计划、资产效率、财务状况和成本水平等范围，然而缺乏从繁多的运营指标中通过设置合理的维度并提取关键指标的分类方法。本章旨在建立健全电网企业运营绩效指标体系框架，为电网企业提高运营决策水平提供技术支撑。电网企业运营分析预警指标体系的构建合理与否直接关系到电网企业综合绩效评价的合理性。在内容上，首先明确指标体系的编制原则，其次明确电网企业运营绩效指标库的设计架构，并对关键指标进行梳理，最后提出指标筛选与优化的技术模型，为完善指标设计提供技术支持。

第一节 指标体系构建编制原则

一、指标选取的通用原则

指标体系构建应遵循一定的原则。指标选择的通用原则如下：

（1）SMART 原则。S 代表具体（Specific），要求指标要具体，不能过于笼统；M 代表可度量（Measurable），指绩效指标是数量化或者行为化的，验证这些绩效指标的数据或者信息是可以获得的；A 代表可实现（Attainable），指绩效指标在付出努力的情况下可以实现，避免设立过高或过低的目标；R 代表现实性（Realistic），指绩效指标是实实在在的，可以证明和观察；T 代表有时限（Time bound），注重完成绩效指标的特定期限。

（2）"二八原则"。满足 SMART 原则的关键指标有很多，但并不是所有指标都同等重要，其中大约有 20%的指标涵盖有 80%的信息，或者说关键指标数量仅占所有指标的 20%左右，即 KPI 数量不宜过多。

（3）衔接性原则。这是运营绩效介于战略目标与计划执行之间的承上启下的特性所决定的，即运营绩效的关键指标既要能反映战略目标，又要能指导计划执行，发挥其纽带作用。

（4）财务与非财务相统筹的原则。统筹财务与非财务指标进行评价，可以从外部环境和非财务角度对财务指标评价结果进行修正和补充，有助于克服企业的短期行为，促进企业长期和全面发展。

（5）最小成本原则。研究表明，多数情况下，推行财务和非财务综合评价指标体系所用的成本可能大于收益。因此，在选择指标过程中需要兼顾指标的可获取性和连贯性，并尽可能地利用战略指标库中的指标或进行组合，做到有据可查、有据可依。

二、电网企业运营绩效指标体系编制原则

电网企业运营绩效指标涵盖电网发展、营销服务、电网运行、安全生产、人力资源、资本经营等方面，涉及企业管理、运营分析发展、人力资源、财务、市场、生产技术、基建、物资、信息、安全监察和系统运行等部门。在确定运营分析管理指标体系后，采取的是明确各指标的管理部门，既打破了部门专业管理壁垒，也确保了运营分析指标管理职责的落实。电网企业运营绩效指标体系编制主要应遵循以下几点原则：

（1）科学性原则。这一原则体现在对电网企业经营能力概念认识的正确性、评价指标体系设计的完备性、数学模型与方法的逻辑严密性。应借鉴一些国际上评价电网企业能力的规范性指标和分类指标，使评价指标名称和计算口径既具有国内可比性又具有国际可比性。

（2）客观性原则。电网企业经营能力评价指标及评价方法的选择应以其客观存在的历史存在的历史资料为依据，以原始数据的内在信息规律为标准对评价指标进行组合，不采用或者尽量减少人为打分评判过程，使评价结论具有客观性和真实性。

（3）合理性原则。反映电网企业经营能力的评价指标很多，这就需要选择那些比较重要和恰当的指标。对所选择的评价指标要进行科学的论证，使其既能全面地反映电力企业状况，又能综合地反映电网企业经营能力的主要特征和发展趋势。

（4）系统性原则。电网企业的经营能力是一个复杂的系统，是其内部因素与外部

环境相互联系、交互作用的综合结果。电网企业经营能力的强弱，既取决于其内部的人力资源、电网状况、技术创新等诸要素的质量与协调程度，又受到政府政策、经济管理体制、市场供需状况、科技进步等因素的制约与影响。因此，在评价经营能力时必须遵循系统性原则，考虑各种因素的相关性、整体性和目标性。

（5）独立性原则。在选择电网企业经营能力评价指标时，应尽量减少评价指标之间在概念上的重叠性和统计上的相关性，保持评价指标的独立性和优化性。指标之间如果存在较大的相关性，必将造成反映的信息重叠。

（6）动态与静态相结合原则。电网企业经营能力是企业在一定时期内各种资源配置效果的综合反映，这就要求评价指标体系应具有动态性，能反映企业可持续发展的趋势和潜能。因此在设计评价指标的时候，不能只从静态角度来考察，必须从发展变化的角度来考察，在内部因素与外部环境相互作用的运动中，揭示企业经营能力的运动规律。

（7）定性与定量相结合原则。电网企业经营能力是一个多维的复合系统，包含物质和精神两方面的内容，在企业经营能力评价指标的选择和运用中，既要包括定性评价要素，又要包括定量评价要素。

（8）可操作性原则。在选择评价指标时，应尽量采用现行通用的财务报表和统计报表中的数据、指标，并使所选择的指标易于量化。对同质性的并列指标应采用一定的处理方法进行选择，以便减少指标个数，使之评价过程既能满足决策要求，又便于操作。

第二节　电网企业运营绩效指标架构设计与关键指标梳理

电网企业评估运营绩效过程中面临的一个突出问题是如何系统、完整地对电网企业面临的问题及资源能力进行分析评估，使得相互之间既不大量重叠，也不发生重大遗漏。为此，需要设计开发电网企业运营绩效指标库，其功能要很好地反映电网企业的行业特殊性、系统性和完整性，由此根据模型可以实现清晰地完成战略规划评估，不至于产生重大遗漏和大量重复性工作。

指标体系设计，参考平衡计分卡、战略地图等先进理念和方法，结合电网企业特点，将运营绩效分解为效率效益、客户市场、业务运营和资源支撑四个维度，并根据风险识别理论和潜在风险控制点对指标进行优化处理，最终得到电网企业运营绩效指标基本架构，如表 2-1 所示。

表 2-1 电网企业运营绩效指标基本架构

	目标层	评价层	指标层
电网企业运营 绩效指标基本架构	效率效益	盈利能力	净资产收益率
			投资收入比
		发展能力	售电量增长率
		偿债能力	资产负债率
			利息保障倍数
		营运能力	综合线损率
			采购合同完成率
			流动资产周转率
		经济贡献	经济增加值（EVA）
			人均工业增加值
			人均利润
		社会贡献	万元产值综合能耗下降率
			"三公"经费比率
		可靠供电	供电可靠率
			电压合格率
	客户市场	客户规模	供电面积
			供电人口
			用电信息采集覆盖率
		服务质量	客户满意率
			用户平均停电时间
			客户业扩服务时限达标率
		市场控制	负荷率
			购售电价差
			售电量年度计划完成率
		市场份额	市场占有率
			业扩新增容量
			供用电合同签订率
	业务运营	人资管理	全员劳动生产率
		物资管理	库存周转率
			配送计划完成率
		财务管理	流动资产周转率
			资本保值增值率
			带息负债比率

目标层	评价层		指标层
电网企业运营 绩效指标基本架构	业务运营	信息管理	通信业务保障率
		规划设计	线路工程设计优质率
		采购建设	110kV 及以上线路长度增长率
			110kV 及以上变电容量增长率
		运维检修	平均容载比
			故障快速切除率
			继电保护装置故障率
			电网 $N-1$ 通过率
			电网系统故障停运率
		营销服务	电费回收率
			单位投资增售电量
		退役处置	电网设备强迫停运率
	资源支撑	人力资源	人才当量密度
			科研人员占总人数的比例
		财力资源	自有资金满足率
			公司发展投入
		物力资源	配电线路长度
			继电保护装置数量
			公司能源消耗总量
		科技信息	科技投入总额
			信息系统可用率

一、效率效益维度

效率效益是企业运营的直观展现成果。正如同组织的存在是为了实现目标，电网企业运营的最终结果体现在价值创造中。电网企业不仅需要具有经济价值，还要有一定的社会价值，这与电网企业所承担的社会责任、政治责任有关。在经济价值方面，主要通过盈利能力、发展能力、偿债能力、营运能力与经济贡献来体现；社会效益主要通过社会贡献与可靠供电两方面体现。需要说明的是，电网的稳定安全运行关系到国计民生和社会稳定，因此可靠供电的作用提高到社会效益层面。经济与社会效益维度指标关系示意图如图 2-1 所示。

选取的具有代表性的指标包括净资产收益率、投资收入比、售电量增长率、资产负债率、利息保障倍数、综合线损率、流动资产周转率、采购合同完成率、经济增加

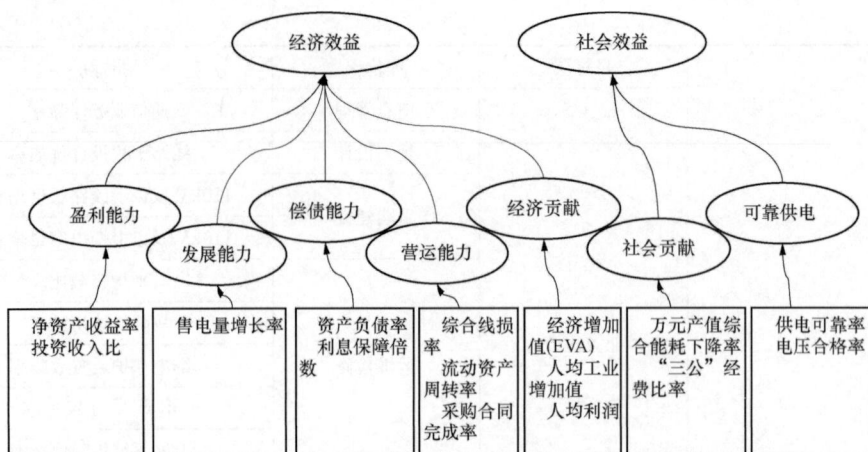

图 2-1　经济与社会效益维度指标关系示意图

值（EVA）、人均工业增加值、人均利润、万元产值综合能耗下降率、"三公"经费比率、供电可靠率和电压合格率等。

（1）净资产收益率。指净利润与资产总额的比值，是衡量电网企业运用自有资本的效率，也是衡量电网企业盈利能力的指标之一。

（2）投资收入比。指投资收入（税后）占投资成本的比率，表示收入中有多少比例可用于本年投资。

（3）售电量增长率。反映企业售电量的增值趋势，可以用三年售电量平均增值率或五年售电量平均增长率。以三年售电量平均增长率为例：

三年售电量平均增长率＝$[($年末售电量总额/三年前年末售电量总额$)^{1/3}-1]\times100\%$

其中三年前年末售电量总额指企业三年前的售电量总额数。利用三年售电量平均增长率指标，能够反映电网企业的售电量增长趋势和效益稳定程度，较好地体现了企业的发展状况和发展能力，避免因少数年份利润不正常增长而对企业发展潜力的错误判断。

（4）资产负债率。指负债总额与资产总额相比的百分数，用来反映电网企业的负债情况。

（5）利息保障倍数。又称已获利息保障倍数，是指企业生产经营所获得的息税前利润与利息费用的比率。该指标不仅反映了企业获利能力的大小，而且反映了获利能力对偿还到期债务的保证程度，既是企业举债经营的前提依据，也是衡量企业长期偿债能力大小的重要标志。指标值越大，说明企业支付利息费用的能力越强。

利息保障倍数＝（利润总额＋利息费用）/利息费用＝EBIT/利息费用

其中：息税前利润 EBIT＝净利润＋利息费用＋所得税

利息费用是指本期发生的全部应付利息，包括财务费用中的利息费用，计入固定资产成本的资本化利息。资本化利息虽然不在损益表中扣除，但仍然是要偿还的。

（6）综合线损率。指电网经营企业在电能传输和营销过程中，自发电厂出线起至客户电能表止所产生的电能消耗和损失占供电量的比率，用于衡量电力网电能损耗高低的指标。

（7）流动资产周转率。该指标反映电网企业资产周转效率。该指标越高，表明资产流动性强，短期偿债能力强。该指标反映了企业资产的质量。计算公式为

$$流动资产周转率＝主营业务收入净额/平均流动资产总额$$

其中：平均流动资产总额＝（期初流动资产总额＋期末流动资产总额）/2。

（8）采购合同完成率。指完成的企业（供方）与分供方，经过双方谈判协商一致同意而签订的采购合同比率。

（9）经济增加值（EVA）。经济增加值指从税后净营业利润中扣除包括股权和债务的全部投入资本成本后的所得。他是一种全面评价企业经营者有效使用资本和为股东创造价值能力，体现企业最终经营目标的经营业绩考核工具，也是企业价值管理体系的基础和核心。

（10）人均工业增加值。工业增加值指工业企业在报告期内以货币形式表现的工业生产活动的最终成果，是工业企业全部生产活动的总成果扣除了在生产过程中消耗或转移的物质产品和劳务价值后的余额。人均工业增加值为工业增加值与长期职工的比值，反映生产单位人均生产贡献。

（11）人均利润。企业利润总额与长期职工的比值，衡量企业人均利润贡献水平。

（12）万元产值综合能耗下降率。指每万元产值在一段时间内实际消耗的各种能源实物量，按规定的计算方法和单位，分别折算为一次能源后总和，对比过去的下降比率。

（13）"三公"经费比率。指政府部门人员因公出国（境）经费、公务车购置及运行费、公务招待费（简称"三公"）产生的消费所占比率。

（14）供电可靠率。统计期间内，中压用户统计单位（包括10kV用户与10kV公用配电变压器）平均有效供电总小时数与统计期间小时数的比率。用于反映城市供电可靠程度，提升供电可靠性。

（15）电压合格率。指实际运行电压偏差在限值范围内累计运行时间与对应的总运行统计时间的百分比。根据规定设置A、B、C、D四类监测点：110kV及以上变电站

10kV 供电母线电压（A 类）；110kV 及以上专线供电的客户端电压（B 类）；10kV 供电的客户端电压（C 类）；380V/220V 低压网络和客户端电压（D 类）。用于实现电能质量实时监控。

二、客户市场维度

以客户市场为导向是现代企业管理的规律与趋势。特别在电力体制改革背景下，售电侧与增量配电市场逐渐放开，电网企业更需要持续提升市场竞争力。客户市场维度下主要关注客户满意情况与市场占有情况。前者包括企业的市场规模与服务质量；后者关注市场控制程度与市场份额的变化。客户与市场维度指标关系示意图如图 2-2 所示。

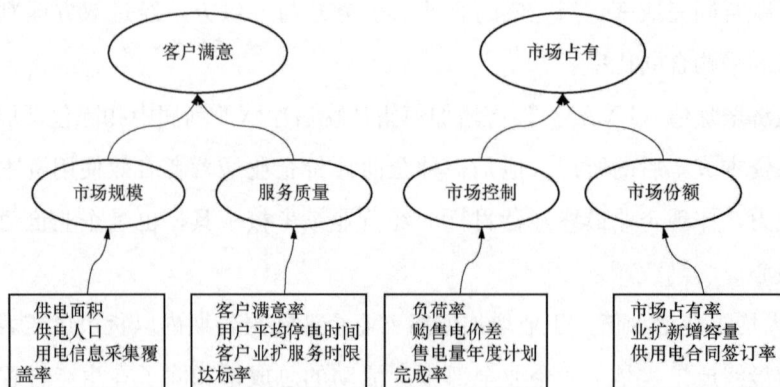

图 2-2　客户与市场维度指标关系示意图

选取的具有代表性的指标包括供电面积、供电人口、用电信息采集覆盖率、客户满意率、用户平均停电时间、客户业扩服务时限达标率、负荷率、购售电价差、售电量年度计划完成率、市场占有率、业扩新增容量、供用电合同签订率等。

（1）供电面积。指电网供电覆盖面积。

（2）供电人口。指供电区域使用人口数量。

（3）用电信息采集覆盖率。指对电力用户的用电信息进行采集、处理和实时监控的采集率。

（4）客户满意率。指客户对电力产品和供电服务需求及期望的满意程度的调查评价。

（5）用户平均停电时间。指统计到低压客户的平均停电时间，用于反映客户停电时间，有效提升客户满意度。

（6）客户业扩服务时限达标率。客户业扩报装服务时限达标率＝各月（未超时限的当月已归档新装、增容流程数/当月已归档新装、增容流程数总和×100%）之和/考核期止月份数。

（7）负荷率。指统计时间内的平均负荷与最大负荷之比，用于反映电力负荷分布的合理性情况，负荷率越大说明削峰填谷政策越有效。

（8）购售电价差。指售电价格与购电价格之间差值的平均值。用于反映电网购售电单位利润。

（9）售电量年度计划完成率。指实际销售给终端用户的电量与年度计划的比率，用于反映供电区域内电量销售情况。

（10）市场占有率。指电网售电量占社会总用电量的比重，用于反映电网在电力行业的市场比重。

（11）业扩新增容量。指业内由于电力扩张所新增加的发电容量，用于反映电网在客户市场方面的效率。

（12）供用电合同签订率。指供电人向用电人供电，用电人支付电费的合同的签订率。通常，供用电合同是以用电人提出用电申请为要约，供电人批准用电申请为承诺而订立的。

三、业务运营维度

业务运营维度主要体现企业的运营能力及流程管理水平。按照电网价值链的业务活动特点，主营业务包括规划设计、采购建设、运维检修、营销服务与退役处置等流程；支撑性业务则主要包括人力资源管理、物资管理、财务管理、信息保障等内容。业务运营维度指标关系示意图如图 2-3 所示。

选取的具有代表性的指标包括全员劳动生产率、库存周转率、配送计划完成率、流动资产周转率、资本保值增值率、带息负债比率、通信业务保障率、线路工程设计优质率、110kV 及以上线路长度增长率、110kV 及以上变电容量增长率、平均容载比、故障快速切除率、继电保护装置故障率、电网"N-1"通过率、电网系统故障停运率、电费回收率、单位投资增售电量、电网设备强迫停运率。

（1）全员劳动生产率。指劳动者在单位时间内的生产效率，用劳动者的生产成果与相应的劳动消耗量之间的比率。反映劳动者在一定时间内的生产能力，是一项重要的经济效益指标。

（2）库存周转率。指储备定额物资统计周期内累计出库金额占期末储备定额物资

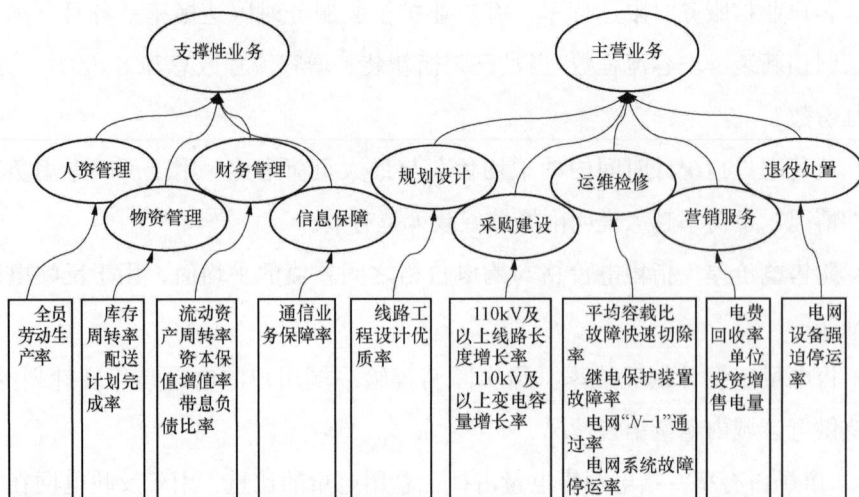

图 2-3　业务运营维度指标关系示意图

总金额。用于反映企业库存物资周转情况。

（3）配送计划完成率。指企业内资源配送计划的完成程度。

（4）流动资产周转率。指一定时期销售收入净额与流动资产平均占用额之间的比率，是反映企业流动资产周转速度的指标，周转速度快会相对节约流动资产等于相对扩大资产投入，增强企业盈利能力；如果周转速度慢，需要补充流动资产参加周转，形成资金浪费，降低企业盈利能力。

（5）资本保值增值率。资本保值增值率是财政部制订的评价企业经济效益的十大指标之一，资本保值增值率反映了企业资本的运营效益与安全状况。

（6）带息负债比率。是指企业某一时点的带息负债总额与负债总额的比率，反映企业负债中带息负债的比重，在一定程度上体现了企业未来的偿债（尤其是偿还利息）压力。

（7）通信业务保障率。指通信业务获得保障的比率。

（8）线路工程设计优质率。指优质送电线路设计所占总体的比率。

（9）110kV 及以上线路长度增长率。该指标是电网建设的基本衡量指标，反映电网企业电网线路规模发展能力，为发展规划期 110kV 及以上线路总长度（含直流线路长度）增长率。该指标指标值越大，从数量上衡量输电线路的输送距离和范围的增长速度。

（10）110kV 及以上变电容量增长率。该指标反映电网企业电网变电容量规模发展能力，为发展规划期 110kV 及以上变电总容量（含直流换流容量）增长率。该指标值越大，表明电力输送能力越强。该指标从结果上衡量电网建设效果，与上一指标共同表征电网建设能力和对社会用电需求的满足能力。

（11）平均容载比。该指标整体上反映电网变电容量对于负荷的供电能力，既反映了电网企业电网坚强性，也一定程度反映了电网的经济性。平均容载比为各省110kV及以上各电压等级容载比的加权平均值。

（12）故障快速切除率。指220kV及以上系统故障快速切除次数与220kV及以上系统故障总次数的比率。

（13）继电保护装置故障率。指220kV及以上电压等级保护故障次数与220kV及以上电压等级保护动作总次数的比率。

（14）电网"N-1"通过率。指在最大负荷运行方式下，在变电站出线开关停运后，该线路全部负荷可通过不超过两次操作就能转移到其他线路供电，此类线路所占的比例，即

$$线路"N\text{-}1"通过率＝(满足"N\text{-}1"的线路条数/线路总数)\times 100\%$$

（15）电网系统故障停运率。指电网发生故障造成停电的概率。

（16）电费回收率。该指标反映了电网企业电费回收状况。该指标越小，反映电网企业电费回收管理水平越高。

$$电费回收率＝(当年实收电费总额/当年应收电费总额)\times 100\%$$

（17）电网设备强迫停运率。电网设备强迫停运率指必须从可用状态改变到不可用状态或实施虽非立即停运，但不能延至24h以后停运者（从向调度开始申请计时）的次数。其中架空线路的单位为次/（百千米·年）；电缆的单位为次/（千米·年）；其他设备单位为次/（百台·年）。

该指标衡量主要输变电设备的故障情况，反映电网生产环节对电网设备的管理水平。

（18）单位投资增售电量。指三年增售电量与三年累计电网投资的比例，表示单位电网投资带来的电量增长。

四、资源支撑维度

资源禀赋是企业赖以生存发展的基础。在平衡计分卡中，学习与成长维度体现企业可持续发展能力。这里的资源支撑维度既考量企业可掌握资源对运营发展的支撑保障力度，也体现企业未来学习成长的潜能。主要包括人力资源、财力资源、物力资源、科技信息四个方面。资源支撑维度指标关系示意图如图2-4所示。

选取的具有代表性的指标包括人才当量密度、科研人员占总人数的比例、自有资金满足率、电网基建投资发展投入、配电线路长度、继电保护装置数量、能源消耗总量、科技投入总额、信息系统可用率。

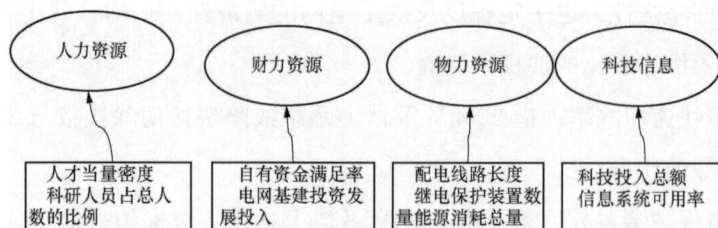

图 2-4　资源支撑维度指标关系示意图

（1）人才当量密度。该指标是考核人才资源占公司人力资源比例的重要指标，反映电网企业队伍中蕴含的人才数量和电网企业持续经营的潜在增长能力。该指标反映电网企业人才水平，指系统地接受过中等职业教育及以上学历职工人数，或者具有初级及以上职称（含高级工、技师、高级技师）之一的长期职工人数占本单位长期职工人数的比率。

（2）科研人员占总人数的比例。该指标为电网企业一线科研人员总数与电网企业职工人数之比。该指标越高，表明电网企业科研创新能力和潜力越强，越能够发挥科技创新的引领作用。

（3）自有资金满足率。指企业利润、折旧等自有资金占比，衡量企业发展依靠自有资金的程度。

（4）电网基建投资发展投入。指电网企业为了其电网企业内部发展引进的电网基建投资数额。

（5）配电线路长度。指从降压变电站把电力送到配电变压器或将配电变压器的电力送到用电单位的线路的长度。

（6）继电保护装置数量。当电力系统中的电力元件（如发电机、线路等）或电力系统本身发生了故障危及电力系统安全运行时，能够向运行值班人员及时发出警告信号，或者直接向所控制的断路器发出跳闸命令，以终止这些事件发展的一类自动化措施和设备的数量。

（7）能源消耗总量。指电网企业内部所消耗的能源总量，用于反映电网企业对能源需求量的变化情况。

（8）科技投入总额。指电网企业科技项目投资规模。

（9）信息系统可用率。指系统有效性的表示，它是在一段相当长的时间内，信息系统的可用时间与故障时间，维修时间及可用时间总和比。可用率越高，表明系统的可靠性越好。

第三节 电网企业运营绩效关键指标筛选与优化模型设计

电网企业规模大，表 2-1 仅为电网企业运营绩效指标基本架构。由于运营管理层级多，可用于分析的指标规模数量十分庞大，一定程度上存在关键指标不明确、指标间影响关系不清晰等问题。因此，关键指标的筛选与优化就显得尤为重要。

一、主要功能及基本原理

针对运营绩效指标数量大、结构关系复杂的特点，根据系统工程理论、统计学方法，从指标间相关关系出发，建立一套具有分析、筛选、验证功能的指标体系优化模型。该模型是开展运营分析的基础性技术，其主要功能及基本原理如下：

（1）发现指标间的影响关系。这里的影响关系，主要基于指标间的相关性进行判断：对个体指标而言，与它具有相关性的指标越多，它的影响作用就越强。相关性主要用以下两种方法确定：①专家经验法，即通过专家经验判定；②统计分析法，主要基于指标间统计学的相关系数判定。需要说明的是，这里的相关关系不同于因果关系，可能有指标间存在相关性，但难以用因果关系直接解释的情况。

（2）筛选关键指标。对关键指标的筛选，主要结合现有电网企业运营绩效指标体系，以指标间相关性为基础，根据应用场景的需要，建立运营绩效指标筛选优化模型，识别出指标体系中的关键指标。

（3）优化指标体系。基于运营绩效指标筛选优化模型，结合应用场景需要，在梳理指标影响关系并筛选出关键指标后，形成更为精简的指标体系。

（4）验证筛选及优化结果。在筛选优化指标后，依据统计学方法，分析关键指标的贡献率大小，以此判定指标体系优化的合理程度。

以上研究主要针对运营监测指标体系，在具体方法上多采用了统计学、系统工程学等定量方法，在实践中还需业务分析的辅助支撑。本研究仅能判定指标间的相关性影响关系，但对于指标间的因果关系缺乏技术支撑，还需要更多业务分析相辅助。本书先依据平衡计分卡与战略矩阵工具对指标体系结构与具体指标进行初步筛选，再运营筛选优化模型进行量化分析，避免了单一量化分析局限。

二、运营监测关键指标筛选优化模型基本思路与算法

（一）关键指标筛选优化模型的基本思路

本模型构建基本思路包括以下 5 个方面：

（1）对指标体系进行结构分析，确定指标体系的基本结构，明确大致指标数量等基础性问题。

（2）分析指标间的相关性，主要包括定量与定性两种方法。本模型主要以定量分析为主，在具体算法中基于便利性与实用性角度，选择了相关系数分析法，该方法是研究随机变量之间的相关关系的一种常用的统计方法。

（3）建立指标影响关系示意图。本模型在具体算法中选择了解释结构模型法（简称 ISM 法），该方法特别适用于变量众多、关系复杂而结构不清晰的系统分析中，也可用于方案的排序等。运营监测预警分析涉及主营业务、核心资源等众多要素，故适合采用本方法。

（4）进行指标筛选与优化。通过上述分析可识别指标体系中的驱动性与成果性指标。以运营绩效指标体系为例，这里的驱动性指标对电网企业整体指标绩效的影响更大，适合作为反映对电网企业运营绩效具有支撑作用的关键指标；成果性指标更能反映运营活动的结果，适合作为反映电网企业运营绩效的关键指标。驱动性、成果性两类关键指标关系示意图如图 2-5 所示。

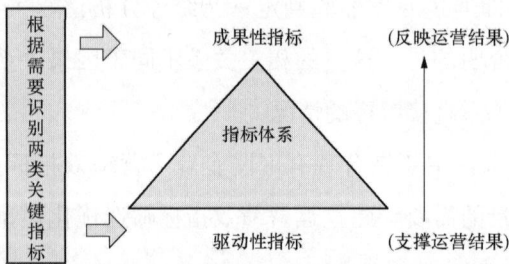

图 2-5　驱动性、成果性两类关键指标关系示意图

（二）模型实现过程及算法设计

1. 指标体系结构分析

为避免指标的筛选优化范围过大，模型需要首先结合具体场景对指标体系的总体结构进行分析，并适当减少筛选范围。以运营绩效评价为典型应用场景，可基于平衡计分卡、战略矩阵等工具方法对指标结构、适用条件进行分析，在电网企业 1000 余项指标中选择满足上述条件的指标作为备选指标。

结合具体场景开展上述分析后，指标体系的大致结构确定，为进行指标筛选与优化提供基本前提。

2. 指标相关关系分析

将相关系数计算与 ISM 模型中可达矩阵计算相结合，设计算法如下：

(1) 步骤 1。输入原始数据，形成 $n \times m$ 阶数据矩阵 $\boldsymbol{A}_0$

$$\boldsymbol{A}_0 = \begin{bmatrix} x_{11} & x_{21} & x_{31} & \cdots & x_{n1} \\ x_{12} & x_{22} & x_{32} & \cdots & x_{n2} \\ \cdots & \cdots & \cdots & \cdots & \cdots \\ x_{1m} & x_{2m} & \cdots & \cdots & x_{nm} \end{bmatrix}$$

(2) 步骤 2。对 $\boldsymbol{A}_0$ 进行处理，计算着 n 项指标两两之间的关联系数，以指标 x_1 和指标 x_2 为例，计算这两个指标的相关系数公式如下

$$r_{12} = \frac{\sum x_{1j} x_{2j} - \dfrac{\sum x_{1j} \sum x_{2j}}{m}}{\sqrt{\left[\sum x_{1j}^2 - \dfrac{\left(\sum x_{1j} \right)^2}{m} \right]\left[\sum x_{2j}^2 - \dfrac{\left(\sum x_{2j} \right)^2}{m} \right]}}$$

得到 $n \times n$ 阶系数矩阵 $\boldsymbol{A}_1$

$$\boldsymbol{A}_1 = \begin{bmatrix} r_{11} & r_{12} & \cdots & r_{1n} \\ r_{21} & r_{22} & \cdots & r_{2n} \\ \cdots & \cdots & \cdots & \cdots \\ r_{n1} & \cdots & \cdots & r_{nn} \end{bmatrix}$$

(3) 步骤 3。对矩阵 $\boldsymbol{A}_1$ 进行处理，处理方式如下：若 $r_{ij} > \alpha$，则令 $r_{ij} = 1$；否则令 $r_{ij} = 0$。其中，α 取值可以进行定义，一般取值为 0.85，得到 $n \times n$ 阶邻接矩阵 $\boldsymbol{A}_2$

$$\boldsymbol{A}_2 = \begin{bmatrix} 1 & 1 & \cdots & 0 \\ 1 & 1 & \cdots & 0 \\ \cdots & \cdots & \cdots & \cdots \\ 0 & 0 & \cdots & 1 \end{bmatrix}$$

3. 建立指标影响关系图

(1) 步骤 1。对邻接矩阵 $\boldsymbol{A}_2$ 进行处理，通过处理可以得到 $n \times n$ 阶可达矩阵 $\boldsymbol{A}_3$。$\boldsymbol{A}_2$ 和 $\boldsymbol{A}_3$ 满足下列运算规则

$$(\boldsymbol{A}_2 + I)^{k-1} \neq (\boldsymbol{A}_2 + I)^k = (\boldsymbol{A}_2 + I)^{k+1} = \boldsymbol{A}_3$$

(2) 步骤 2。区域划分和级别划分。首先对矩阵 $\boldsymbol{A}_3$ 进行处理，找出各个元素相对应的可达集 $\boldsymbol{P}$、先行集 $\boldsymbol{Q}$ 以及两者的交集 $\boldsymbol{S}$。

求解 $\boldsymbol{P}$。找出每一行中元素为 1 对应的列；

求解 $\boldsymbol{Q}$。找出每一列中元素为 1 对应的行；

通过处理得到各个元素相对应的可达集 $\boldsymbol{P}$、先行集 $\boldsymbol{Q}$ 以及两者的交集 $\boldsymbol{S}$。

（3）步骤3。在步骤2得到 **PQS** 集合的基础上进行处理，进行级别划分。通过处理可以得到几个层级以及每个层级类含有的指标，根据这样的分类就可以绘制出运营监测指标影响关系图。

4. 进行关键指标筛选与优化

基于指标间影响关系图，可自动实现指标的筛选与优化。

（1）步骤1。从最高层开始筛选指标，选择前 n_1 项指标作为成果指标群；从最底层开始筛选指标，选择前 n_2 项指标作为驱动指标群。

（2）步骤2。输出成果指标群和驱动指标群。

三、实证分析

以运营绩效评价指标体系为例。

本书应用指标筛选优化模型，将运营绩效指标库中54项指标筛选优化为12项驱动性指标与12项成果性指标。

（一）指标体系结构分析

依据电网企业战略目标，结合平衡计分卡、战略矩阵等方法工具，电网企业运营绩效评价指标体系的结构应包含效率效益、客户市场、业务运营、资源支撑四个方面。在指标初步选择上要实现这四个方面的平衡，即投资指标与经营指标的平衡，如电网企业中长期投资与当期利润、负债率的平衡；财务指标与非财务指标的平衡，如电网运行安全性和经济性的平衡；结果指标与驱动指标的平衡，如配电网投资规模与供电可靠性和供电质量的平衡；内部因素和外部因素的平衡，如电网建设成本控制与环境保护和土地资源节约的平衡，电力生产成本、电价与经济运行成本的平衡等。

基于上述考虑，列出54项运营指标及编码对应关系见表2-2。

表2-2　　　　　　　　　　运营指标及编码对应关系

运营指标	编码	运营指标	编码	运营指标	编码
流动资产周转率	S1	通信业务保障率	S6	业扩服务时限达标率	S11
资本保值增值率	S2	线路工程设计优质率	S7	电压合格率	S12
电网系统故障停运率	S3	购售电价差	S8	电网基建投资发展投入	S13
科研人员占总人数的比例	S4	平均容载比	S9	电费回收率	S14
带息负债比率	S5	供电可靠率	S10	故障快速切除率	S15

续表

运营指标	编码	运营指标	编码	运营指标	编码
继电保护装置故障率	S16	供电人口	S29	"三公"经费比率	S42
单位投资增售电量	S17	用电信息采集覆盖率	S30	售电量年度计划完成率	S43
电网设备强迫停运率	S18	用户平均停电时间	S31	供用电合同签订率	S44
自由资金满足率	S19	负荷率	S32	人均利润	S45
电网"$N-1$"通过率	S20	配送计划完成率	S33	综合线损率	S46
配电线路长度	S21	投资收入比	S34	业扩新增容量	S47
110kV及以上变电容量增长率	S22	库存周转率	S35	人均工业增加值	S48
110kV及以上线路长度增长率	S23	利息保障倍数	S36	净资产收益率	S49
继电保护装置数量	S24	人才当量密度	S37	售电量增长率	S50
能源消耗总量	S25	采购合同完成率	S38	全员劳动生产率	S51
科技投入总额	S26	经济增加值（EVA）	S39	客户满意率	S52
信息系统可用率	S27	万元产值综合能耗下降率	S40	市场占有率	S53
供电面积	S28	流动资产周转率	S41	资产负债率	S54

（二）指标的筛选优化

首先分析核心资源指标体系，根据核心资源各指标之间的影响关系可以构建要素关系表。根据要素关系表可以建立邻接矩阵 A_1，如图 2-6 所示。

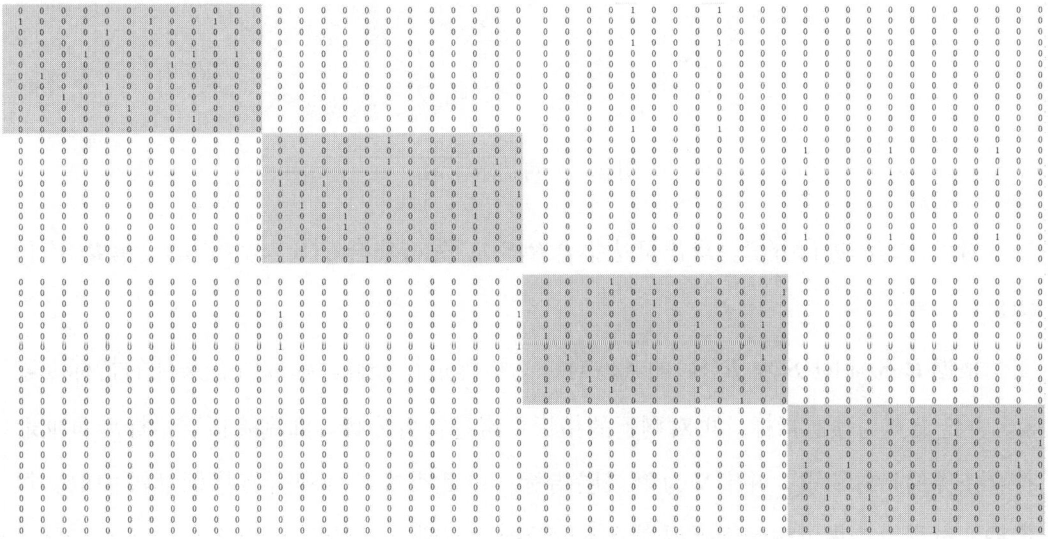

图 2-6　邻接矩阵 A_1

对邻接矩阵 A_1 进行矩阵运算，求出可达矩阵 M_1，如图 2-7 所示。

图 2-7   可达矩阵 M_1

对可达矩阵进行分解，求出可达集合 $R(S_i)$、先行集合 $Q(S_i)$ 与它们的交集 $R(S_i) \bigcap Q(S_i)$。

根据 $R(S_i) \bigcap Q(S_i) = R(S_i)$ 的条件对可达矩阵进行分解，抽取符合条件的指标要素 S_i，并定义其为顶层指标，再对剩下的指标要素进行再分解，即剔除顶层指标后再抽取符合条件的指标要素，并定义为第二层指标；以此类推，直到所有指标都被抽取。根据抽取过程及结果可构建指标要素关系示意图，如图 2-8 所示。

从图 2-8 可以看出，54 项指标分布在层级的两端。依照驱动性影响的不同划分为

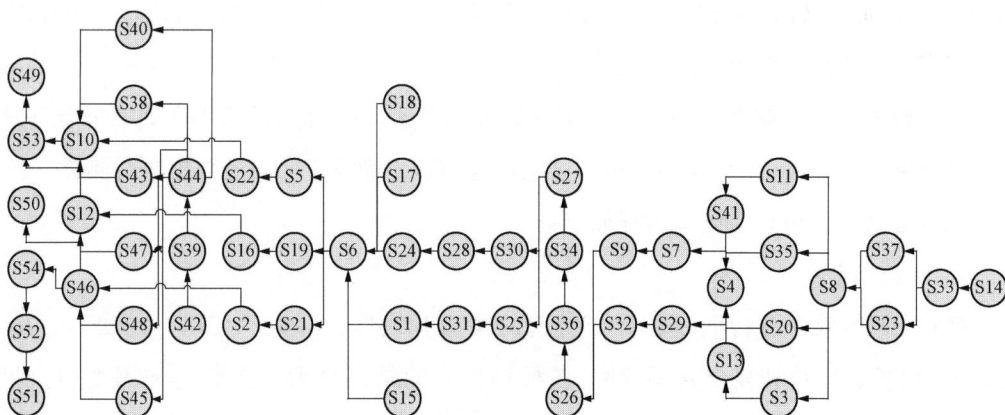

图 2-8　指标要素关系示意图

成果性指标和驱动性指标两大类关键指标。两大类指标筛选结果见表 2-3。其中，电费回收率、配送计划完成率等驱动性指标，反映了运营绩效的内在驱动力，直接影响运营绩效的优劣；净资产收益率、全员劳动生产率等成果性指标，反映了电网企业运营的成果，包括经济、安全、服务等多个方面。

表 2-3　　　　　　　　　成果性指标和驱动性指标筛选结果

	驱动指标群	成果指标群
编号	指标	指标
1	电费回收率	净资产收益率
2	配送计划完成率	全员劳动生产率
3	人才当量密度	市场占有率
4	110kV 及以上线路增长率	客户满意率
5	购售电价差	售电量增长率
6	业扩服务时限达标率	资产负债率
7	库存周转率	供电可靠率
8	电网"N-1"通过率	电压合格率
9	电网系统故障停运率	综合线损率
10	流动资产周转率	人均利润
11	科研人员占总人数的比例	人均工业增加值
12	公司发展投入	业扩新增容量

结合 ISM 模型法所求出的核心指标，可以发现所选核心指标基本吻合，吻合度达

到 90%，故而可以判定通过 ISM 模型法所选取的核心指标是科学合理具有代表性的，可以将它们作为运营绩效分析的最具代表性指标。

为校验算法，选取客户满意率为例，研究其与驱动指标间的影响关系。收集了多个省级电网企业 2009～2013 年每年购售电价差和客户满意率的历史数据进行测算。

测算证实算法可行，测算过程如下：

1. 曲线估计

使用 SPSS 软件进行曲线估计，备选的模型有线性、对数、反向、二次、三次、幂、S、增长、指数和复合共 10 种。各模型拟合的结果显示，自变量和因变量之间的关系最符合二次函数的特征。二次模型的调整 R 方为 0.967，在 10 种模型中最高，说明模型的解释能力最强。10 种回归模型的曲线估计分析结果如图 2 - 9 所示。

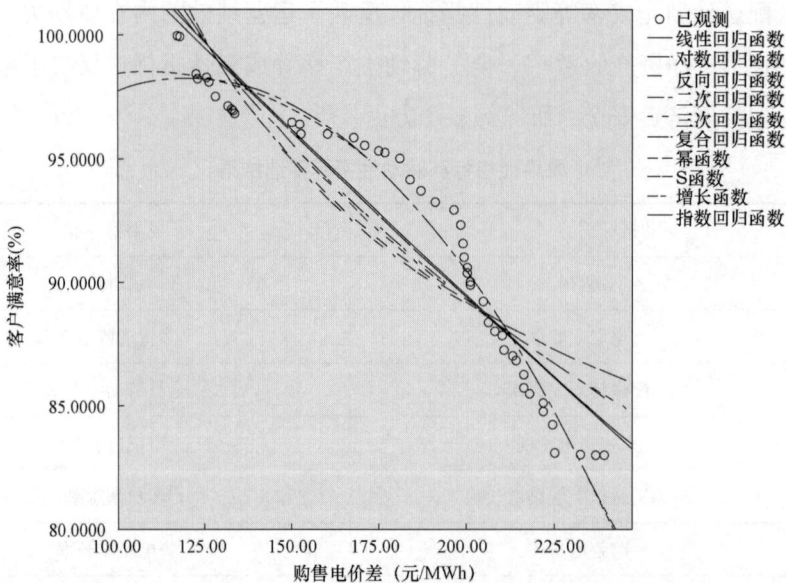

图 2 - 9 10 种回归模型的曲线估计分析结果

回归模型汇总结果见表 2 - 4。在该项结果中，R 方表示的是拟合优度，它是用来衡量估计的模型对观测值的拟合程度。它的值越接近 1 说明模型越好。F 值是回归方程的显著性检验，表示的是模型中被解释变量与所有解释变量之间的线性关系在总体上是否显著做出推断。df 是模型的自由度，且 $df_1 + df_2 =$ 样本数。$sig.$ 是 F 检验的概率值，也叫 P 值。一般来说，只要 F 值大于设定的显著性水平的临界值，或者 P 值（也就是 $sig.$ 的值）小于显著性水平（比如 0.05 或 0.01），就可以拒绝原假设，可以认为曲线拟合较好。b_1、b_2、b_3 分别表示拟合函数中常数项的估计值。

表 2-4 回归模型汇总结果

方程	模型汇总				参数估计值				
	R 方	F	df_1	df_2	$Sig.$	常数	b_1	b_2	b_3
线性	0.899	408.416	1	46	0.000	116.175	-0.133		
对数	0.852	264.693	1	46	0.000	205.864	-21.993		
倒数	0.798	182.058	1	46	0.000	71.809	3488.120		
二次	0.967	653.158	2	45	0.000	80.697	0.293	-0.001	
三次	0.957	652.180	2	45	0.000	92.761	0.080	0.000	-2.271×10^{-6}
复合	0.888	365.067	1	46	0.000	119.597	0.999		
幂	0.839	238.918	1	46	0.000	317.653	-0.240		
S	0.783	165.737	1	46	0.000	4.301	37.938		
增长	0.888	365.067	1	46	0.000	4.784	-0.001		
指数	0.888	365.067	1	46	0.000	119.597	-0.001		

注　因变量为客户满意率；自变量为购售电价差。

2. 二次模型方程建立

经二次回归得出自变量购售电价差（X）与因变量客户满意率（Y）的相关方程如下

$$Y = -b_1 X^2 + b_2 X + 80.697$$

式中　X——购售电价差，元/kWh；

　　　Y——客户满意率，%；

　b_1、b_2——回归函数系数。

以客户满意率指标为例，说明运营绩效变化情况，模型汇总和参数估计值如表 2-5 所示。

表 2-5 模型汇总和参数估计值

方程	模型汇总					参数估计值		
	R 方	F	df_1	df_2	$Sig.$	常数	b_1	b_2
二次	0.967	653.158	2	45	0.000	80.697	0.293	-0.001

注　因变量为客户满意率；自变量为购售电价差。

该模型的 F 值为 653.158，显著性 $sig.$ 为 0.0000，说明因变量和自变量之间的二次关系非常显著。

扩展阅读

电网企业运营分析的国际对标指标选择

随着经济全球化的推进和竞争范围的扩大，需要准确了解企业在国际同行中的地位，敏锐察觉国际竞争的方向，及时查找企业运营中的不足，从而对国际市场中的变化做出灵敏反应。

企业运营监测、分析、预警的对象不仅限于内部指标的变动情况，还应包括企业自身与外部相关企业的对比情况。企业与行业内外部其他企业的对标情况，包括主要经营指标对比、行业内排名情况等，应当是企业运营分析的重要组成部分。

一、电网指标

国际对标电网指标主要从电网形态结构、技术与管理、运行绩效、绿色发展4个维度出发，构建了包含4个一级指标、11个二级指标、44个三级指标的世界一流电网对标监测指标体系，以全面描述世界一流电网的特征，并从中选取重要性高、代表性强、可比性强的17项关键指标用于综合评价电网的发展水平。世界一流电网对标监测指标体系框架见图2-10。

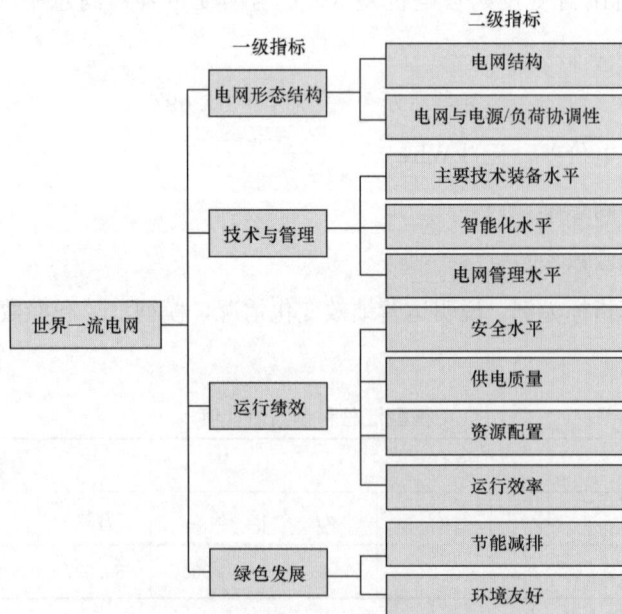

图2-10　世界一流电网对标监测指标体系框架

（1）电网形态结构（含三级指标 10 个）：坚强、合理的形态结构是世界一流电网的本质特征，主要表现为电网在物理形态上的合理性，能够实现各级电网之间、电网与电源之间、电网与负荷之间协调发展。形态结构维度对标监测指标见图 2-11。

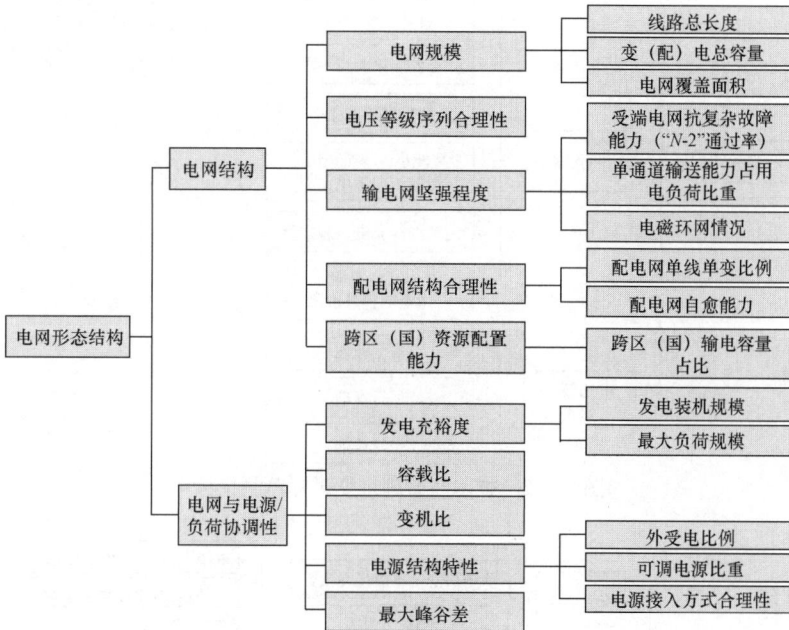

图 2-11 形态结构维度对标监测指标

（2）技术与管理（含三级指标 13 个）：先进的技术与管理是世界一流电网的重要保障。主要表现为电网主要技术装备水平领先、智能化程度高、电网管理理念和技术手段先进等方面。技术与管理维度对标监测指标见图 2-12。

（3）运行绩效（含三级指标 12 个）：优秀的电网运行绩效是世界一流电网的集中体现。主要表现为电网运行安全可靠，能有效避免大范围事故；能为用户提供持续、充裕、优质、可靠的电力供应；能够充分发挥电网大范围资源配置平台作用；线路、设备等资产能够得到有效利用等方面。运行绩效维度对标监测指标见图 2-13。

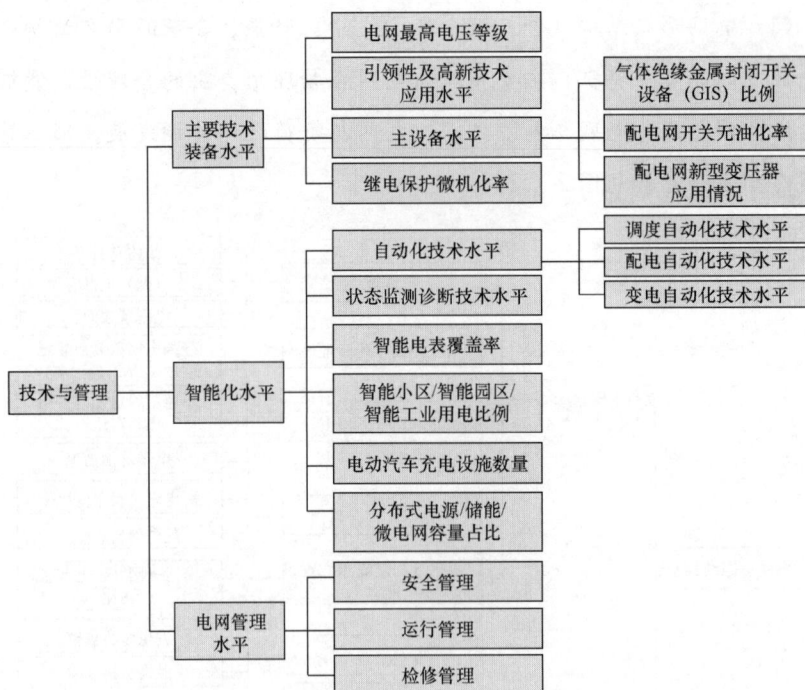

图 2-12　技术与管理维度对标监测指标

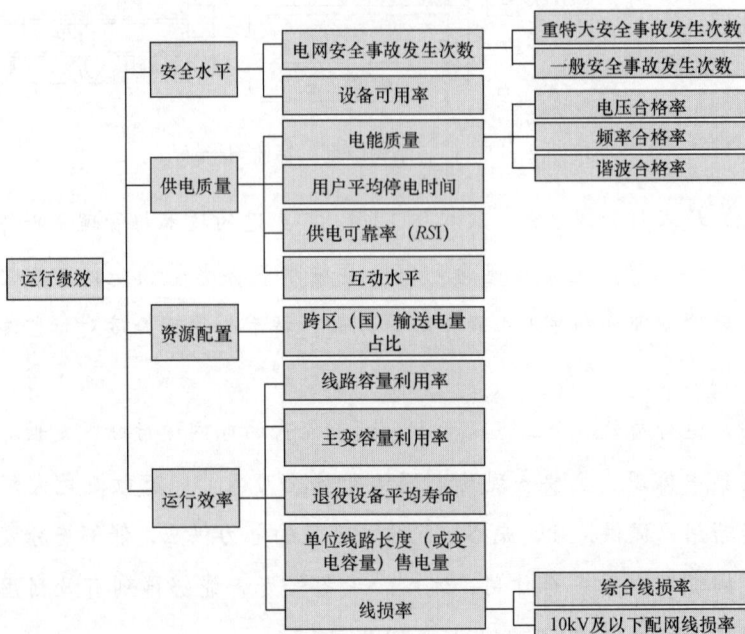

图 2-13　运行绩效维度对标监测指标

　　（4）绿色发展（含三级指标 9 个）：具备绿色、可持续发展能力是世界一流电网的必要条件。主要体现为电网能够成为推动能源可持续供应和促进低碳经济发展的绿色平台，支撑可再生能源开发利用，实现资源的集约、高效、循环利用，有效控制环境污染和推进温室气体减排，与生态环境和居民生活环境的高度协调。绿色发展维度对标监测指标见图 2-14。

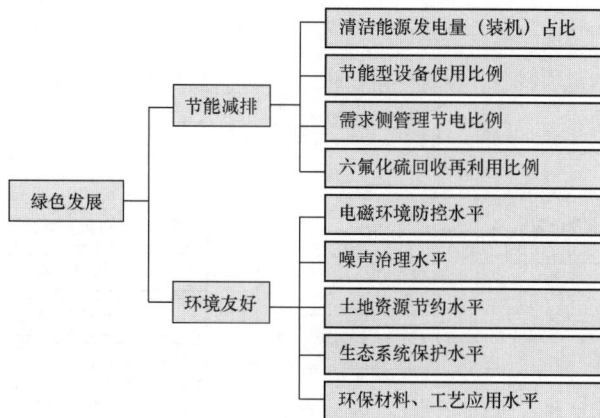

图 2-14 绿色发展维度对标监测指标

二、管理指标

国际对标管理指标包括战略与管理、财务与绩效、业务与市场、创新与成长 4 个一级指标。

（1）战略与管理。清晰的发展战略与优秀的管理能力是企业获取优秀业绩和客户价值的关键内部支撑，主要包括治理结构、发展战略、经营管理 3 个方面。战略与管理维度对标监测指标见图 2-15。

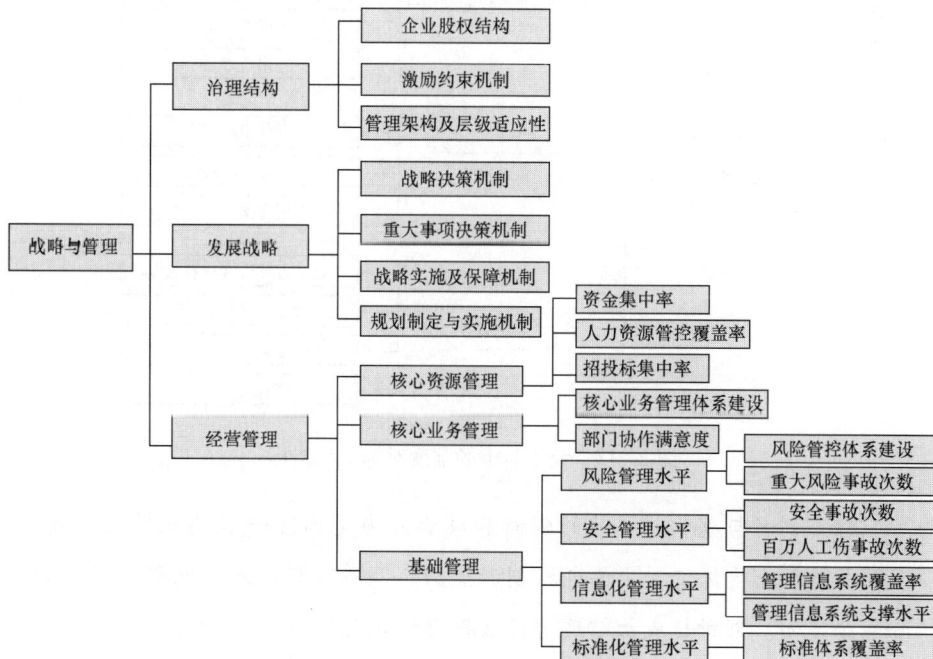

图 2-15 战略与管理维度对标监测指标

（2）财务与绩效。优秀的财务表现与绩效是国际一流企业的主要特征，主要包括企业规模、经营业绩两个方面。财务与绩效维度对标监测指标见图2-16。

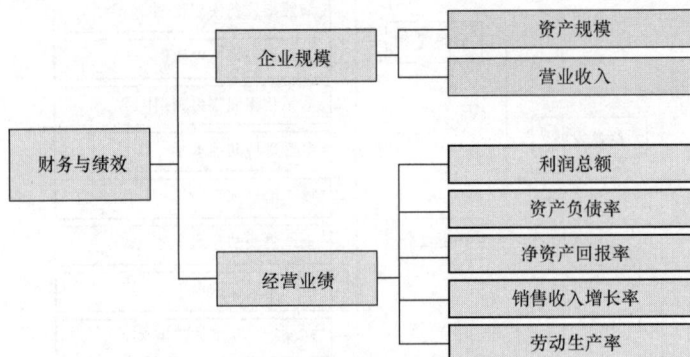

图2-16　财务与绩效维度对标监测指标

（3）业务与市场。优良的业务发展和市场价值创造能力是国际一流企业的重要特征，同时也是创造优秀绩效的重要基础，主要包括业务发展、市场拓展、客户服务3个方面。业务与市场维度对标监测指标见图2-17。

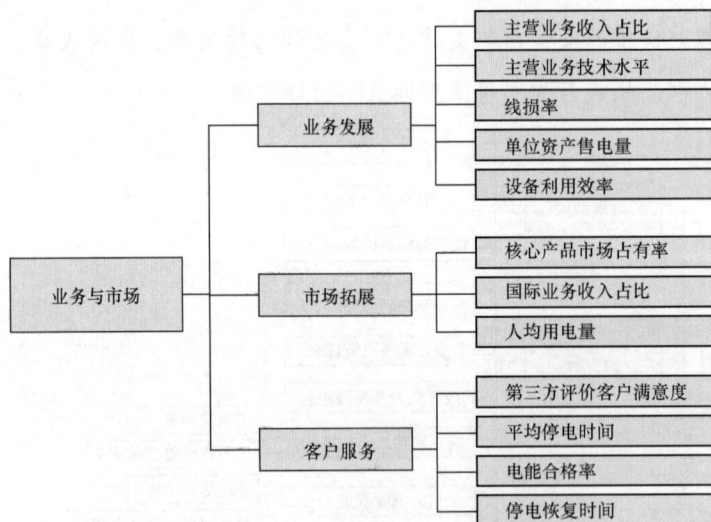

图2-17　业务与市场维度对标监测指标

（4）创新与成长。卓越的创新和成长能力是国际一流企业持续发展、基业长青的重要保证，主要包括创新能力、品牌建设、人才队伍、社会责任4个方面。创新与成长维度对标监测指标见图2-18。

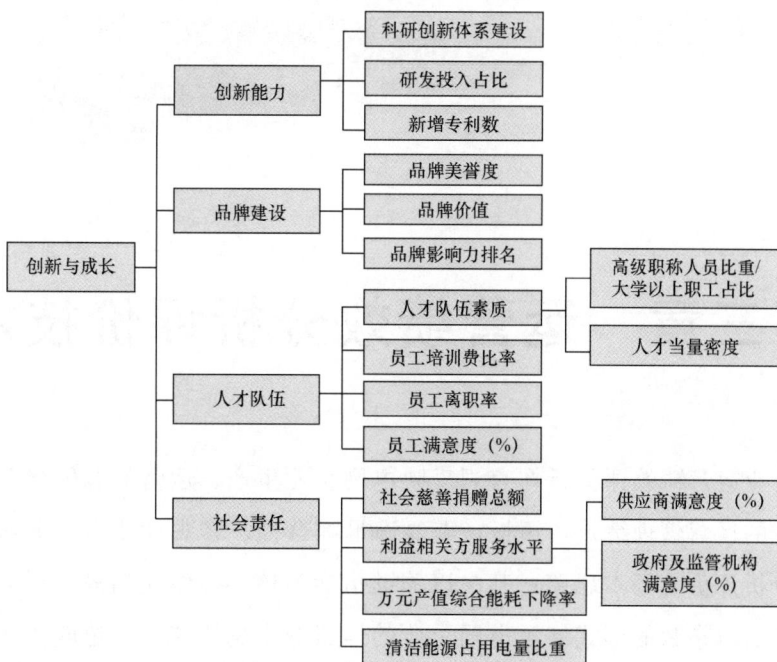

图 2-18　创新与成长维度对标监测指标

第三章 运营绩效分析评价技术

电网企业运营绩效评价旨在直观反映电网企业生产、运营的总体状况，并可查找各个领域的运营管理绩效与短板，需要满足综合性、客观性要求。本章首先介绍运营绩效分析评价的基本思路；其次以关键指标为核心，建立趋势分析与绩效评价的方法；最后以指数的形式展示电网企业的运营健康总体状况，选取实际算例对模型进行验证。

第一节 思 路 与 策 略

电网企业运营绩效分析主要是对电网企业运营活动的结果进行评价研判，为企业决策层、管理层客观把握运营发展规律提供参考。

一、主要功能与基本思路

1. 主要功能

电网企业运营绩效分析评价主要包括三大应用主题：①面向电网企业整体的绩效分析评价，重点是通过关键指标的历史分析、趋势分析，发现电网企业运营绩效变化规律；②面向电网企业内部各个单位的健康诊断分析，主要是建立完整的指标体系，通过各单位横向对比、纵向分析与聚类分析等，发现运营管理中存在的短板；③面向国际对标的横向对比分析。

2. 基本思路

本章模型构建的基本思路是：①以第二章指标筛选优化模型提供的评价指标为基础，综合应用计量经济学、统计学中评价方法，将指标进行无量纲化与一致化处理；②基于主成分分析法进行综合评价，根据历史数据分析运营绩效趋势，形成运营绩效趋势图;③聚类分析与对比分析评价,根据各省市电网企业具体数据进行聚类分析,将关联度相近的省市电网企业进行对比分析,诊断问题,并提出建议。

其中对评价方法的选择,主要基于以下考虑:不同的评价方法,有着不同的特点和优势,所以应用的侧重点也有所不同。评价方法适用条件及适用性如表 3-1 所示。

表 3-1 评价方法适用条件及适用性

评价方法	适用条件	适用性分析
模糊综合评价法(FCE)	适用于各种模糊的、非确定性的和难以量化的决策问题	(1)由于电网企业运营指标体系较为庞杂,其中三级指标达到数百个,在采用该方法时,三级指标权重均很小,计算结果中隶属度大小难以区分,因此该方法并不适用于本研究; (2)由于指标数过多,相关矩阵的建立较为困难,影响了研究结果的科学性
人工神经网络评价方法(ANN)	适用于处理运算量大、非线性等复杂系统决策问题	(1)该方法对于数据样本数量要求较高,而实际项目研究中只可获得近年的运营数据; (2)该方法对于数据过于依赖,忽视了指标之间的内在关联,得出的结果与实际往往相差较大
基于三角白化权函数的灰色评价法	适用于研究对象信息不明、观测数据列较少的项目评价分析决策	(1)由于该方法对于数据及样本数要求不高,可以规避掉本书可得性样本数有限、指标数相对样本数过剩的尴尬处境; (2)电网企业运营指标体系中指标类型较为繁杂,分属于极大型、极小型、区间型等类型,通过设立灰度区间,将各个指标数据与理想数据之间进行比较分析,研究结果与实际情况较为符合; (3)运营指标体系中指标数较多,通过该方法可以巧妙规避确立指标间关联关系的难题

二、应用实践思路与策略

在电网企业运营管理体系建设的战略指引下,加强精益管理与精准评价,不断推进发展方式和管理方式的转变,这一管理变革过程对电网企业在企业战略发展和日常运营管理方面提出了新的要求。

电网企业运营绩效指标分析评价主要有两种思路:①以关键绩效指标(KPI)为代表的指标分析,优点是选取关键指标,分析关键绩效,便于快速掌握企业运营趋势;缺点是指标的代表性有限,不一定能够涵盖企业整体运营状况。②以全体指标为代表的指数分析,优点是指标选取较为全面,并通过指数表达方式简单易懂,便于了解整体趋势;缺点是指标体系的构建与权重的确立有一定主观性。

本书对两种方法都有所尝试。其中,以关键绩效指标为代表的运营绩效指标分析评价,侧重关键指标分析,便于企业横向对标管理与纵向趋势研判;以全体运营绩效指标化为手段,形成运营健康指数,便于对企业运营状况进行分析诊断,查找原因,提升管理水平。

第二节　以关键绩效指标为代表的趋势分析与绩效评价

关键绩效指标（KPI）是通过对组织内部流程的输入端、输出端的关键参数进行设置、取样、计算、分析，衡量绩效的一种目标式量化管理指标，是把企业的运营目标作为可操作的工作目标的工具，是企业运营管理的基础。建立明确的切实可行的运营绩效指标（KPI）工具，是做好运营分析预警的关键，提升企业运营效率效益的基础。

一、电网企业关键绩效指标选取与权重确定

这里选取部分省市电网企业 2007～2012 年运营数据，对其运营绩效进行分析评价。以第二章梳理的部分成果类指标作为运营绩效指标，选取具有代表性的 8 个指标，分别为综合线损率、电压合格率、资产负债率、人均利润、人均工业增加值、售电量增长率、市场占有率和净资产收益率。

这里采用主成分分析法计算关键绩效指标的权重，利用软件对指标进行评价分析，经过数据处理，运营绩效指标的主成分特征值与贡献率见表 3 - 2，运营绩效的因子载荷见表 3 - 3。

表 3 - 2　　　　　　　　运营绩效指标的主成分特征值与贡献率

关键绩效指标	初始特征值			因子载荷		
	合计	百分比（％）	累计百分比（％）	合计	百分比（％）	累计百分比（％）
1	4.091	51.139	51.139	4.091	51.139	51.139
2	2.225	27.813	78.952	2.225	27.813	78.952
3	1.006	12.579	91.53	1.006	12.579	91.53
4	0.549	6.868	98.399			
5	0.128	1.601	100			
6	0	0	100			
7	0	0	100			
8	0	0	100			

表 3 - 3 运营绩效的因子载荷

关键绩效指标	对应主成分因子载荷值		
	1	2	3
综合线损率	−0.888	−0.445	0.111
电压合格率	0.913	0.338	−0.218
资产负债率	−0.512	0.401	0.663
人均利润	0.24	−0.925	0.02
人均工业增加值	0.901	0.039	0.317
售电量增长率	0.995	0.077	0.024
市场占有率	−0.288	0.911	0.019
净资产收益率	−0.516	0.245	−0.637

二、电网企业关键绩效指标分析

根据表 3 - 2、表 3 - 3 数据结果，对电网企业运营绩效情况做出趋势分析与敏感性分析。

1. 趋势分析

通过运营绩效处理结果可知，运营绩效指标可以归纳为三个因子，其特征值分别为 4.091、2.225、1.006，它们可以解释 91.53% 的方差，也就是说三个因子的累计贡献率超过 90%。根据算法特征，应当选取贡献率超过 85% 的因子，故而提取这三个因子作为该模型的主成分。

根据数据结果可依据式（3 - 1）求出成果性指标的综合评价值

$$F = 0.321Z_1 + 0.291Z_2 + 0.031Z_3 - 0.112Z_4 + 0.3Z_5$$
$$+ 0.294Z_6 + 0.109Z_7 - 0.18Z_8 \tag{3 - 1}$$

式中　F——成果性指标的综合评价值；

Z_i——第 i 项成果指标的标准化值。

根据式（3 - 1），结合对近 6 年实际数据的标准化处理，分析研判发展趋势以及各指标对综合评价值的贡献率情况。电网企业运营绩效发展趋势如图 3 - 1 所示。

由图 3 - 1 可知，电网企业运营绩效整体走势处于上升态势。其中售电量增长率指标对绩效提升的贡献率最高，达到 19%，表明电网企业在售电增长态势良好。在关注电网企业运营绩效指数综合状况的同时，可进一步分析各省市电网企业响应管理中存在的运营漏洞和不足，并进行环比分析。图 3 - 2 显示的是各指标贡献率分布情况。

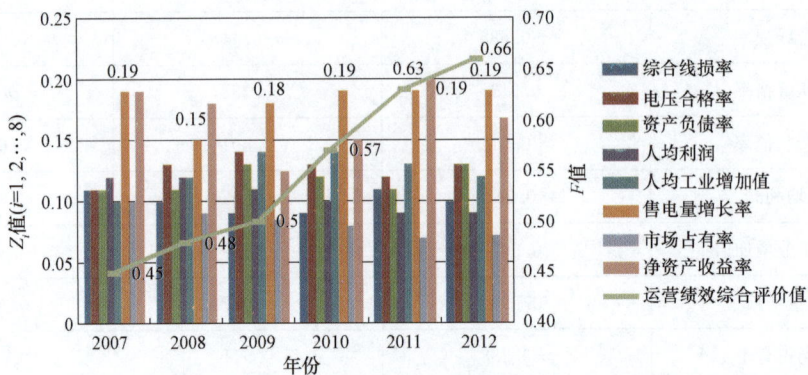

图 3 - 1　电网企业运营绩效发展趋势

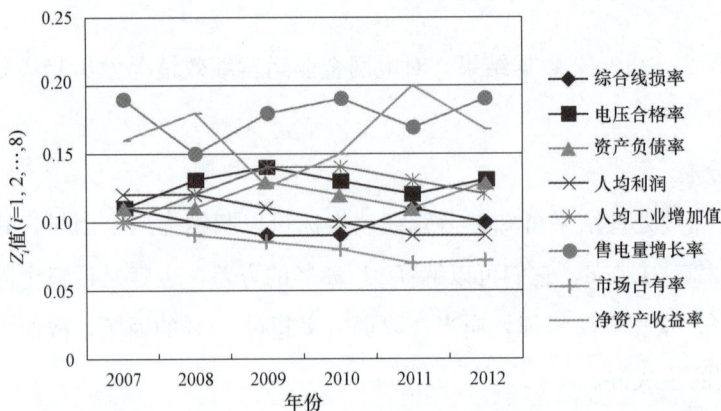

图 3 - 2　各指标贡献率分布情况

从图 3 - 2 可以发现，市场占有率对电网企业运营预警综合评分的贡献率处于较低水平，而且持续走低。为了分析市场占有率贡献率持续走低的原因，选取可能影响市场占有率的若干指标，进行根因分析。

首先选取影响市场占有率（Y）的驱动性指标，包括营销投入（X_1）、信息化建设（X_2）、售电量（X_3）、购电量（X_4）、营业收入（X_5）、经济增加值（X_6）6 项指标，这些指标直接或者间接影响到市场占有率。

提取各指标数据进行标准化处理，并以各影响指标为自变量，市场占有率为因变量进行多元回归处理，进而得到回归结果。基本数据收集情况如表 3 - 4 所示。

表3-4　　　　　　　　　　　　　　基本数据收集情况

信息化建设（万元）	营销投入（万元）	售电量（亿 kWh）	购电量（亿 kWh）	营业收入（万元）	经济增加值（万元）	市场占有率（%）
14041	132704.5	7920.603	847	5052202	23074.47	88.54442
12491	111471.2	6078.011	651	3638729	−4312.99	87.25461
13541	118860.6	13908.74	1437	8000013	−9031.16	92.73612
13108	168072.2	12632.01	1341	6824276	−101809	91.8424
13989	185648.1	16295.99	1437	7701861	98643.18	94.4072
18150	283867.8	32978.29	3458	18939337	367945	95.345
29877	153731	11174.96	1168	7496253	−250100	90.82247
17518	388371.8	38488.39	4043	21982018	438863.6	97.354
18355	239305.8	28026.15	2899	18489223	346103.5	95.647
15914	126241	1250.511	1168	7507214	−11521	83.87536
17139	153615.2	1397.799	1374	8046281	127867.8	83.97846
17442	171112	1190.21	1264	7470866	127867.8	83.83315
16123	155489	961.8947	985	5852527	4530.101	83.67333
18701	122140	2399.216	2505	11325768	94862.71	84.67945
16176	102954	730.4039	744	4925697	27890.1	83.51128
19244	181748	180.4031	1674	9048099	−10762	83.12628
11932	63646	544.5974	585	3406272	−11874.4	83.38122
17350	155891	1547.809	1647	8922617	−21131.5	84.08347
15593.05	98388.1	557.5853	537	3405385	−15076	83.39031
15167.44	61790.75	457	687	3659312	−103976	83.3199
12242.93	36758.48	202.6445	264	1139909	−108072	83.14185
19177.91	72537	936	824	4313514	−17249.6	83.6552
16880	60178.77	958.4467	808	3612205	−40960.5	83.67091
9887	38024.76	544.9	564	1957988	−4636.72	83.38143
11350.65	62535.23	638.8544	666	3256383	11331.75	83.4472
9469	133216.6	752.31	783	2960234	11010.55	83.52662

对数据进行标准化处理，结果如表3-5所示。

表3-5　　　　　　　　　　　　　　数据标准化处理结果

信息化建设（万元）	营销投入（万元）	售电量（亿 kWh）	购电量（亿 kWh）	营业收入（万元）	经济增加值（万元）	市场占有率（%）
0.22403	0.272874	0.202052	0.154274	0.187711	0.3965	0.380816
0.148079	0.212485	0.153952	0.102408	0.119893	0.356749	0.290161

信息化建设（万元）	营销投入（万元）	售电量（亿 kWh）	购电量（亿 kWh）	营业收入（万元）	经济增加值（万元）	市场占有率（%）
0.19953	0.233501	0.358368	0.3104	0.329146	0.3499	0.675431
0.178312	0.373461	0.325039	0.284996	0.272735	0.215237	0.612616
0.221482	0.423447	0.420685	0.3104	0.314841	0.506185	0.792883
0.425372	0.702787	0.856163	0.845197	0.854013	0.897065	0.858797
1	0.332674	0.287004	0.239217	0.304976	0	0.540929
0.394404	1	1	1	1	1	1
0.435417	0.576051	0.726891	0.697274	0.832416	0.865363	0.880023
0.315808	0.254491	0.027934	0.239217	0.305502	0.346287	0.052649
0.375833	0.332344	0.031779	0.293728	0.331366	0.548603	0.059896
0.39068	0.382106	0.02636	0.26462	0.303758	0.548603	0.049682
0.326049	0.337674	0.0204	0.190791	0.22611	0.369584	0.038449
0.452372	0.242828	0.05792	0.593014	0.488715	0.500698	0.109165
0.328646	0.188262	0.014357	0.127018	0.181641	0.40349	0.02706
0.478979	0.412355	0	0.373115	0.379433	0.347388	0
0.120688	0.076469	0.009507	0.084943	0.10874	0.345774	0.017918
0.386172	0.338817	0.035695	0.36597	0.373413	0.332337	0.067276
0.300081	0.175277	0.009846	0.072241	0.108697	0.341127	0.018557
0.279226	0.071193	0.00722	0.111934	0.12088	0.212092	0.013608
0.135924	0	0.000581	0	0	0.206147	0.001094
0.47574	0.101755	0.019724	0.148187	0.152269	0.337972	0.037175
0.363142	0.066608	0.02031	0.143953	0.11862	0.303556	0.03828
0.020482	0.003601	0.009515	0.079386	0.039251	0.356279	0.017933
0.092202	0.07331	0.011968	0.106377	0.101548	0.379456	0.022556
0	0.27433	0.014929	0.137338	0.087339	0.37899	0.028138

以标准化数据为基础进行多元回归分析，多元回归分析结果如表 3-6 所示。其中，R 方统计结果如表 3-7 所示。

表 3 - 6 多元回归分析结果

模型		非标准化系数		标准系数	t	$Sig.$
		B	标准误差	试用版		
1	（常量）	0.221	0.075		2.950	0.008
	信息化建设	0.089	0.158	0.052	0.567	0.578
	营销投入	0.065	0.212	0.043	0.307	0.762
	售电量	1.397	0.145	1.172	9.614	0.000
	购电量	0.266	0.464	0.195	0.574	0.573
	营业收入	0.216	0.598	0.162	0.361	0.722
	经济增加值	−0.469	0.209	−0.303	−2.239	0.037

注 因变量为市场占有率。

表 3 - 7 **R 方 统 计 结 果**

模型	R	R 方	调整 R 方	标准估计的误差
1	0.971	0.942	0.924	0.0929332

根据统计结果，R 方等于 0.942，表明统计回归的结果很好，结合多元回归结果，可以得到市场占有率与其他影响指标的多元线性回归函数如下

$$Y = 0.221 + 0.089X_1 + 0.065X_2 + 1.397X_3 + 0.266X_4$$
$$+ 0.216X_5 - 0.469X_6 \tag{3-2}$$

如果以实际数据进行回归，得到的多元线性回归函数如下

$$Y = 84.348 + 0.00062X_1 + 0.000026X_2 + 0.011X_3 + 0.001X_4$$
$$+ 0.0000147X_5 - 0.00097X_6 \tag{3-3}$$

结合标准数据拟合结果和实际数据拟合结果可以发现，所有指标中售电量指标对市场占有率的影响程度最大，而经济增加值对市场占有率的影响程度是反向的。因此，市场占有率对综合评价值的贡献率持续走低的原因主要是由售电量的增长情况，可能由于售电量增长情况不如其他指标发展效果好，从而出现了上述情况。

下面是某省电网企业 1～5 月的运营绩效指标分类对比情况如图 3 - 3 所示。

2014 年 1 月，通过开展评价分析工作，发现该电网企业在运营成果方面存在较为明显的短板效应，是导致运营绩效评价为"一般"的主要影响因素。同时通过评价维度的因素分解发现，净资产收益率指标值过低是影响运营成果方面绩效表现的重要原因。该电网企业分别针对购电成本控制和营销业绩管控两方面的问题，向相关业务部

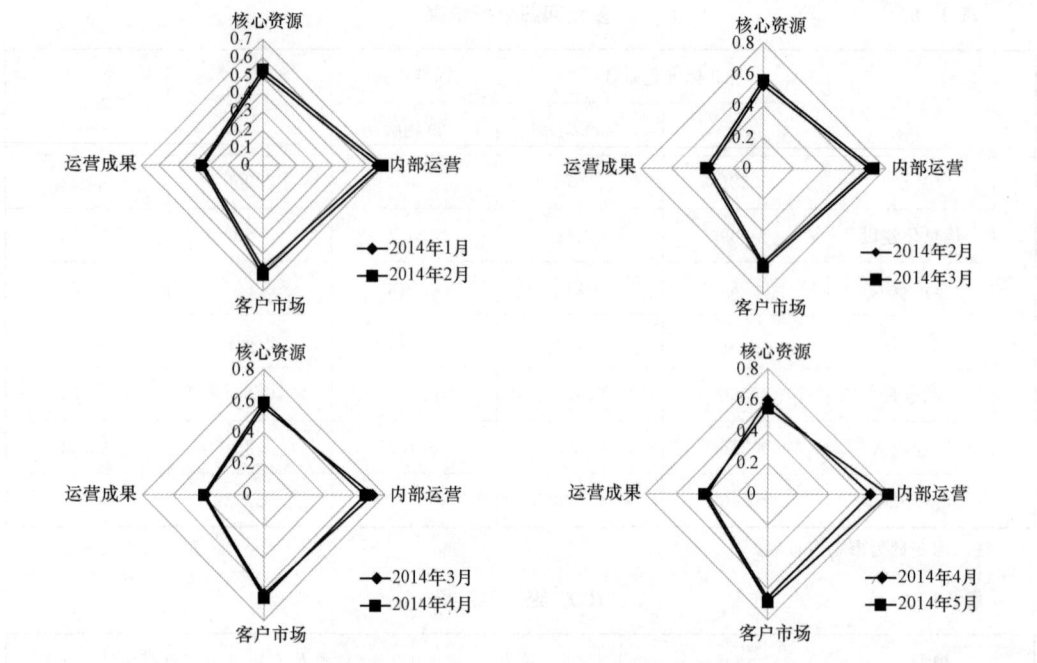

图 3-3　某省电网企业 1～5 月运营绩效指标分类对比情况

门发出预警信号，并督导相关部门开展业务指标业绩提升工作，保证了净资产收益率指标实际完成值满足年度计划的要求。

2. 敏感性分析

由图 3-3 可知，售电量增长率对运营绩效综合评价值的贡献率最高，因而选取售电量增长率进行敏感性分析。

影响售电量增长率的驱动性指标有电网投资增长率、购售电价差、库存周转率、流动资产周转率、科技项目完成率、线路长度增长率、人才当量密度和电费回收率。驱动性指标并非直接影响售电量增长率，但是会通过影响其他指标而间接影响到售电量增长率。

提取各指标数据进行标准化处理，并以各影响指标为自变量，售电量增长率为因变量进行多元回归处理，多元回归分析结果如表 3-8 所示。表中 B 表示拟合的回归系数，也就是截距；t 值的数值表示的是对回归参数的显著性检验值，它的绝对值不小于 $ta/2$ $(n-k)$（这个值表示的是根据你的置信水平，自由度得出的数值）时，就拒绝原假设，即认为在其他解释变量不变的情况下，解释变量 X 对被解释变量 Y 的影响是显著的。

表 3 - 8 多元回归分析结果

模型		非标准化系数		标准系数	t	$Sig.$
		B	标准误差	试用版		
1	（常量）	0.103	0.377		0.274	0.830
	电网投资增长率	−0.024	0.104	−0.025	−0.233	0.854
	购售电价差	−0.071	0.092	−0.070	−0.778	0.579
	库存周转率	1.44	0.023	−0.34	6.452	0.211
	流动资产周转率	−0.184	0.130	−0.175	−1.411	0.393
	科技项目完成率	0.123	0.067	0.129	1.852	0.315
	线路长度增长率	−0.017	0.035	−0.019	−0.479	0.715
	人才当量密度	−0.272	0.118	−0.283	−2.296	0.262
	电费回收率	0.943	0.254	1.435	5.673	0.111

注 因变量：售电量增长率。

由表 3 - 8 可知，售电量增长率与各影响因素指标的回归方程如下

$$Y = 0.103 - 0.024X_1 - 0.071X_2 + 1.44X_3 - 0.184X_4 + 0.123X_5$$
$$- 0.017X_6 - 0.272X_7 + 0.943X_8 \qquad (3-4)$$

式中　Y——售电量增长率标准化值；

　　　X_1——电网投资增长率标准化值；

　　　X_2——电费回收率标准化值；

　　　X_3——线路长度增长率标准化值；

　　　X_4——流动资产周转率标准化值；

　　　X_5——科技项目完成率标准化值；

　　　X_6——购售电价差标准化值；

　　　X_7——人才当量密度标准化值；

　　　X_8——库存周转率标准化值。

从回归方程可以得出，购售电价差的系数最大，说明其变动对售电量增长率的影响性最大，电费回收率次之。也就是说，售电量增长率对购售电价差和电费回收率两项指标的敏感性最大。

第三节　以运营健康指数为代表的诊断分析模型设计

一、运营健康指数构建与应用

（一）概念与研究背景

指数概念最早起源于人们对价格的动态关注。1650 年，英国人沃汉首创物价指数，

用于度量物价的变动情况。1884 年，美国道琼斯公司的创始人查理斯·道开始编制道琼斯指数，包括工业公司、交通运输业公司、公共事业公司、以上三种股价平均指数四组，成为世界上历史最为悠久、影响最大、最有权威性的一种股票价格指数。1990年，联合国开发计划署（UNDP）创立了人文发展指数（HDI），即以预期寿命、教育水准和生活质量三项基础变量，按照一定的计算方法得出的综合指标，并在当年的《人类发展报告》中发布，它标志着人们对于自身发展水平的高度重视与全面关注。2012 年联合国首次发布"全球幸福指数"报告，比较全球 156 个国家和地区人民的幸福程度。报告由纽约哥伦比亚大学地球研究所共同发布，从 2005～2011 年进行六年调查。报告对如何衡量一国幸福感，有一套非常复杂的标准，包括教育、健康、环境、管理、时间、文化多样性和包容性、社区活力、内心幸福感和生活水平等领域。

自 2001 年开始，《中国区域创新能力报告》每年发布创新能力指数从创新基础、创新投入、创新成果三大维度予以构建。以中国 31 个省市创新能力为评价对象，进行纵、横向比较，前后运用 DEA 方法、聚类分析方法、因子分析方法、BP 神经网络法、灰色关联法形成指数。2007 年，杨少锋对综合指数的编制方法进行研究，首先介绍了目前综合指数的各种公式，包括拉式指数，派氏指数，马埃公式和理想公式，指出编制方法中存在的缺陷，并提出将共变影响分解的方法，来编制综合指数和建立指数体系，改进可传统的指数体系中的缺陷。2010 年，顾亚霏在《基于熵值法的信息化发展指数组合预测》一文中，分别采用人工智能神经网络方法、计量经济学的回归分析法、时间序列法，对 1995～2008 年期间的信息化发展指数数据进行分析预测。2011 年，门可佩、蒋梁瑜《基于经济系统的江苏协调发展指数实证研究》一文运用模糊数学的研究方法，通过收集 1999～2007 年的原始数据，针对江苏省的发展情况设计指数，并进行实证分析。文章涉及人口、资源、环境等多个方面，经过科学的计算求出符合江苏省实际情况的协调指数。

近年来，在互联网形势推动下，与现代科技紧密结合的百度指数应运而生。某个关键词在百度的搜索规模有多大，一段时间内的涨跌态势以及相关的新闻舆论变化，关注这些词的网民是什么样的，分布在哪里，同时还搜了哪些相关的词。百度指数除了体现关键点的热度之外，强调了因素的关联性，用灰度关联性法。

通过对国内外文献的梳理发现，针对企业级运营指数的研究仍然不够。在经济金融领域，指数的研究主要集中于股票价格指数、债券价格指数等金融产品的价格指数，研究某个市场的发展水平的文献非常少；而非金融的社会领域，指数编制方法运用的比较广泛，人类发展指数和信息化发展指数等几个方面的研究虽有联系，但定性研究的较多，定量化的研究较少，部分研究结论也不能套用到企业运营指数模型的研究中，需要从大型中央企业的实践出发，运用国内外先进指数理论、技术和模型，开发适用于电网企业运营管理特点的理论模型。

（二）功能定位与指标体系结构

1. 功能定位

本书所提出的电网企业运营健康指数主要是以企业当前运营状态与未来发展状况为评价对象，以安全、平稳、可持续为目标的一套指标集合的总称。因此，运营健康指数体系的建设需实现以下几个方面的功能定位：

（1）评价功能。本模型核心在于评价分析一段时期内电网企业运营管理取得的成效，主要是根据历史数据的纵向对比，采取相关算法评价各级指数的变化及具体指标的波动情况，以多方位反映企业的运营状况。

（2）诊断功能。本模型通过对评价指标进行量化计算，结果可用于诊断一段时期内相关的管理工作成效，并可对各维度指数变化情况进行下探挖掘分析，实现对运营诊断结果的内在原因探寻，识别影响企业运营绩效的关键要素。

（3）对策建议功能。通过模型的诊断分析，可以有针对性地提出相关工作改进的对策建议。例如，企业社会效益指数偏低，则提示企业需要进一步增强企业的社会服务功能，从战略及业务层面分别采取相关策略提高相应的绩效水平。

2. 指标体系结构

在对电网企业进行运营诊断综合健康指数评价时，可将电网企业运营综合健康指数构成分成三个维度，分别为运营效能、发展潜能和运营效益三方面。

综合考虑上述关键方案选择原则，考虑现阶段省级电网企业的发展战略、经营目标以及运营监测工作需求，进行细化以及实证验证。

指标体系结构分为四层级：一级指标为运营绩效综合健康指数；二级指标分为运营效能指数、发展潜能指数和运营效益指数，共 3 个指标，三级指标将二级指标进行细分，包括电网效能、服务效能等 10 个指标；基础指标对三级指标进行刻画，是要素层指标，如电网系统可靠率、容载比、综合线损率等共 88 个。运营健康指数指标体系结构示意图如图 3-4 所示。

（1）运营效能。是指企业在运行维护经验过程中所实现运营目标的能力和运营效率与效果的综合体现，是衡量企业整体运营水平的关键指标。此维度包含电网效能、管理效能、服务效能和资产效能。电网效能是指电网结构在运行过程中所体现

电网企业运营健康指数
- 运营效能
  - 电网效能
    - 输电线路正常状态比例
    - 变压器正常态比列
    - 容载比
    - 中枢点电压合格率
    - 城市配电线路联络率
    - 跨省输送能力
    - 电网系统可靠率
    - 退役变压器平均寿命
    - 退役断路器平均寿命
  - 管理效能
    - 平均输配电价
    - 销售收入三年平均增长率
    - 三年资本平均增长率
    - 应收用户电费余额
    - 成本费用利润率
    - 成本费用收入比重
    - 单位电量输配电成本
    - 每万元电网资产运行维护成本
    - 人事费用率
    - 人身安全事件总次数
    - 人身事故死亡总人数
    - 电网安全事件总次数
    - 设备安全事件总次数
    - 信息系统事件次数
    - 预算执行偏差率
    - 固定资产总和折旧率
    - 物资招标采购节资率
    - 物资采购计划完成率
    - 总和计划指标完成偏差率
    - 售电量年度计划完成率
    - 工程结算较概率下降率
    - 危机严重缺陷及时消除率
    - 线路跳闸率
    - 电网系统故障停运率
    - 全员劳动生产率
    - 库存周转率
    - 总和线损率
  - 服务效能
    - 行风评议名次
    - 客户业扩服务时限达标率
    - 城市用户供电可靠率
    - 农网用户供电可靠率
    - 城市综合供电电压合格率
    - 农网综合供电电压合格率
    - 城市用户抢修到现场平均时长
    - 农产用户抢修到现场平均时长
  - 资产效能
    - 总资产周转率
    - 流动资产周转率
    - 资产现金回收率
    - 总资产报酬率
    - 单位资产售电量
    - 净资产收益率
    - 国有资本保值增值率
    - 单位资产贡献贸易
    - 资产负债率
    - 流动比率
    - 带息负债比率
    - 已获利息保障倍数
- 发展潜能
  - 人才潜能
    - 人才当量密度
    - 人员流动占比
  - 电网潜能
    - 智能变电站比例
    - 变电站综合自动化率
    - 核准线路增长率
    - 核准变电电量增长率
    - 电网投资增长率
  - 创新能力
    - 科技成果获奖数量
    - 科技论文发表数量
    - 专著出版数
    - 科技投入总额
    - 科技投入强度
    - 科技项目总数量
  - 业务拓展
    - 用电容量增长率
    - 跨区输出电量增长率
    - 能效收入
    - 市场占有率
    - 售电量增长率
- 运营效益
  - 企业效益
    - 企业收入
    - 经济增加值(EVA)
    - 资本性资金投资保障率
    - 单位资产贡献毛益
    - 主营业务利润率
    - 利润总额
  - 社会效益
    - 公益捐款总额
    - 节约电力完成率
    - 节约电量完成率
    - 发电权交易节约标煤
    - 发电权交易减排二氧化硫
    - 发电权交易减排二氧化碳
    - 人均利税额
    - 清洁能源并网发电占比增长率

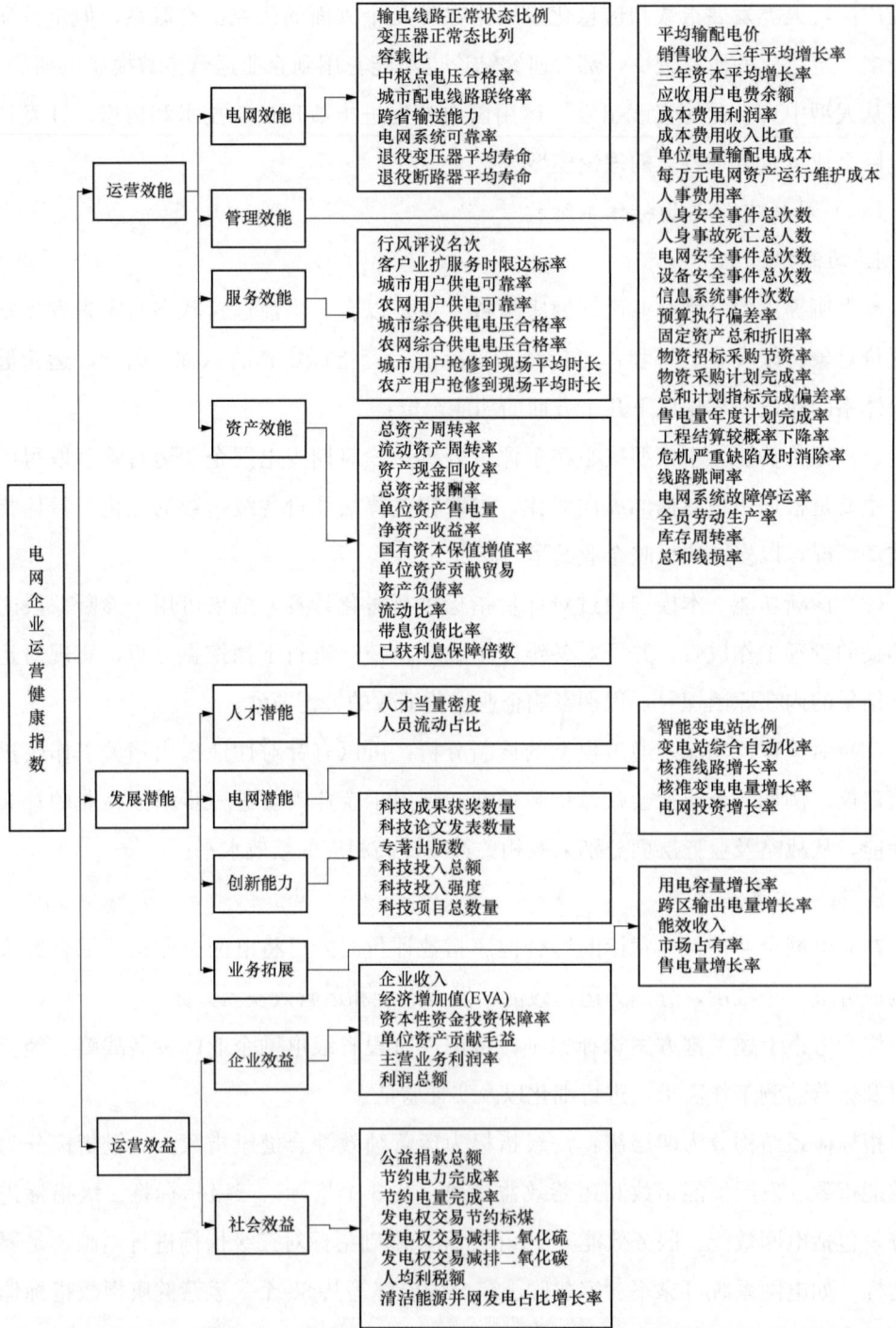

图 3-4　运营健康指数指标体系结构示意图

的效率和获得的成果,其要素指标为电网结构安全和运行监控的基础指标。管理效
能是指管理部门在实现管理目标所显示的能力和所获得的管理效率、效果、效益的

综合反映。它是衡量从事管理工作结果的尺度，是管理系统的整体反映。追求效能的不断提高，是管理活动的中心和一切管理工作的出发点，是管理的生命所在。管理效能、效率、效果、效益是互相联系又相互区别的概念。效能高，效率不一定高；效果好，效益也不一定好。但是，效率以效能为基础；效益以效果为基础效能，效率、效果、效益之间既是传导关系，又是递进关系，一般情况下是正相关，但不一定是正比例。服务效能是衡量企业在推进自身服务质量和服务水平的过程中所表现出来的效率和效果。资产效能的不断发挥主要表现在总资产利润率和利润额的不断提高上。

（2）发展潜能。是指企业扩大规模、壮大实力的潜在能力。此维度包含人才潜能、电网潜能、创新能力和业务拓展。潜能就是潜在的能量，表意识以内的能量，每个人的潜能是无限的，必须循序渐进才能不断挖掘潜能直至死亡，比喻人类本身具有却没有被开发的能力。人才潜能就是衡量人才现有创造力和未来发展过程中将表现出的未被开发的创造力，是关乎企业发展与未来的关键因素。电网潜能指的是衡量现有电网系统的未来发展能力和发展后的成效。创新能力是技术和各种实践活动领域中不断提供具有经济价值、社会价值、生态价值的新思想、新理论、新方法和新发明的能力。经济竞争的核心，与其说是人才的竞争，不如说是人的创造力的竞争。创新是指以现有的思维模式提出有别于常规或常人思路的见解为导向，利用现有的知识和物质，在特定的环境中，本着理想化需要或为满足社会需求，而改进或创造新的事物（包括产品、方法、元素、路径、环境），并能获得一定有益效果的行为。业务拓展指的是电网企业的业务战略制订具体的战略实施计划、业务推广计划，具体内容包括指导和监督市场调研和评估，创建相应的销售工具促进业务收入的增长，以及与相关社会公共部门建立联系，寻求可能的商业发展。

（3）运营效益。是指企业在生产经营过程中所获得的效益，企业的目的就是要提高经营效益。要想研究提高企业经营效益问题，必须分析和掌握影响企业经营效益的有关因素，从中找出薄弱环节或症结之所在，再确定切实有效的提高经营效益的途径。此维度包含企业效益和社会效益。企业效益实际上是指企业的经济效益，它是指企业的生产总值与生产成本之间的比例关系，也可以指一定企业资本所获得利润的多少，即单位资本与单位利润之间的比较关系。利润是生产总值减去生产成本的差额，差额为正值为有效益，负值为亏损。社会效益是指最大限度地利用有限的资源满足社会上人们日益增长的物质文化需求。

二、运营健康指数评价模型设计

由于电网企业运营绩效指标体系庞大，涉及指标量大，对运营绩效进行综合评价需要采取一种减少指标数量，但不影响整体评价效果的方法。基于上述考虑，结合主成分分析的灰色三角白化权函数法更具有优势，适合电网企业这样体量的大型企业进行绩效评价。首先，能够放大指标历年之间的微小差异，便于发现问题；其次，实现了不同维度指标之间的比较，便于将各个维度的运营绩效做比较分析；第三，解决了相对指标与绝对指标之间不可比的问题，灰色三角白化权函数避免了直接运用绝对量比较分析的弊端，如忽视指标发展趋势等不足，在注重规模的同时更加关注指标的提升情况；最后，应用主成分分析后，方法还具有降维特点，适合应用到本模型设计中。评价模型设计的基本步骤如下

1. 运营绩效指标预处理

步骤 1：指标无量纲化

开展运营绩效评价，首先要对指标进行无量纲化处理，消除量纲的影响。消除数据的量纲有很多方法，常用方法是将原始数据标准化，即做如下数据变换

$$x_{ij}^* = \frac{x_{ij} - \overline{x}_j}{s_j} \quad i = 1,2,\cdots,n; j = 1,2,\cdots,p$$

其中，$\overline{x}_j = \frac{1}{n}\sum_{i=1}^{n} x_{ij}, s_j^2 = \frac{1}{n-1}\sum_{i=1}^{n}(x_{ij} - \overline{x}_j)^2$

步骤 2：三类运营绩效指标标准化

由于运营绩效指标数据类型更复杂，不同指标还存在目标不统一的问题，需要对其进行标准化计算。

（1）正向指标。对于正向指标（指标值越大越好，例如利润、净资产收益率等），首先根据各指标的实际历史数据确定一个下限 $x^{\min}$（即历史最小值）；然后在未来可预见一段时间内确定一个期望达到的最大值作为上限 $x^{\max}$（限于目前计划数据可得性的原因，在这里采用历史最大值，下同）。

指标标准化公式为

$$y = \frac{x - x^{\min}}{x^{\max} - x^{\min}}$$

（2）逆向指标。对于逆向指标（指标越小越好，如人均输配电成本等），首先根据各指标的实际历史数据确定一个上限 $x^{\max}$（即历史最大值）；然后在未来可预见一段时间内确定一个期望达到的最小值作为下限 $x^{\min}$。

指标标准化公式为

$$y = \frac{x^{\max} - x}{x^{\max} - x^{\min}}$$

（3）适度指标。对于适度指标（指标越接近某一临界值越好，如资产负债率等），首先根据各指标的实际历史数据确定上、下限 $x^{\max}$、$x^{\min}$；然后在未来可预见一段时间内，确定一个期望达到的适度值 x^{mid}。

对于适度指标，首先按照公式 $x' = |x - x^{mid}|$ 将指标转化为逆向指标，然后按逆向指标处理。

2. 基于主成分分析法的运营绩效评价算法

步骤 1：计算协方差矩阵分别计算驱动性指标和成果指标间的协方差矩阵：$\sum = (S_{ij})_{p \times p}$ 其中，$s_{ij} = \dfrac{1}{n-1} \sum\limits_{k=1}^{n} (x_{ki} - \overline{x}_i)(x_{kj} - \overline{x}_j)$，$i、j = 1, 2, \cdots, p$。

步骤 2：计算各指标贡献率。

$\sum$ 的前 m 个较大的特征值 $\lambda_1 > \lambda_2 > \cdots > \lambda_m > 0$，就是前 m 个主成分对应的方差，λ_i 对应的单位特征向量 a_i 就是主成分 F_i 的关于原绩效指标的系数，则原指标的第 i 个主成分 F_i 为

$$F_i = a_i^T X$$

主成分的方差贡献率用来反映运营绩效指标体系信息量的大小，a_i 为

$$a_i = \lambda_i / \sum_{i=1}^{m} \lambda_i$$

步骤 3：计算各指标权重以每个主成分所对应的特征值占所提取主成分总的特征值之和的比例作为权重计算运营绩效综合结果。

步骤 4：计算综合评价结果用第一主成分中每个指标所对应的系数乘上第一主成分所对应的贡献率再除以所提取两个主成分的两个贡献率之和，然后加上第二主成分中每个指标所对应的系数乘上第二主成分所对应的贡献率再除以所提取两个主成分的两个贡献率之和，即可得到综合评价值。

3. 运营绩效指标分析评价

采用灰色聚类三角函数方法对电网运营状况进行综合评价，得到电网企业月度运营绩效评价综合得分值。

步骤 1：定义类别

灰色聚类三角函数是根据灰色信息关联矩阵的函数关系，将观测对象聚集成若干

个可定义类别的方法。解决这一问题可通过两条途径：一是先算出算子的平均值，然后再进行聚类；二是对各聚类指标先定权值再聚类。由于前者不能反映在聚类过程中不同指标作用的差异性，故这里选择了后者作为聚类方法。

步骤 2：灰色聚类三角函数计算

基于评价灰类数，将评价指标取值划分为：

$$[k_1，k_2]，[k_2，k_3]，\cdots，[k_S，k_{S+1}]$$

令 $\varepsilon_k = (k_s + k_{s+1}) / 2$

属于第 k 个灰类的灰色聚类三角函数值为 1，可分别将 j 指标的取值域向左、右延拓至 k_0、k_{s+2}，则对于指标 i 的灰色聚类三角函数为

$$\vartheta_i^s(x) = \begin{cases} 0, x_i \notin [k_{s-1}, k_{s+2}] \\ \dfrac{x_i - k_{s-1}}{\varepsilon_s - k_{s-1}}, x_i \in [k_{s-1}, \varepsilon_s] \\ \dfrac{k_{s+2} - x_i}{k_{s+2} - \varepsilon_s}, x_i \in [\mu_s, k_{s+2}] \end{cases}$$

式中　$k_1，k_2，\cdots，k_s$——评价指标划分边界；

　　　　ε_s、ε_k——第 s、k 个灰类的灰色三角函数值；

　　　　$\vartheta_i^s(x)$——指标 i 的灰色聚类三角函数。

步骤 3：计算运营绩效及权重

通过上述方法，计算得出电网企业运营绩效评价的各级指标的权重结果如表 3 - 9 所示。

表 3 - 9　　　　　　　　　电网企业运营绩效评价的各级指标权重设置结果

一级指标	二级指标	二级指标权重	三级指标	三级指标权重
电网企业 运营绩效评价	运营效能	0.3175	电网效能	0.3568
			管理效能	0.2483
			服务效能	0.2115
			资产效能	0.1834
	发展潜能	0.2464	人才潜能	0.3546
			电网潜能	0.2782
			创新能力	0.1569
			业务开拓	0.2103
	运营效益	0.4361	企业效益	0.5978
			社会效益	0.4022

步骤 4：综合评价结果的计算与归类

将运营绩效指标的灰色聚类划分为"优秀""良好""一般""较差""差"五个等级。按照评价指标标准化处理后的指标基础值取值范围,将灰色聚类范围设定在 0~1 之间,电网运营绩效指标评价分级界定值如表 3-10 所示。

表 3-10 电网运营绩效指标评价分级界定值

绩效水平	差	较差	一般	良好	优秀
分级界定值	[0, 0.2]	[0.2, 0.4]	[0.4, 0.6]	[0.6, 0.8]	[0.8, 1]

根据公式 $\varepsilon_k = (k_s + k_{s+1})/2$,得到五级灰度分别对应的 ε 值

$$\varepsilon_1 = (k_1 + k_2)/2 = 0.1$$
$$\varepsilon_2 = (k_2 + k_3)/2 = 0.3$$
$$\varepsilon_3 = (k_3 + k_4)/2 = 0.5$$
$$\varepsilon_4 = (k_4 + k_5)/2 = 0.7$$
$$\varepsilon_5 = (k_5 + k_6)/2 = 0.9$$

同时取值领域向左右延拓之后,得到

$$k_0 = -0.2$$
$$k_7 = 1.2$$

通过灰色聚类三角函数和评价指标标准化值,分别得到评价指标 x_i 对应的各个灰度的聚类三角函数

$$\vartheta_i^1(x) = \begin{cases} 0, x_i \notin [k_0, k_3] \\ \dfrac{x_i - k_0}{\varepsilon_1 - k_0}, x_i \in [k_0, \varepsilon_1] \\ \dfrac{k_3 - x_i}{k_3 - \varepsilon_1}, x_i \in [\varepsilon_1, k_3] \end{cases} = \begin{cases} 0, x_i \notin [-0.2, 0.4] \\ \dfrac{x_i + 0.2}{0.3}, x_i \in [-0.2, 0.1] \\ \dfrac{0.4 - x_i}{0.3}, x_i \in [0.1, 0.4] \end{cases}$$

将每个指标对应的灰色三角权向量分别与相应灰度值 ε 相乘,得到指标的聚类灰度值 B,根据评价指标权重结果和聚类灰度值的乘积,可得到三角函数综合评价结果:$T = GB$。

三、运营健康指数实证分析与诊断

一般意义上而言,基于发展经济学理论的理论,对于电网企业而言效益是谋求长远发展的重中之重,因此在运营过程中其作用是第一位的;运营效益之后发挥重要作用的是电网企业组织生产的效率,即与运营电网企业相关的各类指标的效能;除此之外,未来的发展能力也是关乎一个企业能否基业长青的关键因素,即电网企业的发展

潜能。由此不难看出，这三个维度之间的权重大小是有所区别的。依据三个维度的重要性判断：运营效益＞运营效能＞发展潜能，经过定量模型转化得到各自相互对应的权重系数。二级指标的构成与权重情况见表 3-11。

表 3-11   二级指标的构成与权重情况

一级指标	权重系数	二级指标
电网企业运营综合健康指数	0.3175	运营效能
	0.2464	发展潜能
	0.4361	运营效益

本书以东北某省级电网企业数据为例进行示例。

在 2010～2014 年的 5 年时间里，该电网企业运营综合健康指数呈现出总体增长的趋势。其中 2013 年运营综合健康指数达到近 5 年内的峰值，其值达到 73.30，相较 2012 年提升了 13.23，涨幅达到 22%，2010～2014 年某省级电网企业运营综合健康指数如图 3-5 所示。运营综合健康指数各维度对比图如图 3-6 所示。挖掘 2013 年运营综合健康指数大幅上涨的原因，主要体现在三个维度中运营效益指数有了较为明显的提升，运营效益指数较 2012 年大幅度提升了 22.1180，与此同时发展潜能也达到了 5 年之最，运营效能也得到了稳步的提升。三个维度指数的综合提升直接促使运营综合健康指数对比其他年份有了大幅提升，而运营效益指数的提升又得益于社会效益指数的上升。

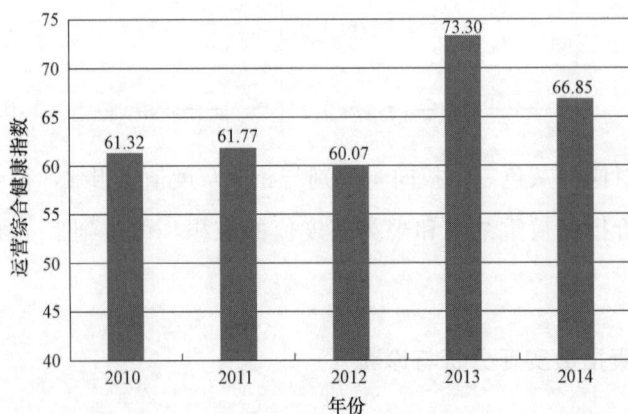

图 3-5 2010～2014 年某省级电网企业运营综合健康指数

随着电网企业"三集五大"重要战略的实施，某电网企业的总体运营水平呈现上升趋势。尤其是近 5 年来，战略实施的效应逐渐显现，电网企业运营水平稳步提

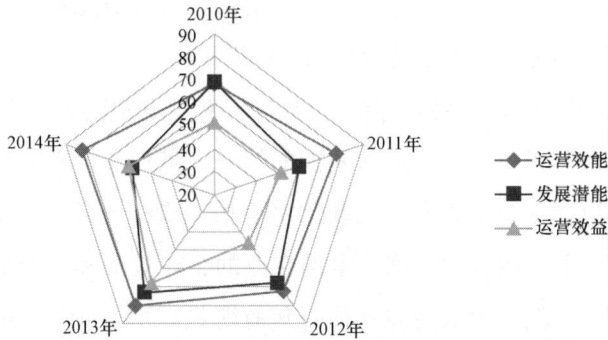

图 3 - 6　2010~2014 年某省级电网企业运营综合健康指数各维度对比图

升，虽然在 2012 年出现 2.7 个百分点的小幅回落，但总体运营情况保持良好增长的态势。

随着电网企业运营战略的全面调整优化，5 年来该电网企业运营水平得到综合全面提升，管理效能、服务效能、资产效能等均有较大幅度提升。相比于 2010 年，2014 年电网企业的运营效能和运营效益都取得了长足的进步，发展潜能有所下降。在取得进步的指数中，运营效能的进步表现最为明显，说明电网企业在电网效能、管理效能、服务效能和资产效能等方面已经卓有成效；值得一提的是，虽然 2014 年电网投资达到 3855 亿元，但由于同比增速下降，最终体现在了电网发展潜能指数有所回落的变化趋势。2012~2014 年电网企业运营关键指标对比如图 3 - 7 所示。

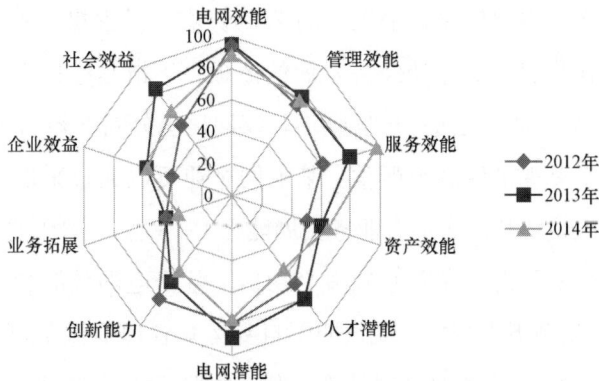

图 3 - 7　2012~2014 年电网企业运营关键指标对比

（1）服务效能提升迅速，管理效能稳步增长。伴随企业运营战略的提出和实施，电网企业在提升服务质量和服务水平的实践当中取得了显著的成果。供电可靠率、供电电压合格率、抢修到达平均时长等衡量服务效能的指标指数均得到较大提升，这也是带来服务效能巨大提升这一成果的直接原因。服务效能的迅速提升另一方面也得益于管理效能的稳步增长，尤其是近 5 年。稳步增长的管理效能和提升迅速的服务效能都是确保电网企业整体运营水平保持增长的关键因素。

（2）资产效能小幅上涨，运营效益有待提升。对于电网企业资产方面的利用而言，其资产效能的小幅上涨带动了整个运营效能的提升。虽然资产效能的评价指数存在上涨的趋势，但仍有资产现金回收率和流动比率等相关指标上存在小幅回落的趋势，在此方面仍有提升资产效能的较大空间。电网企业的企业效益和社会效益在前几年的基础之上继续稳中有升，但社会效益相比前一年有明显回落。此外，电网企业的企业效益在 2013 年由于受到增利影响，电网企业利润出现短暂回升外，整体上体现出了一定的颓势，主要在于售电量基数小、增速慢、电量结构质量差；电网企业所在地区自然条件差，经营成本相对较高；电网企业投资刚性需求大等因素。电网企业经营存在较大的困难，企业效益有待提升。除此之外，电网企业清洁能源装机占比增长率有所下降，这在一定程度上也影响了社会效益的整体评价水平。

（3）快速发展受到制约，业务拓展有待加强。近 5 年内电网企业的业务拓展能力相对处于一个平稳水平，但 2014 年电网企业市业务拓展能力出现下降，市场占有率评价指数虽较高，但售电量增长率和用电容量增长率评价指数均处于低水平。主要受国家宏观经济调整和省域经济形势影响，用电需求不旺，电网企业供电区经济总量小，社会用电需求不足，经济运行呈缓慢增长状态，局部地区与行业甚至出现萎缩和负增长状态，投资增速持续回落。某省地处东北，重工业比例大，工业主要依赖资源产业，能源、石化、装备产业增加值占整个工业的 70% 左右，过去煤、木、油、粮是计划经济时代的核心，现在是制约黑龙江经济发展的短板，下滑是结构性下滑，大工业电量同比下降 2.09%，大工业及趸售用电容量增长率同比也分别下降 7.98% 和 8.77%，市场开拓空间有限，受客观条件制约严重。某电网企业可以通过采取相应措施来提升用电容量增长率和售电量增长率来提升业务拓展能力。

（4）电网实力略有下滑，完善基础事半功倍。基于电网效能和电网潜能两个维度而言，在 2014 年均出现下滑现象，既说明了自身运营管理中存在问题，同时也表明存在较大的提升空间。特别是影响电网效率、代表电网设备状态水平的几项基础指标，近 5 年来的提高幅度一直很小。此外，电网结构相对薄弱的情况也严重拉低了电网效率指数，是今后改善的主要方向。此方面问题主要在于某省地域广阔，电网企业供电面积大、供电半径长，因天然地理条件，用户分布疏密不均、整体单位负荷密度低、电网覆盖面的负荷发展不均衡；另外，该省虽以工业为主，但也是全国粮食基地、农业大省，工农业用电负荷存在季节性差异。这些对电网规划建设产生了较为特殊的影响，也直接或间接地影响了容载比的合理性。

（5）人员流动有待优化，发展潜能尚需挖掘。人员流动占比评价指数低，主要原因为电网企业加大减员力度，严格入口控制，由此造成人员流动性占比不在适度范围。另一方面严进宽出又是解决电网企业历史遗留问题，寻求稳步发展的必由之路。但新增员工与退出员工数量在一定合理范围内才有利于电网企业的稳定发展，人员流动性大不利于电网企业的稳定，流动性差也不利于电网企业人才的更新换代，电网企业应更积极稳妥的寻求人员流动的平衡，同时继续优化控制人才当量密度，协调发展人员流动占比，深入挖掘人才潜能。此外，创新能力是关乎企业未来发展和保持核心竞争力的关键因素。电网企业近5年内的创新能力指数下滑明显，各类科技投入与产出均有所下降，这是导致创新能力下降的直接原因，发展潜能需要进一步挖掘。

延伸阅读

海外电网企业关键绩效指标分析研判

境外资产运营监测需要建立一系列关联分析模型。关联分析法的最大功用就是运用数学方法对可观测的事物在发展中所表现出的外部特征和联系进行由表及里、由此及彼、去粗取精、去伪存真的处理，从而得出客观事物普遍本质的概括。其次，使用因素分析法可以使复杂的研究问题大为简化，并保持其基本的信息量。结合电网企业国际化的实际，提出如下关键绩效指标模型供参考借鉴。

一、监管收入关联分析模型

监管收入由右边多个因素构成，通过对监管收入的影响因素进行因素分解，确定关键影响因素。其中主要变化因素为资产回报与通胀指数，可通过合理调整监管资产总额（RAB）获得较高的资产回报。监管收入关联分析模型示意图如图3-8所示。

监管收入＝资产回报＋设备折旧＋运维费用＋税费

　　　　　＋运营激励（中间三项为负值）

　　　　＝［批准的加权平均资本成本（WACC）

　　　　　×监管资产总额（RAB）＋设备折旧＋运维费用＋税费

　　　　　＋运营激励］×通胀指数

　　从上式中可以看出，输电企业能通过内部结构调整，使得设备折旧、运费费用等支出低于预测值，通过必要的财务手段，使得资产回报高于预测值，进而提升公司实际的净资产收益率。

　　此外，监管收入还和当地通胀水平直接挂钩。通胀指数每年进行核定，以保障电网投资者的收益不受通货波动影响。在这种情况下，输电企业取得的收入与资产总量、运营效率和通胀水平有关，与输电量无关，从而确保企业获得稳定长期收益。

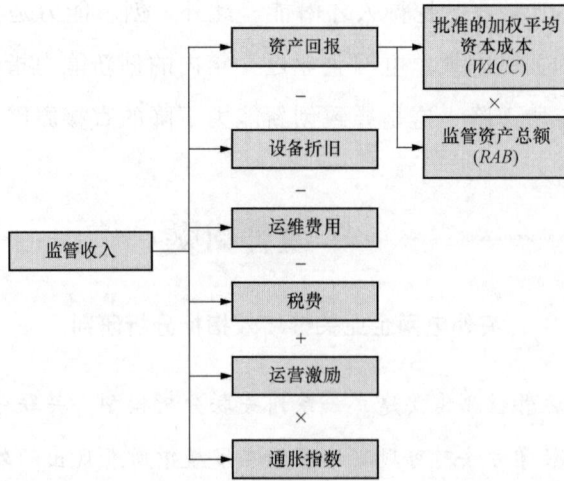

图 3-8　监管收入关联分析模型示意图

　　对 RAB 进行因素分析可知，监管者会接受企业提交的计划书，前提是这些计划通过独立第三方的合理审查。监管者可以确知，合理追加投资将纳入监管资产基数，从而获得折旧费提存与回报；而投资不足则不会显示在监管资产基数中。因此，电网企业海外运营过程中，要积极主动争取将追加的投资纳入到监管资产基数中，确保企业的合理权益得到保障。

　　二、净资产报酬率关联分析模型

　　对净资产报酬率的影响因素进行分解，可识别关键因素，通过指标变化情况分析企业资产盈利能力变化情况。净资产收益率关联分析模型示意图如图 3-9 所示。

　　三、监管资产分析模型

　　对监管资产的影响因素进行分解，可以监测分析企业受监管资产的收

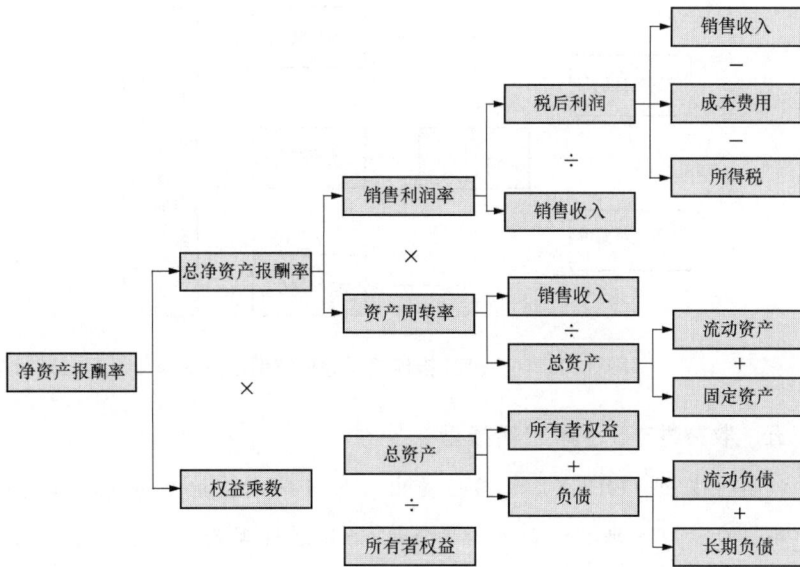

图 3-9 净资产收益率关联分析模型示意图

益情况。监管资产关联分析模型示意图如图 3-10 所示。

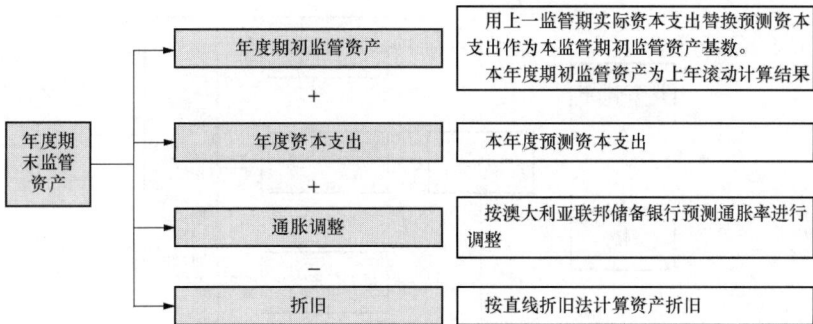

图 3-10 监管资产关联分析模型示意图

四、资本性支出关联分析模型

资本性支出（CAPEX）是指支出所取得的资产或劳务带来利益例如可持续于未来多个会计期内。这类支出应予以资本化，先计入资产类科目，然后再分期将支出转入适当的费用科目。如固定资产、无形资产、递延资产等都要作为资本性支出。对电网企业国际化而言，有关海外电网建设的设备、线路、仪器等一次性支出的项目都属于 CAPEX。CAPEX 指标关联分析模型示意图如图 3-11 所示。

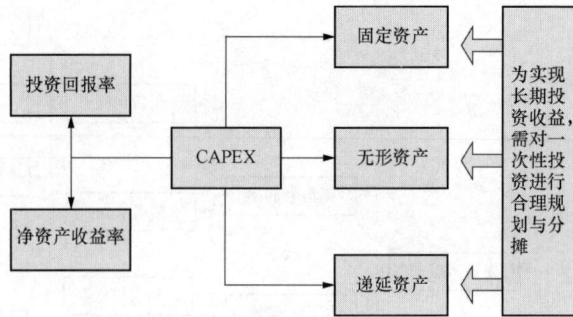

图 3-11　CAPEX 指标关联分析模型示意图

五、收益性支出关联分析模型

收益性支出（OPEX）收益性支出，与当期收益相关的计入当期损益的支出，包括日常性开支以及本期摊销的资本性支出。如其有管理支出、办公室支出、员工工资支出和广告支出等日常开支。一般认为减少 OPEX 成本是短期内实现投资回报的关键。OPEX 指标关联分析模型示意图如图3-12 所示。

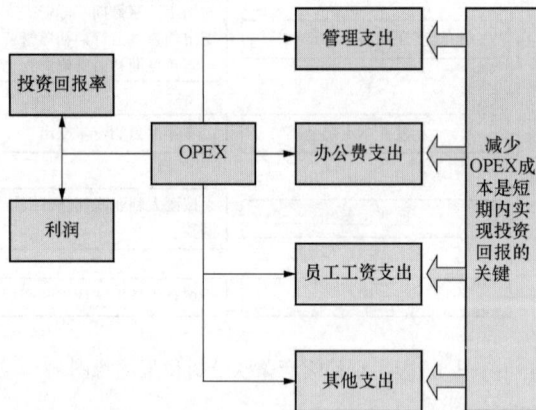

图 3-12　OPEX 指标关联分析模型示意图

六、WACC 关联分析模型

WACC 代表电网企业整体平均资金成本，反映一个企业通过股权和债务融资的平均成本，项目融资的收益率必须高于这个加权平均资本成本，该项目才具有投资价值。WACC 指标关联分析模型示意图如图 3-13 所示。

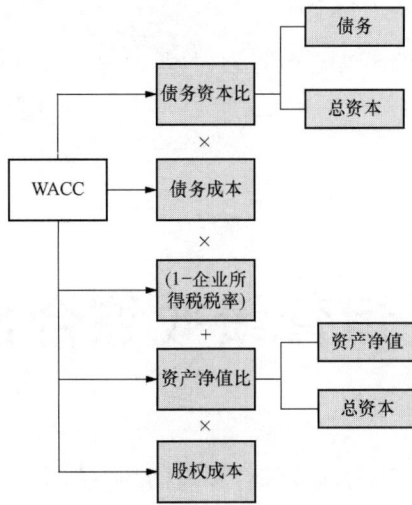

图 3-13　WACC 指标关联分析模型示意图

第四章　运营绩效综合预警技术

本章详细介绍电网企业运营绩效综合预警的相关技术，主要包括三个方面，一是对阈值进行设定，充分考虑企业的运营发展情况，合理确定阈值区间；二是建立静态预警分析模型，对指标的分析更直观、简洁；三是引入动态视角的预警分析模型，在对指标进行预测的基础上进行分析、预警。三种方法均为电网企业运营监测中需要的基本方法，不过在实践中需要结合具体场景进行详细设计。

第一节　基　本　思　路

关于运营预警方面的研究，早期以财务指标预警为主，借鉴财务危机的预警方法，即把运营风险表述为财务困境或财务危机，预测企业经营失败的可能性。最初由美国的大银行提出，并将财务比率方法用于企业失败预测，这些比率被看成是企业失败的客观显示。财务比率方法引出了建立在多元统计分析基础之上预测企业失败的方法。Altman 在 1968 年提出了判别分析法来预测企业失败，这种方法得到广泛的应用，直到现在一直被称为预测企业失败的判别模型。最近，A·I·Dimitras 等人又提出了基于粗糙集来预报企业失败，这种方法采用的是非线性规则，可描述指标变量间的依存关系、评估指标间的重要性并能处理不连续及具有模糊性的数据。这种方法要求决策人的配合，因而决策人的素质对结果有重要的影响，不可避免会产生主观随意性。目前采用的方法归纳起来大致有两大类：①传统方法。主要是单变量判别分析法，主要代表为杜邦分析法和沃尔比重法，优点是指标导向明确，易于进行关联分析和因子分解，但缺点是考虑角度和方法单一，不能分析其他因素对绩效的影响。②多种方法结合。为了克服单一方法的局限，一些研究人员尝试将统计、金融、经济、社会等领域的各种方法相结合推进相关研究。Hill、Perry 和 Andes 于 1995 年运用历史事件分析法研究了陷入财务困境的企业，发现动态模型在解释陷入财务困境的企业前途方面作用显著。近年来，将结构方程与平衡记分卡相结合，建立结构方程高阶因子分析模型，可避免了传统专家打分法在权重确定时带来的主观性误差。危机管理是指随着经营环境的动荡，各种意想不到的突发性事件经常对企业产生极大的破坏作用。为了有效地预防和应付各种危机事件，保证企业的经营安全，必须通过计划和控制等手段对危害企业经营的突发事件进行管理。危机预警系统就是出于对危机爆发前的预测、防范而建立的。通过对社会环境变化趋势的监测，收集整理并及时汇报可能威胁企业的危机信息。纵观这些预测企业失败的理论和方法，多以经验研究、比较研究方法为主，通过抽取样本，对比研究经营失败企业与经营正常企业的财务特征，归纳总结得出各自的结论，其应用多见于企业外部金融机构对企业的信用评级，在企业内部应用较多的则是经营风险预警和危机预警。

电网企业运营综合预警模型从运营监测指标微观层面，对关键指标异动情况进行预警分析。电网企业运营综合预警模型包括三个子模型，分别是阈值设计、静态预警分析与动态预警分析。其中阈值设计基于大样本历史数据，采用蒙特卡洛模拟方法，可根据绩效指标的发展变化趋势设定阈值；静态预警分析采用多层次雷达图分析法，便于识别产生异动的关键指标；动态预警分析采用逻辑回归和神经网络相结合的预测方法，可对指标变化趋势进行预测，从而实现对指标动态预警的功能。电网企业运营综合预警研究思路框架示意图如图4-1所示。

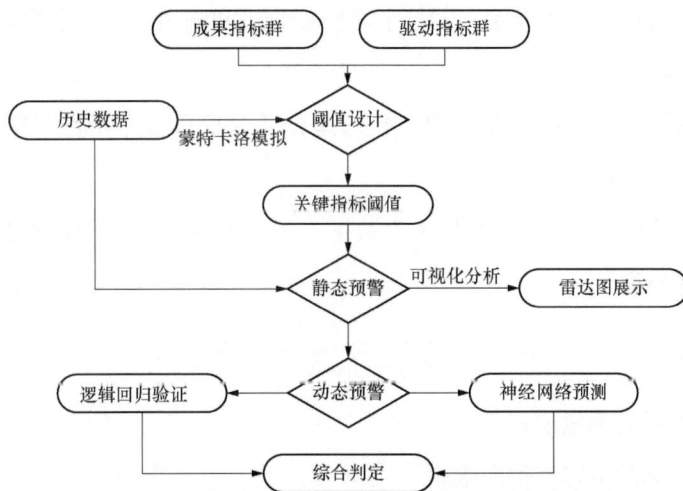

图4-1　电网企业运营综合预警研究思路框架示意图

第二节　综合预警阈值设定模型

本模型实现的主要功能是设定指标的阈值范围，为运营综合预警提供基础支撑。

本模型主要利用指标的历史数据值，利用统计学分析方法，结合指标的权重分布表，计算出指标的阈值范围。

本模型采用蒙特卡洛模拟法与历史值赋权相结合的模拟分析方法。其中在历史数据赋权过程中，考虑到近年来电网企业运营发展的速度很快，不同阶段历史数据的影响不同，设定距离当前较近的历史数据值权重相对较大；距离当前较远的历史数据值权重相对较小。在指标权重设计上，选取蒙特卡洛方法进行统计模拟。蒙特卡洛方法又称统计模拟法、随机抽样技术，是一种随机模拟方法，以概率和统计理论方法为基础的一种计算方法，可用于计算对大多数运营绩效指标的阈值区间分布。

对于某些存在区间要求的指标，如负债比率指标，对其的要求是期望其处于一定的区间，不可太大，也不可太小。需要先进行一定数据变换。这里采取中间集中法，即选定一个数据范围作为标准值，将数据分布分为趋势向上和趋势向下两类，然后分别通过对数型功效系数模型进行数据处理。

一、基于蒙特卡洛模拟法的指标阈值设计算法

阈值设计算法包括输入设定、蒙特卡洛模拟分析和输出结果三个主要环节。

1. 输入设定

运营绩效指标需要先进行预处理，并选择合适的权重分布函数与概率函数，这些是开展阈值设计的前提。

步骤 1：数据无量纲处理。收集 n 组数据，并对数据进行无量纲化处理，这里采用对数型功效系数模型

$$d_i = \frac{\ln(x_i) - \ln(X_0)}{\ln(X_1) - \ln(X_0)} \times 40 + 60 \qquad (4-1)$$

式中　X_1——指标的满意值；

　　　X_0——指标的不容许值上限；

　　　x_i——指标的实际值；

　　　d_i——指标 x_i 无量纲化后的值。

在选取不允许值和满意值时考虑到时间因素，决定以最低值作为不允许值，以次

大值为满意值，保证了数据的合理性。

步骤 2：设定各年权重范围及权重的分布函数。通过蒙特卡洛模拟对未来的指标阈值进行确定。根据专家意见，各年权值范围设定情况见表 4 - 1。

表 4 - 1 权值范围设定情况

与当前年份差值	1	2	3	4	5	6	7	8	9
权值范围	0.4~0.5	0.35~0.45	0.3~0.4	0.25~0.35	0.2~0.3	0.15~0.25	0.1~0.2	0.05~0.15	0~0.1

步骤 3：概率函数选择。考虑到运营绩效指标发展的不确定性，结合各种概率函数自身的特性，参考各种概率函数分布与运营绩效指标发展的匹配度，正态分布在这里更为合适。

2. 蒙特卡洛模拟分析

通过设定权值范围以及权值的分布函数，进行 m 次模拟，某次模拟的结果如表 4 - 2 所示。

表 4 - 2 权 值 模 拟 结 果

与当前年份差值	1	2	3	4	5	6	7	8	9
权值	α_1	α_2	α_3	α_4	α_5	α_6	α_7	α_8	α_i

对各年的权值进行归一化处理，可以得到各年的权重，即

$$\lambda_i = \frac{\alpha_i}{\sum_{i=1}^{9} \alpha_i} \qquad (4 - 2)$$

结合历史数据的无量纲化值，可得到该次模拟的指标阈值，即

$$y = \sum_{i=1}^{9} \lambda_i d_i \qquad (4 - 3)$$

3. 输出结果

根据模拟过程，模拟运行 m 次，并绘制 m 次模拟的指标阈值分布图，对阈值分布图进行分析，以模拟结果最小值为阈值下限，以模拟结果最大值为阈值上限，以模拟结果均值作为阈值最可能值。

二、实证分析

以某省电网企业一组运营绩效数据为例，进行市场占有率指标的阈值设计。

1. 输入设定

以某省电网企业一组市场占有率数据为例，连续 5 年某指标数据统计如表 4 - 3 所示。

表 4 - 3　　　　　　　　　　　连续 5 年某指标数据统计

年份	2008	2009	2010	2011	2012
指标值（万元）	83.56	83.58	84.65	85.87	87.11

由于数据存在不同的量纲，对指标数据进行无量纲化处理，得到连续 5 年指标的无量纲化数据，统计结果如表 4 - 4 所示。

表 4 - 4　　　　　　　　　　　无量纲化数据统计结果

年份	2008	2009	2010	2011	2012
无量纲值	60	60.22535	72.28169	86.02817	100

2. 蒙特卡洛模拟分析

对各年的权值进行蒙特卡洛模拟分析，首先限定各年权值设定范围，具体各年权值的设定范围如表 4 - 5 所示。

表 4 - 5　　　　　　　　　　　各年权值设定范围

年份	2008	2009	2010	2011	2012
权值范围	0.2~0.3	0.25~0.35	0.3~0.4	0.35~0.45	0.4~0.5

基于对未来不确定因素的考虑，设定权值分布函数为正态分布，标准差统一设定为 0.05，进行蒙特卡洛模拟 200 次❶，得到各年权值模拟预测走势如图 4 - 2 所示。

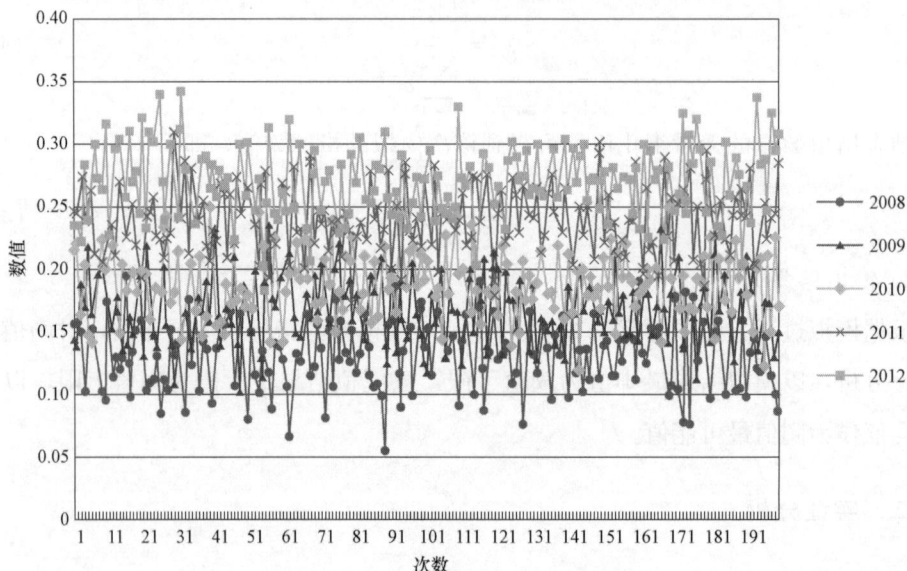

图 4 - 2　各年权值模拟预测走势

---

❶　严格来说，模拟次数更多效果更好，这里为了展示简洁，仅模拟了 200 次，下同。

3. 输出结果

计算得到模拟预测的指标阈值分布情况如图 4－3 所示。

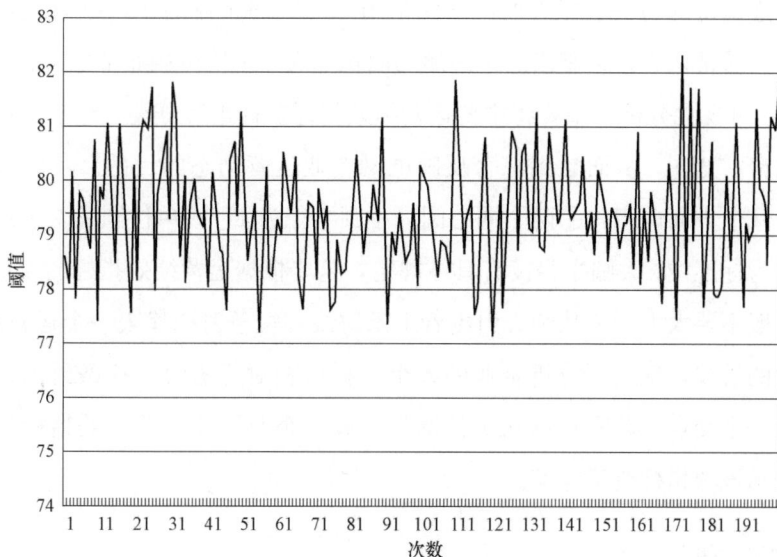

图 4－3　模拟预测指标阈值分布情况

通过对 200 次模拟的阈值分布情况来看，其阈值最大值为 82.66，最小值为 77.12，均值为 79.33。由此，这里设定未来一年的指标阈值范围为 77.12～82.66。将标准值转化为原值，可得未来一年的市场占有率阈值范围为 85.01～85.57。

第三节　运营静态预警分析模型

本模型主要功能是对运营绩效异动指标进行可视化识别与分析。

运营静态预警分析模型从指标微观层面对电网企业当前运营状况进行分析与预警，在绩效指标筛选优化、评价及阈值设计基础上，运用多重雷达图工具进行识别与分析，有助于电网企业准确识别预警风险指标，并对其采取有效措施。

一、基于雷达图分析的静态预警算法设计

步骤 1：雷达图基础设定。运营分析预警雷达图主要由 3 个同心圆、由圆心引出的 5 条等分线和一些连接指标值的线段组成。其中 3 个同心圆由内到外分别代表阈值范围最低水平、阈值平均水平和阈值范围先进水平；5 条等分线分别可以看作是电网企业驱动性指标和运营绩效指标的评价指标的坐标轴。

步骤2：雷达图绘制。根据相应的指标对电网企业自身的运营绩效进行评价计算；然后，以圆心为零点，将最后得到的综合评价值分别描在对应的坐标轴上；最后，将这些点依次连接得到的一个多边形，它就是用于对电网企业的运营绩效进行综合分析的关键图形。通常认为，绘制出的多边形的面积越大，说明电网企业的运营绩效越好。

步骤3：可视化分析。主要将主要运营绩效指标指标进行分类，绘制成一个直观的运营分析预警雷达图，从而达到综合反映电网企业运营动态的目的。其中雷达图的构成包括以下几个方面内容：①两个同心圆。小圆半径为1，该单位圆反映了运营阈值大小，因此称为标准线；大圆半径没有具体规定，这要根据运营绩效指标的无量纲化数值来确定，一般不要太大。②从圆心引出若干条射线，每条射线代表一个运营绩效指标。③一条封闭的折线，反映所分析企业的各个指标值相对优劣势。这条封闭折线和每一条射线都有一个交点，若交点落在单位圆外，表示企业该项运营绩效指标好于参照标准；反之表示该项指标差于标准。

二、实证分析

1. 历年变化趋势分析

利用雷达图分析方法，可对历年运营绩效进行整体性判断，绩效指标历年走势如图4-4所示。

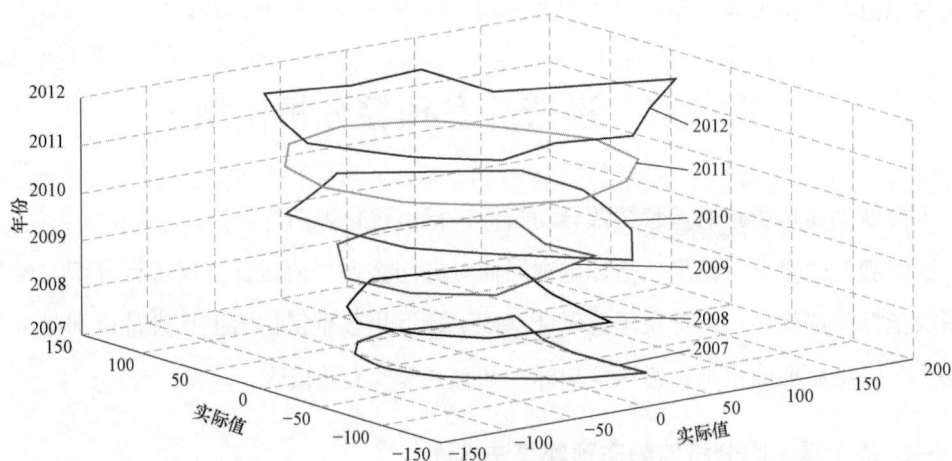

图4-4　绩效指标历年走势

从图4-4中可以看出，自2007年以来，绩效综合面积指标是逐年增加的，但存在一些指标走势是不稳定的情况，表明电网企业运营绩效整体向好，但个别绩效指标存在波动。

2. 指标静态预警分析

将某一年指标数据引入模型，可对当年指标进行静态预警分析。运营绩效指标静态预警雷达图如图 4-5 所示。

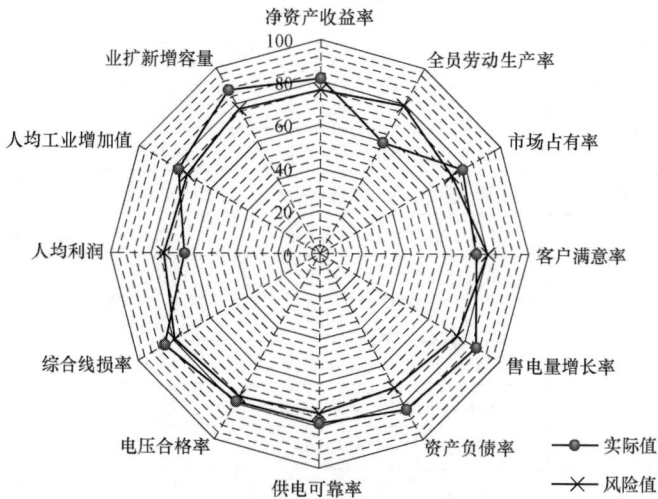

图 4-5　运营绩效指标静态预警雷达图

从图 4-5 中可直观分析出，全员劳动生产率、客户满意率、人均利润指标存在预警，净资产收益率等其他指标运行状态良好。在实际应用中，可对各个预警指标分析问题，查找具体原因。以客户满意率指标为例，进行原因分析。选取影响客户满意率（Y）指标的投入型指标，分别是信息化建设投入（X_1）、管理咨询投入（X_2）、教育培训投入（X_3）、无故障率（X_4）、购售电价差（X_5）、营销投入（X_6）6 项指标。

通过收集这 6 项指标近年来的数据进行主成分分析，并根据得到的主成分进行回归分析，从而判断出影响客户满意率较大的投入指标。基本数据收集情况如表 4-6 所示。

表 4-6　　　　　　　　　　　基本数据收集情况

信息化建设投入（万元）	管理咨询投入（万元）	教育培训投入（万元）	无故障率（%）	购售电价差（元/MWh）	营销投入（万元）	客户满意率（%）
14041	268	6716.4	99.986	206.4782	132704	96.34
12491	290	5149.656	99.9786	237.29	111471	96.54
13541	538	12828	99.963	210.08	118860	96.45
13108	148	12455.19	99.947	138.24	168072	95.46
13989	119	16212.99	99.925	126.32	185648	95.55
18150	210	20523.97	99.976	123.09	283867	95.58

信息化建设投入 (万元)	管理咨询投入 (万元)	教育培训投入 (万元)	无故障率 (%)	购售电价差 (元/MWh)	营销投入 (万元)	客户满意率 (%)
29877	516	10200	99.965	224.62	153731	96.74
17518	130	16919.37	99.951	152.9138	388371	95.86
18355	90	18536.74	99.9403	217.98	239305	96.93
15914	50	10929	99.947	191.2	126241	96.23
17139	153	18489.6	99.959	214.16	153615	96.53
17442	80	19440	99.9465	196.6154	171112	96.61
16123	20	16087.03	99.949	200.39	155489	96.42
18701	80	10914.5	99.941	112.26	122140	95.44
16176	80	14438.29	99.912	252.21	102954	96.66
19244	306	26502.4	99.919	159.64	181748	95.44
11932	120	6536.004	99.944	274.67	63646	97.27
17350	100	16501.4	99.955	221.61	155891	96.57
15593.05	30	5763	99.9528	217.94	98388.1	96.87
15167.44	45	9179.68	99.928	196.96	61790	96.61
12242.93	50	2278.676	99.85	158.68	36758.4	95.77
19177.91	85	7000	99.935	135.9751	72537	95.35
16880	140	7139.223	99.8976	124.78	60178.7	95.73
9887	62	2302	99.8901	128.66	38024.7	95.14
11350.65	40	3988.32	99.945	118.8523	62535.2	95.03
9469	125	7483.001	99.905	165.5291	133216	95.28

对数据进行标准化处理,标准化处理结果如表 4-7 所示。

表 4-7   标准化处理结果

信息化建设投入 (万元)	管理咨询投入 (万元)	教育培训投入 (万元)	无故障率 (%)	购售电价差 (万/MWh)	营销投入 (万元)	客户满意率 (%)
0.2240	0.4788	0.1832	1.0000	0.5801	0.2729	0.5848
0.1481	0.5212	0.1185	0.9456	0.7698	0.2125	0.6741
0.1995	1.0000	0.4355	0.8309	0.6023	0.2335	0.6339
0.1783	0.2471	0.4201	0.7132	0.1600	0.3735	0.1920
0.2215	0.1911	0.5752	0.5515	0.0866	0.4234	0.2321
0.4254	0.3668	0.7532	0.9265	0.0667	0.7028	0.2455
1.0000	0.9575	0.3270	0.8456	0.6918	0.3327	0.7634
0.3944	0.2124	0.6044	0.7426	0.2503	1.0000	0.3705
0.4354	0.1351	0.6712	0.6640	0.6509	0.5761	0.8482

续表

信息化建设投入（万元）	管理咨询投入（万元）	教育培训投入（万元）	无故障率（%）	购售电价差（万/MWh）	营销投入（万元）	客户满意率（%）
0.3158	0.0579	0.3571	0.7132	0.4861	0.2545	0.5357
0.3758	0.2568	0.6692	0.8015	0.6274	0.3323	0.6696
0.3907	0.1158	0.7085	0.7096	0.5194	0.3821	0.7054
0.3260	0.0000	0.5700	0.7279	0.5426	0.3377	0.6205
0.4524	0.1158	0.3565	0.6691	0.0000	0.2428	0.1830
0.3286	0.1158	0.5020	0.4559	0.8617	0.1883	0.7277
0.4790	0.5521	1.0000	0.5074	0.2917	0.4124	0.1830
0.1207	0.1931	0.1758	0.6912	1.0000	0.0765	1.0000
0.3862	0.1544	0.5871	0.7721	0.6733	0.3388	0.6875
0.3001	0.0193	0.1438	0.7559	0.6507	0.1753	0.8214
0.2792	0.0483	0.2849	0.5735	0.5215	0.0712	0.7054
0.1359	0.0579	0.0000	0.0000	0.2858	0.0000	0.3304
0.4757	0.1255	0.1949	0.6250	0.1460	0.1018	0.1429
0.3631	0.2317	0.2007	0.3500	0.0771	0.0666	0.3125
0.0205	0.0811	0.0010	0.2949	0.1010	0.0036	0.0491
0.0922	0.0386	0.0706	0.6985	0.0406	0.0733	0.0000
0.0000	0.2027	0.2148	0.4044	0.3280	0.2743	0.1116

以标准化数据为基础，对客户满意率进行多元回归分析，分析结果如表 4-8 所示。

表 4-8　　　　　　　　　　　多元回归分析结果

模型		非标准化系数		标准系数	t	$Sig.$
		B	标准误差	试用版		
1	（常量）	−0.025	0.074		−0.343	0.736
	信息化建设投入	0.279	0.133	0.193	2.101	0.049
	管理咨询投入	−0.167	0.097	−0.153	−1.725	0.101
	教育培训投入	−0.033	0.128	−0.030	−0.260	0.798
	无故障率	0.101	0.128	0.078	0.787	0.441
	购售电价差	0.912	0.086	0.909	10.593	0.000
	营销投入	0.055	0.156	0.043	0.352	0.729

注：因变量为客户满意率。

其中，R 方统计结果如表 4-9 所示。R 表示的是拟合优度，它是用来衡量估计的模型对观测值的拟合程度。R 值越接近 1，说明模型越好。R 方与 R 值含义相近，也是表示拟合优度，评判规则同 R 值。不断添加变量，使模型变得复杂，R 方会变大（模型的拟合优度提升,而这种提升是虚假的),调整 R 方则不一定变大(随意添加变量不一定能让模型拟合度上升)。

表 4 - 9			R 方统计结果	
模型	R	R 方	调整 R 方	标准估计的误差
1	0.942	0.888	0.852	0.1097942

根据统计结果,R 方等于 0.888,表明统计回归的结果较好,结合多元回归结果,可以得到市场占有率与其他影响指标的多元线性回归函数

$$Y = -0.025 + 0.279X_1 - 0.167X_2 - 0.033X_3 + 0.101X_4$$
$$+ 0.912X_5 + 0.055X_6 \tag{4-4}$$

如果以实际数据进行回归,得到的多元线性回归函数如下

$$Y = 72.597 + 0.0003X_1 + 0.001X_2 + 0.0003X_3 + 0.661X_4$$
$$+ 0.013X_5 + 0.123X_6 \tag{4-5}$$

结合标准数据拟合结果和实际数据拟合结果可以发现,所有指标中无故障率指标和购售电价差指标对客户满意率的影响程度最大。可以说,在运营预警静态分析中出现客户满意率存在风险的原因主要来源于这两项指标。

第四节　运营动态预警分析模型

本模型主要功能是对运营绩效指标进行动态预测与预警。

运营动态预警分析模型主要基于指标间的影响关系,利用启发式算法与统计学方法相结合,实现对运营绩效指标的动态预测,并结合阈值设定标准进行动态预警。

本模型的核心方法包括神经网络预测方法与逻辑回归验证方法,其中神经网络预测方法具有分布式并行信息处理的特征,适合运营监测大数据环境下使用,可通过分析调整运营绩效指标体系中的驱动性指标,预测与其具有影响关系的运营绩效指标;逻辑回归验证方法主要对指标预测结果进行验证,具有求解速度快、应用方便的特点。

一、基于神经网络与逻辑回归预测分析的动态预警算法设计

1. 驱动性指标预测分析

为实现运营绩效的动态预警功能,使用神经网络的预测功能,根据驱动性指标的历史值,预测其未来值。

步骤1：收集各驱动性指标历史值，并进行无量纲化处理，处理方法同样采用对数型功效系数模型。

步骤2：设计神经网络预测模型，包括输入层、隐含层以及输出层，并设定不同精度和不同训练次数，进行训练。

步骤3：通过训练得到若干预测模型，对比各预测模型的精度大小选择驱动性指标的预测模型。

2. 运营绩效指标预测分析

为实现驱动性指标与运营绩效指标间的联动，通过设计神经网络模型，结合驱动性指标数据和运营绩效指标数据，拟合出驱动性指标与运营绩效指标间的权系数关系。

步骤1：收集驱动性指标历史值和运营绩效指标历史值，并进行无量纲化处理，得到各指标无量纲化值。

步骤2：设计适用于拟合驱动性指标与运营绩效指标权系数的神经网络模型，这里采用遗传算法优化的神经网络模型。基于神经网络方法的计算流程示意图如图4-6所示。

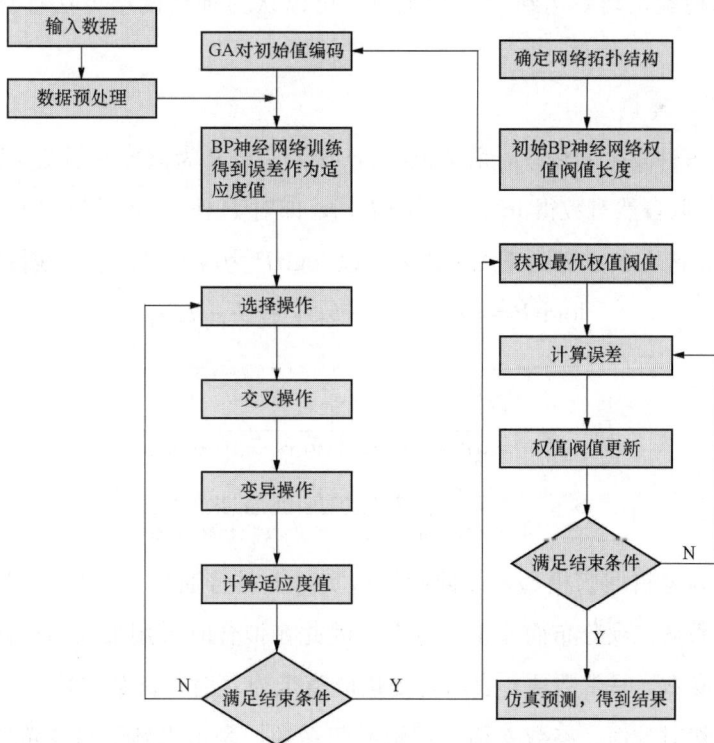

图4-6　基于神经网络方法的计算流程示意图

步骤 3：以驱动性指标作为输入层指标，运营绩效指标作为输出层指标，并设定隐含层参数，进行神经网络拟合，可以得到驱动性指标与运营绩效指标间的权系数关系。

步骤 4：利用驱动性指标与运营绩效指标间的权系数关系，结合预测模型得到的驱动性指标预测值，采用步骤 3 设定好的神经网络模型，导出运营绩效指标预测值。

3. 逻辑回归验证

为更好验证神经网络模型得到的驱动性指标与运营绩效指标间的关系是正确合理的，采用逻辑回归的方法进行验证。

步骤 1：收集驱动性指标历史数据和运营绩效指标历史数据，并对指标进行标准化处理，转化为 0、1 数据。

步骤 2：构建驱动性指标与运营绩效指标间的逻辑回归模型，并输入驱动性指标和运营绩效指标标准化数据进行拟合，得到驱动性指标与运营绩效指标间的逻辑回归关系。

步骤 3：结合神经网络预测得到的驱动性指标预测值，并进行标准化处理，利用驱动性指标与运营绩效指标间的逻辑回归关系，推算出运营绩效指标预测值的标准值，对比神经网络得到的运营绩效指标预测值（转化为标准值），验证神经网络模型的正确性，当检验正确率达到 70% 以上时，可以认为神经网络方法计算得到的结果是合理的。

4. 逻辑回归建模

设 P 为某事件发生的概率，取值范围为 $0\sim1$，$1-P$ 为该事件不发生的概率，将比数 $P/(1-P)$ 取自然对数得 $\ln[P/(1-P)]$，即对 P 作 logit 转换，记为 $\mathrm{logit}P$，则 $\mathrm{logit}P$ 的取值范围在负无穷到正无穷之间。以 $\mathrm{logit}P$ 为应变量，建立线性回归方程

$$\mathrm{logit}P = a + b_1x_1 + b_2x_2 + \cdots + b_mx_m \qquad (4\text{-}6)$$

可得

$$P = \frac{1}{1+\exp(a+b_1x_1+b_2x_2+\cdots+b_mx_m)} \qquad (4\text{-}7)$$

$$1-P = \frac{\exp(a+b_1x_1+b_2x_2+\cdots+b_mx_m)}{1+\exp(a+b_1x_1+b_2x_2+\cdots+b_mx_m)} \qquad (4\text{-}8)$$

该模型即为逻辑回归模型，该回归模型实际上是普通多元线性回归模型的推广，但它的误差项服从二项分布而非正态分布，因此在拟合时采用最大似然法进行参数估计。模型中，参数 a 是常数项，表示自变量取值全为 0 时，比数（$Y=1$ 与 $Y=0$ 的概率之比）的自然对数值。参数 b_i 称为逻辑回归系数，表示当其他自变量取值保持不变时，该自变量取值增加一个单位引起比数比（OR）自然对数值的变化量。

二、实证分析

1. 驱动性指标预测函数选择

选取 2001～2013 年的数据作为分析数据，根据核心驱动性指标作为输入指标，以核心运营绩效指标作为输出指标，进行仿真模拟分析。其中，以 2001～2012 年的输入数据和输出数据作为期望输入数据和期望输出数据进行训练，以 2013 年的数据作为测试数据，对得到的训练结果进行测试，以测定其可用性。

这里采用交叉验证的广义回归神经网络预测程序对 2001～2012 年的数据进行训练。

利用 matlab 进行仿真训练。共测试 6 次，对 4 项核心指标的测试情况如表 4-10 所示。

表 4-10 　　　　　　　　　　对 4 项核心指标的测试情况

测试次数	综合线损率（%）	电压合格率（%）	资产负债率（%）	误差率（%）
第 1 次	16.26726	99.32079	0.654378	63.046
第 2 次	15.77263	99.52605	0.650743	26.482
第 3 次	13.64465	100.4119	0.636285	1.1078
第 4 次	15.47878	99.6496	0.645715	63.917
第 5 次	13.84633	100.3304	0.63626	26.849
第 6 次	13.23248	100.5878	0.632278	0.8666

从表 4-10 可以看出，第 6 次的测试结果最为接近实际值，误差率低于 1%，可以将训练结果作为预测函数。以该预测函数作为驱动性指标未来期望值的计算依据，得到未来驱动性指标的期望值如表 4-11 所示。

表 4-11 　　　　　　　　　　未来驱动性指标期望值

项目	电网投资增长率	电费回收率	线路长度增长率	流动资产周转率	科技项目完成率	购售电价差	人才当量密度	库存周转率标准值
期望值	1.02	1.04	0.96	0.95	1.03	0.98	0.99	1.00

2. 预警分析

以核心驱动性指标作为输入指标，分别对核心运营绩效指标进行仿真拟合预测。这里以综合线损率为例，进行仿真拟合预测。

设定模型参数：输入参数为 8，输出参数为 1，隐含层为 5。综合线损率网络设定如图 4-7 所示。

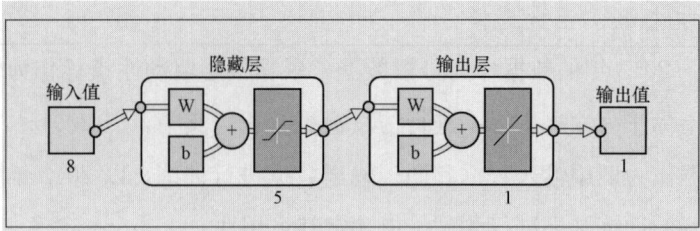

图 4-7　综合线损率网络设定

在 matlab 中运行 Genetic 函数，得到拟合预测结果。其中，运行过程综合线损率参数设定如图 4-8 所示。

迭代:	0	7 iterations	100
时长:		0:00:00	
效果:	0.863	$1.19×10^{-21}$	0.00
梯度值:	3.03	$4.34×10^{-11}$	$1.00×10^{-7}$
学习率:	0.00100	$1.00×10^{-8}$	$1.00×10^{10}$
检查:	0	6	6

图 4-8　综合线损率参数设定

种群进化代数为 10，即终止代数＝10，综合线损率平均适应度曲线如图 4-9 所示。

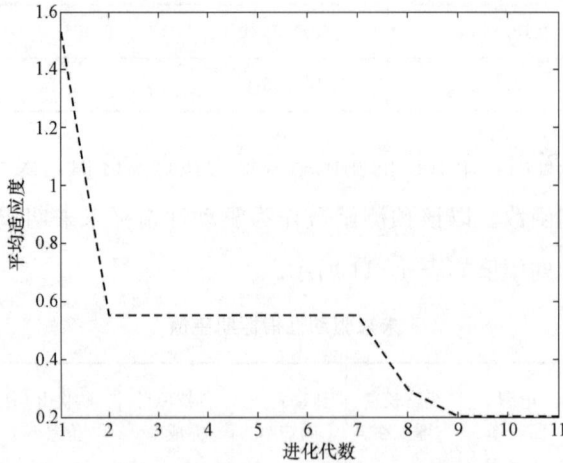

图 4-9　综合线损率平均适应度曲线

函数测试拟合程度如图 4-10 所示。

最终得到各层之间的权系数，各层级之间的指向关系，如图 4-11 所示，各层级的权系数设定如表 4-12 所示。

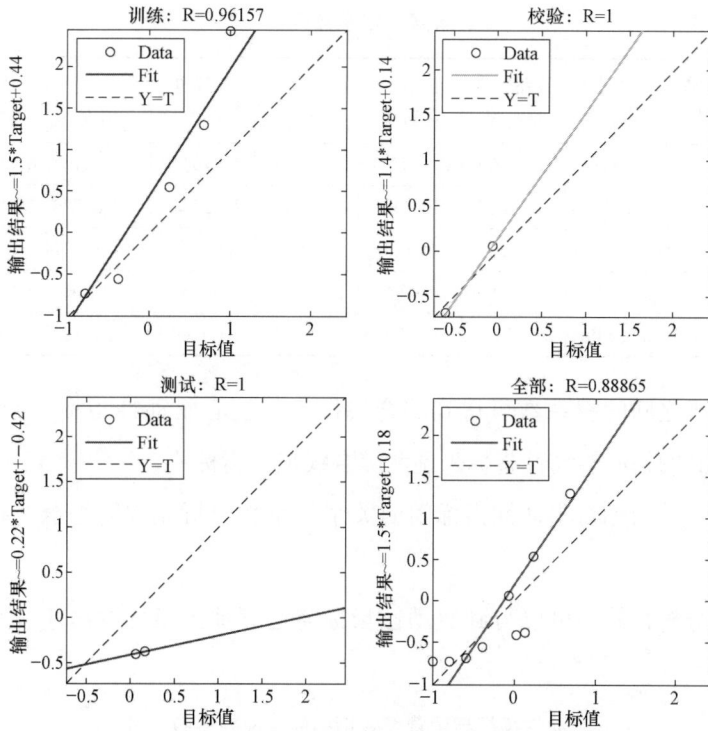

图 4-10　函数测试拟合程度

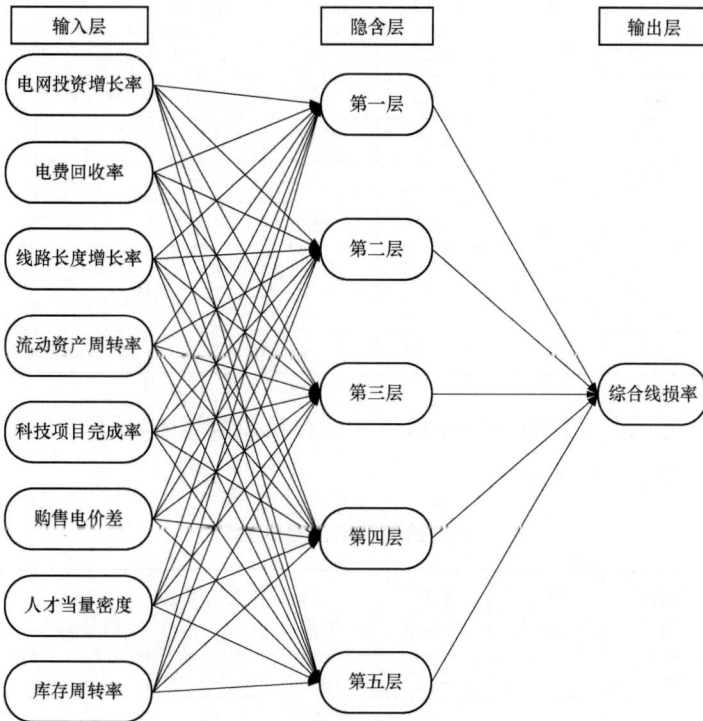

图 4-11　各层级之间的指向关系

表 4 - 12   各层级权系数设定

权系数	电网投资增长率	电费回收率	线路长度增长率	流动资产周转率	科技项目完成率	购售电价差	人才当量密度	库存周转率	综合线损率
第一层	−1.86987	0.58031	1.301736	0.541227	1.646794	1.540418	−0.95194	0.902646	2.436744
第二层	−0.24899	−2.91993	−1.18924	−1.69947	2.174989	2.112361	−2.81526	0.772981	−1.12595
第三层	1.241267	−2.51281	−0.03931	−2.41871	1.39154	1.930109	−0.19207	0.47198	−0.88455
第四层	−1.574	1.079258	1.530859	1.802435	1.813828	1.662529	0.481362	2.782216	1.016109
第五层	−1.43656	0.655496	2.061181	−0.77916	0.047435	−2.55621	−0.42723	0.637655	−0.90672

根据各层级之间的权系数可得到综合线损率与核心驱动性指标之间的函数关系，可以根据预测到的核心驱动性指标来预测综合线损率指标值。

其他运营绩效指标与驱动性指标间的关系权系数分析流程同综合线损率，此处不一一列举。

根据上述分析计算，可以得到驱动性指标与运营绩效指标的对应权系数矩阵，如表 4 - 13 所示。

表 4 - 13   驱动性指标与运营绩效指标的对应权系数矩阵

权系数	电网投资增长率	电费回收率	线路长度增长率	流动资产周转率	科技项目完成率	购售电价差	人才当量密度	库存周转率
综合线损率	−5.67	7.43	4.23	7.91	2.13	3.67	1.90	3.16
电压合格率	−1.30	9.80	−0.80	4.71	5.69	−7.17	5.02	−0.91
资产负债率	−0.67	−4.00	4.59	2.88	11.08	−0.83	8.57	1.15
人均利润	−3.10	3.43	1.18	0.35	2.75	−8.95	−10.43	2.84
人均工业增加值	3.04	−3.31	−8.79	−12.39	8.21	−3.99	−0.84	−1.80
售电量增长率	15.67	−0.83	−10.82	−4.76	8.55	3.82	0.72	8.07
市场占有率	12.87	−10.19	−9.08	−8.05	−8.45	8.28	8.56	3.81
净资产收益率	−3.08	−7.40	−7.31	−0.98	−13.13	−15.18	1.82	−1.94

根据未来一年的驱动性指标期望值，并结合权系数矩阵，可以计算出运营绩效指标的预测情况，如表 4 - 14 所示。

表 4 - 14   运营绩效指标预测情况

指标	综合线损率	电压合格率	资产负债率	人均利润	人均工业增加值	售电量增长率	市场占有率	净资产收益率
预测值	24.35	15.47	22.52	−11.5	−18.62	21.5	−2.13	−47.32
是否大于 0?	是	是	是	否	否	是	否	否
风险情况	无	无	无	有	有	无	有	有

综上所述，神经网络的综合判断结果为人均利润、人均工业增加值、市场占有率和供电可靠率存在预警。以供电可靠率为例，静态预警中由于缺少对未来发展的动态预测，对供电可靠率的预测发现其不存在预警，而在动态预警中，由于考虑到未来不可知情况的发生，发现供电可靠率存在预警的可能性较大。

选取若干影响供电可靠率的指标对供电可靠率进行敏感性分析，根据算法设计，模型共涉及平均供电半径、线路每线段平均用户数、变电站综合自动化率、城市配电网架空线路绝缘化率、电缆化率、城区用户抢修到达现场平均时长、故障平均修复时间、计划停电重复率、计划执行率、不停电作业率和无效停电时间 11 项指标。

通过收集某地区数据进行算例分析，对各个自变量去标准化，得到供电可靠率 Y 与 11 个自变量的回归方程为

$$Y = 99.2698 - 0.0131X_1 + 0.0142X_2 - 0.0538X_3 - 0.00123X_4 -$$
$$0.1592X_5 + 0.001124X_6 - 0.11532X_7 - 0.0295X_8 - 0.01632X_9 -$$
$$0.0009X_{10} - 0.1124X_{11}$$

$$(4-9)$$

式中　X_1——平均供电半径；

$\quad\quad$ X_2——线路每线段平均用户数；

$\quad\quad$ X_3——变电站综合自动化率；

$\quad\quad$ X_4——城市配电网架空线路绝缘化率；

$\quad\quad$ X_5——电缆化率；

$\quad\quad$ X_6——城区用户抢修到达现场平均时长；

$\quad\quad$ X_7——故障平均修复时间；

$\quad\quad$ X_8——计划停电重复率；

$\quad\quad$ X_9——计划执行率；

$\quad\quad$ X_{10}——不停电作业率；

$\quad\quad$ X_{11}——无效停电时间。

从敏感性方程可以看出，电缆化率、故障平均修复时间及无效停电时间 3 个指标的系数绝对值大于 0.1，其变动对于供电可靠率的影响最大。换言之，供电可靠率对以上 3 个指标的敏感度最高。

3. 逻辑回归模型验证分析

基于前文的分析，对企业运营绩效的预警，可以通过对驱动性指标群和运营绩效

指标群的分析来进行，采用逻辑回归方法进行神经网络判断结果的验证分析。

（1）驱动性指标预警分析。将驱动性指标作为自变量，驱动性指标综合评分作为因变量（默认处理方式为当综合评分大于 0 则取 1，小于 0 则取 0）进行逻辑回归，得到驱动性指标逻辑回归处理情况如表 4 - 15 所示。

表 4 - 15   驱动性指标逻辑回归处理情况

变量	指标	得分	df	$Sig.$
Z	电网投资增长率	3.493	1	0.062
Z	电费回收率	1.162	1	0.281
Z	线路长度增长率	4.292	1	0.038
Z	流动资产周转率	4.04	1	0.044
Z	科技项目完成率	4.47	1	0.035
Z	购售电价差	5.892	1	0.015
Z	人才当量密度	1.588	1	0.208
Z	库存周转率	4.879	1	0.027

（2）运营绩效指标预警分析。将运营绩效指标作为自变量，运营绩效指标综合评分处理结果作为因变量进行逻辑回归，获得运营绩效指标逻辑回归处理情况如表 4 - 16 所示。

表 4 - 16   运营绩效指标逻辑回归处理情况

变量	指标	得分	df	$Sig.$
Z	综合线损率	5.259	1	0.022
Z	电压合格率	4.794	1	0.029
Z	资产负债率	0.760	1	0.383
Z	人均利润	0.413	1	0.521
Z	人均工业增加值	2.484	1	0.115
Z	售电量增长率	3.715	1	0.054
Z	市场占有率	0.735	1	0.391
Z	净资产收益率	0.272	1	0.602

根据逻辑回归处理结果，对比神经网络计算结果，对比分析如表 4 - 17 所示。

表 4 - 17　　　　　　　　　　神经网络与逻辑回归预警对比分析

	指标	综合线损率	电压合格率	资产负债率	人均利润	经济增加值	售电量	所有者权益总额	净资产收益率
神经网络	预测值	25.62	15.42	23.19	−12.24	−20.57	21.05	−2.45	−11.70
	是否存在潜在风险	否	否	否	是	是	否	是	是
逻辑回归	预测值	−0.76	0.52	−0.27	0.04	−0.67	0.41	−0.17	0.16
	是否存在潜在风险	是	否	是	否	是	否	是	否
综合判定		黄色	绿色	黄色	黄色	红色	绿色	红色	黄色

表 4 - 17 中数值的正负表示是否存在潜在风险，如果预测值大于零，则表示不存在潜在风险；如果预测值小于零，则表示存在潜在风险。综合判定结果分三种：红色表示存在较大风险，黄色表示较小风险，绿色表示安全。通过两种计算方法结果对比发现，神经网络模型计算出来的存在风险的指标有人均利润、经济增加值、所有者权益总额和净资产收益率四个，逻辑回归模型计算出来的存在风险的指标也有综合线损率、资产负债率、经济增加值和所有者权益总额四个。由此得到综合判定结果：经济增加值和所有者权益总额存在较大的潜在风险，需提前做好相关措施，防范于未然。

延伸阅读

电网大数据的产业发展机遇

互联网＋、工业 4.0、共享经济等新概念为中国新经济注入活力，这些概念的背后，大数据发挥着重要作用。大数据对打通业务壁垒、发现商业价值具有重要支撑作用，促进了互联网、金融等领域企业的市场开拓、产品研发、客户服务。2015 年以来，国务院相继印发《运用大数据加强对市场主体服务和监管的若干意见》《促进大数据发展行动纲要》，这表明大数据已上升为国家战略，并具备推动传统产业升级转型的重要作用。由大数据带来的商业模式创新，也给企业带来了新的发展契机，电网企业的运营分析预警工作亦是如此。

但电网企业大数据在应用方面有两种做法不可取。一是将大数据作为新概念，将原有商业模式、管理模式进行包装，最终结果往往过于空洞且不尽如人意；二是将大数据作为新的 IT 技术，在没有明确战略意义与发展路径的前提下，仅依靠信息化应用的方式进行实施推广，最终结果往往成为信息系统的立项依据且发挥作用有限。电网企业如何应用大数据，如何使之成为推动管理创新、商业模式创新与产业革命的内在动力，成为大数据应用中的关键问题。要实现电网大数据的商业模式创新，建立大数据的系统思维至关重要，表现为应用格局、应用主线与应用基础3个方面。

首先，要建立能源大数据的商业生态系统格局。这意味着电网企业开展大数据应用不能局限于本企业掌握的电力数据及相关客户数据、设备数据，而应从促进能源生产、供应、存储、消费的产业格局下发挥电网企业的数据资源优势。未来电网企业要将电力、燃气等能源领域数据及人口、地理、气象等其他领域数据进行综合采集、处理、分析与应用，发挥能源大数据"黏合剂"与"助推剂"作用，在产业层面探索建立具有"平台"特征的完整能源生态系统。"黏合剂"主要是指对其他企业的吸引力以及形成平台模式后的协同效应，"助推剂"主要是指对能源产业生产、消费革命以及企业发展转型的推动作用。对电网企业来说，在以能源大数据为基础的生态系统中占据主导地位具有十分重要的意义。一方面，电网企业的价值将不再局限于传输电力流的物理盈利模式，而是能够通过信息、知识、数据的汇集与分享创造价值，增强核心竞争力。另一方面，电网企业通过吸引社会资本及不同主体的参与，共建互利合作的商业环境，可提升企业的科技创新与可持续发展能力。

其次，要以电力能源价值链延伸为主线，转变应用模式。电网面向内部大数据分析、应用已具备成熟基础，在电力负荷预测、电网设备状态监测、配电网故障抢修精益化管理等方面积累了大量经验。未来，电网企业对数据资产的应用重点将体现内部数据与外部数据的交叉应用，这也将进一步拓展企业商业空间，实现业务价值链向电网外部延伸。一方面，由发现电网运行规律转向提升用户价值。在电力供给、需求、客户负荷特征等数据分析基础上，注重对用户的数据挖掘与价值发现。在需求侧管理、家庭能源管理、节能服务、智能家居、合同能源管理、95598客户服务等业务中缩短与用户的距离，挖掘用户行为的特点，加强对用户需求与体验的引导与满足，不仅使电网企业具备应对电力市场化改革与数据化竞争的技术优势，还会为社会促进节能减排、实现"两个替代"等做出贡献。另一方面，由支撑内部管理转向提供外部服务，电网企业不仅能够通过数据分析提升运营管理效率，还可将数据资产作为一项产品或服务进行变现：一是借鉴大数据交易所的运营模式，将底层数据清洗、脱敏、建模，转化为可视化后的数据结果，使数据资产能够在隐私得到保护的前提下进行交易；二是对相关行业提供数据咨询服务，如用电行业能耗数据、居民用电特征数据、电力数据 APP 软件等；三是提供征信数据产品，向 P2P、商业银行等终端客户广泛提供信用报告、信用评分及反欺诈、商业决策等产品。

最后，要加快建设统一的基础数据管理平台，形成平等、共享的创新创业氛围。以往电网企业在数据利用方面以业务系统设计的功能为主，数据可二次利用程度较低，不利于不同部门、员工开展商业模式创新。产生这种情况的主要原因是各信息系统的数据编码、元数据规则不同，且一些信息系统在初期开发就将功能固化难以二次修改完善。未来，围绕基础数据的融合、共享是开展商业模式创新的重要前提与基础。一方面，建设统一的基础数据管理平台，以全面、准确、实时、高效为原则，整合现有信息系统，对数据资产中涉及敏感信息的经营管理与客户数据可采用清洗、脱敏、建模等技术手段，保证处理后的数据能够被电网企业大多数部门与单位共享。另一方面，加快形成数据资产创新创业机制，鼓励各单位建立以产品需求、应用需求为导向的数据资产开发小组，提高数据资产的利用效率与质量。

电网企业要顺应大数据发展趋势，立足企业，服务社会，深化大数据商业模式创新，将能源大数据作为实现企业发展战略的催化剂，发挥对"全球能源互联网"建设、"两个替代"方面的助推作用，将数据资产作为推动传统产业转型升级、建设创新型社会的驱动因素，全面提升服务客户、服务社会的水平。

第五章 运营流程分析与预警技术

本章主要从流程出发，探讨如何对电网企业运营过程进行监测、分析与预警。在明确基本思路后，首先对总体业务流程进行分析与评价，提出改进建议；其次选取关键流程，分别进行诊断分析，并提出优化建议；最后提出运营流程监测预警模型，对关键流程的预警等级进行评估。

第一节 基 本 思 路

一、运营流程分析诊断

20 世纪中后期，随着管理学界开始关注企业运营的流程，运营分析的重点也向流程转变。在迈克尔·哈默的影响下，流程再造理论以及相关的精益思想（lean）、六西格玛、能力成熟度模型等理论成为运营分析的具体工具方法，运营分析也由关注绩效指标转变为关注运营管理过程。W. D. Knight（1972 年）指出，仅从单项流动资产的最优水平进行研究是不合适的。当将各项流动资产上的投资联合起来进行研究时，决策的性质不应当是最优化，而是满意化。Keith Vsmith（1979 年）指出，关于每个运营分析项目管理的研究已有很大进展，但将运营分析作为一个整体进行研究却没有多少进展。此外，Keith Vsmith 还首次探讨了整体运营分析规划与控制的内容。John J Hampton 和 Cecilia Lwagner（1989 年）从盈利性和风险性两个角度，从总体上观察和研究如何据此制定合理运营分析政策。

运营流程监测评价方法示意图如图 5-1 所示。对电网企业跨专业、跨部门流程，主要从以下 3 个层次进行分析与评价。

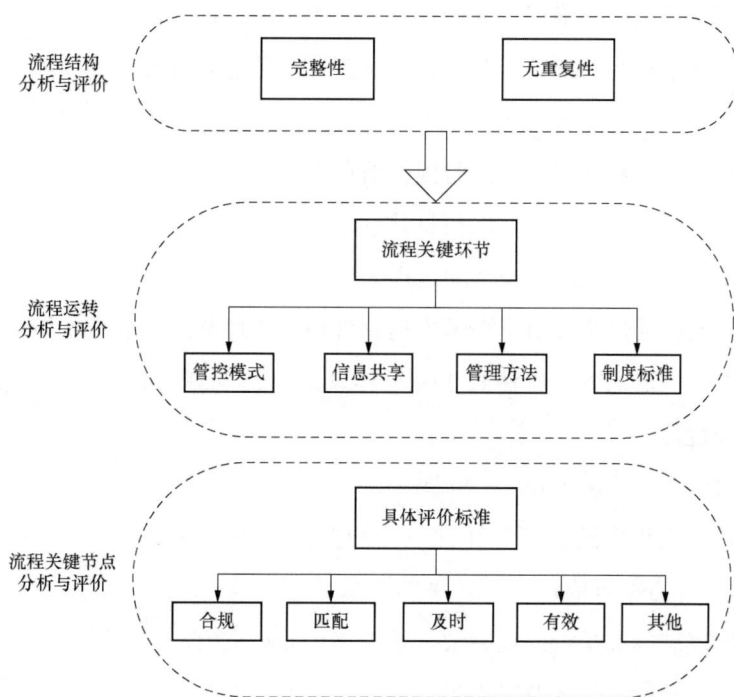

图 5-1　运营流程监测评价方法示意图

1. 流程结构分析与评价

评价标准包括两个方面：①分析该流程是否具有完整的结构。闭环管理要求主要流程涵盖运营管理所有阶段和所有业务流程，不存在环节缺失等情况。②分析该流程是否具有无重复性，即现有流程在功能上不存在重复的情况，冗余流程作业的存在会导致流程效率低下。

2. 流程运转分析与评价

判断运营管理流程是否协调运转，应在流程的关键环节，从流程的管控模式、信息共享、管理方法、制度标准 4 个维度对总体流程的运转进行诊断和分析，发现问题，寻找差距。

（1）管控模式（Management Mode）。

1）流程中各部门和单位在流程衔接和工作交接过程中是否职责清晰、明确；

2）工作和部门对应关系是否明确，是否存在工作缺项和职责重复；

3）是否已根据运营协同管理要求开展闭环控制。

（2）信息共享（Information Sharing）。

1）流程中各单位和部门是否明确所需要的信息、数据和应提供的信息、数据；

2）各流程是否及时准确记录并保存与工作相关的信息；

3）流程中各单位和部门是否及时获取所需要的信息，确保工作中有准确及时的信息作为参考；

4）流程中各单位和部门是否及时提供信息反馈；

5）有相应的机制保证是否实现信息共享。

（3）管理方法（Management Methods）。

1）是否在流程的决策环节全面考虑运营管理各个环节的成本优化和管理提升；

2）流程中所采取的管理方法是否充分体现运营协同理念，有利于降低运营成本，提升执行效率效益。

（4）制度标准（System and Standard）。

1）是否针对流程中的各项工作建立了相应的规章制度和标准，通过制度固化流程，保证各项工作有据可依；

2）规章制度和标准是否协调一致，是否存在冲突现象；

3）规章制度和标准是否及时更新。

3. 流程关键节点分析与评价

对具体流程中关键节点进行分析，主要从以下4个方面进行评价：①合规性。主要判断流程执行的方式、结果是否与相关法律法规及内部制度相一致。②匹配性。主要判断流程执行过程中与电网企业其他要求是否匹配。③及时性。主要判断流程执行的时效性强弱，是否及时处理了所需的任务量。④有效性。主要判断流程执行的结果是否有效，是否解决了应解决的问题。此外，针对不同类型的流程，还要考虑其他因素，如合理性、进度、准确性、调整度等，这与流程自身的特点有关。

二、运营流程分解与重构

图 5-2 电网企业资产管理阶段划分

根据对电网企业资产管理中关键流程选取的研究，可以得到电网企业资产管理的主要业务流程情况。电网企业的资产管理由不同的阶段组成，这些阶段的工作在资产整个寿命周期中起着不同的作用，根据电网企业资产管理的实际情况和特点，划分为规划计划、采购建设、运行检修、退役处置4个阶段，如图 5-2 所示。每个阶段都包含不同特点的工作内容，较为完整地覆盖了电网企业资产管理的全过程。

根据规划计划、采购建设、运行检修和退役处置阶段的业务内容,梳理出电网企业资产管理目前包括的主要业务流程,如表 5-1 所示。

表 5-1　　　　　　　　　　电网企业资产管理主要业务流程

阶段划分	主要业务流程
规划计划阶段	电网规划流程
	项目立项流程
	投资计划流程
	初步设计流程
采购建设阶段	物资采购流程
	工程建设流程
	投运转资流程
运行检修阶段	运行检修流程
	状态评估流程
	备品备件管理流程
	技术改造流程
退役处置阶段	退役资产处置流程

电网企业资产管理总体流程现状描述了电网企业资产管理过程中各主要业务流程之间的关系,其示意图如图 5-3 所示。

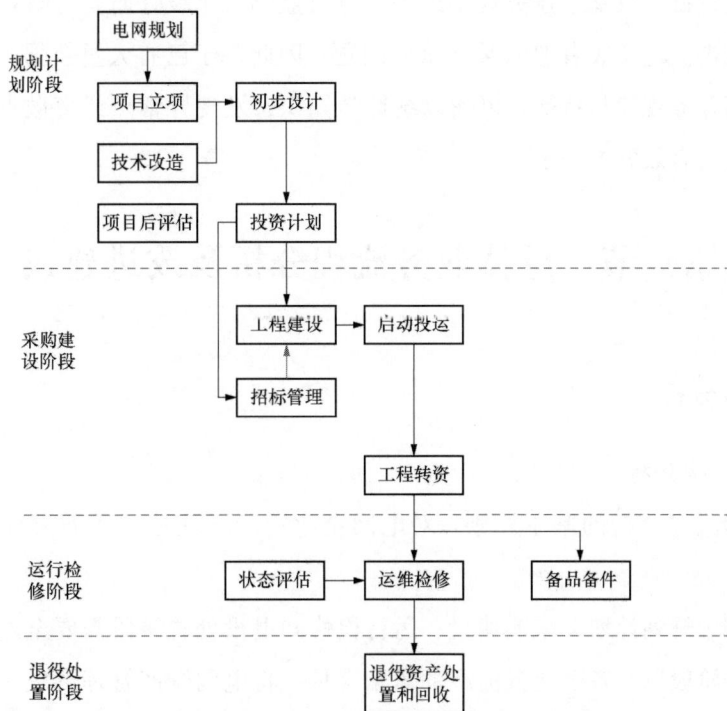

图 5-3　电网企业资产管理总体流程现状示意图

三、运营流程监测与预警

当前，在进行流程监测分析时主要采用的方法有状态跟踪、阈值告警、关联比对和分析挖掘 4 类，用于掌握情况、发现问题、提示风险。

（1）状态跟踪。监测需要及时、准确、完整地掌握业务基本情况与状态，含变化、趋势、进度和结构等，形成相对统一的业务流程图。这是开展进一步监测、分析的前提，其本身就可以增加业务透明度，方便不同的人从不一样的视角对尚没有被加工过的业务进行审视，为产生更多的业务信息与见解奠定基础。

（2）阈值告警。根据业务管理或计划预算要求、外部对标参考或者数据自身的分布规律，预先设定阈值，将业务状态参数与预先设定的阈值进行即时比对，当越限时进行预警或告警，以便及时发现经营活动的异动，提示采取合理的应对措施。

（3）关联比对。根据业务关联或指标数据关联关系，将多个相关参数或指标按照一定的逻辑关系构建关联模型，或关联到相关的业务，发现指标间的差异和问题，进行快速预警及定位分析。由于电网企业各流程前后节点之间存在较强的业务联系与制约关系，通过关联比对，发现业务上存在的自相矛盾之处，是一种极其有效的问题发现手段。

（4）分析挖掘。仅基于业务规则或关系进行监测规则设计时，有时难以实现问题聚焦，出现打击面过宽或者忽略某些重要问题，因此基于已有大量数据，通过探索数据分布，分析业务规律与特征，再辅以统计学知识，发现异常点或离散点，已经越来越成为一种行之有效的方法了。

第二节　总体业务流程分析及改进建议

一、流程分析

1. 流程结构分析

根据运营流程分析的基本原则，对电网企业资产管理总体业务流程进行诊断和分析。

资产管理中规划计划、采购建设、运行检修和退役处置阶段需要全过程的闭环管理，实现各个阶段以及各个业务流程的紧密衔接，将电网资产管理形成一个协调运转的整体。一方面，资产管理流程应具有完整的结构。闭环管理要求资产管理总体流程涵盖资产管理整个寿命周期的所有阶段和所有业务流程，不存在流程缺失的情况。另一方面，资产管理流程应具有无重复性，即现有流程在功能上不存在重复的情况，由资产全寿命周期管理理念来审视电网企业资产管理总体流程的结构，具体业务流程在业务内容和功能上未出现重复，但存在业务流程缺失的情况，具体如下：

（1）必须明确电网企业资产管理的中长期目标、各阶段的工作原则和方向以及相关的标准和规范等。目前在电网企业整体资产战略目标未得到有效的支撑，缺乏总体上的指导，各阶段工作缺乏一致性。

（2）缺乏从资产管理的角度对电网资产进行整体规划，在电网规划流程中，未对基建项目和技改项目进行统筹考虑，存在电网规划和技改规划存在脱节、投资精准性不足等情况。

（3）缺乏对年度资本性支出计划及运行维护支出计划的整体平衡，对项目的优先排序缺乏科学的依据。

2. 流程运转分析

资产管理总体流程往往由十几个甚至是几十个主要业务流程构成，而每一个业务流程又包括多项工作内容（即环节），因此对资产管理总体流程进行分析，须首先明确构成总体流程的各个业务流程中开展全寿命周期管理的关键环节，从各个关键环节进行诊断，以便从复杂的流程关系中发现存在需要改进之处。

（1）业务流程关键环节分析。识别流程关键环节的依据：一是该环节是与其他流程进行衔接的重要环节，通过流程之间的前后衔接有助于实现整个资产寿命周期的闭环管理；二是通过在该环节进行机制、方法创新以及管控模式等方面的调整，控制资产全寿命周期成本。

（2）总体流程运转分析。判断资产管理总体流程是否基于全寿命周期管理的理念进行协调运转，应在流程的关键环节，从流程的管控模式、信息共享、管理方法和制度标准4个维度对总体流程的运转进行诊断和分析，发现问题，寻找差距。资产管理总体流程运转分析情况如表5-2所示。

表5-2　　　　　　　　资产管理总体流程运转分析情况

维度	具　体　内　容
管控模式	流程中各部门和单位在流程衔接与工作交接过程中职责清晰、明确
	工作和部门对应关系明确，不存在工作缺项和职责重复
	是否已根据资产全寿命周期管理理念的要求开展全过程管理和闭环控制

续表

维度	具 体 内 容
信息共享	流程中各单位和部门明确所需要的信息、数据和应提供的信息、数据
	各流程及时准确记录并保存与工作相关的信息
	流程中各单位和部门可以及时获取所需要的信息，确保工作中有准确及时的信息作为参考
	流程中各单位和部门及时提供信息反馈
	有相应的机制保证实现信息共享
管理方法	在流程的决策环节全面考虑资产全寿命周期的成本优化和表现提升，采用 LCC 评价方法作为决策依据
	流程中所采取的管理方法充分体现全寿命周期管理理念，有利于降低资产全寿命周期成本，提升资产健康状况
制度标准	流程中各项工作建立了相应的规章制度和标准，通过制度固化流程，保证各项工作有据可依
	规章制度和标准协调一致，不存在冲突现象
	规章制度和标准及时更新

二、相关改进建议

针对以上电网企业资产管理流程结构的缺失情况，建议建立资产策略流程、资产规划流程和年度计划/预算流程，建立健全完整的资产全寿命周期流程体系，具体内容如下：

（1）建立资产策略流程。基于资产战略和状态评估结果，确定中长期资产发展详细目标和配置水平，基于此要求对分业务的技术经济政策、原则和规范进行协调后形成电网企业整体的资产策略，下达后指导后续各阶段的工作流程，并定期校验策略执行的有效性和实际完成情况，根据各流程反馈结果对既有策略进行动态修正。

（2）建立资产规划流程。基于资产策略和状态评估结果，从全寿命周期管理角度对资产规划方案进行技术经济、敏感性等分析。按照全寿命周期管理的方法进行综合评估，最终选取可靠性、经济性、全寿命周期成本等综合评价最优的电网规划方案。规划方案根据外围及内在需求的变化进行动态修正。根据规划方案滚动触发各类项目的立项工作。

（3）建立年度计划/预算流程。围绕电网企业经营状况与发展规划，在企业历年年度计划/预算实际执行的基础上，综合平衡各类项目的资金需求，对基建、技改、营销、检修、维护等各类项目进行投资风险评估后，做出综合决策或项目整合，形成企业层面统一的年度计划/预算。项目列入年度计划/预算后即可进入采购建设阶段。

第三节　关键流程分析诊断与优化❶

本书以实物流、价值流、信息流"三流"融合作为基本评价标准，判断运营流程执行的效率、效益与效能。其中，实物流指电网企业在规划计划、采购建设、运行维护、营销服务等运营管理中物质转移流动的全过程；价值流指物质在运营管理过程中被赋予价值的全部活动，包括增值与非增值活动；信息流指运营管理各个阶段中所产生的信息的传播与流动，包括采集、处理和传递3个过程：

（1）在资产管理过程中，实物流反映的是从规划计划阶段开始，到设备招标采购和基建安装，再到交付生产，最后到设备退役处置，完成资产实物运动的过程。

（2）信息流反映贯穿于资产整个寿命周期内的数据和信息的储存、加工、传递和反馈，通过信息的流动实现流程内部以及流程之间的信息共享。

（3）价值流则反映在规划设计阶段归集设计成本，在采购建设阶段归集购置成本、建设成本，在运行期归集运行维护成本，在退役期归集处置成本，在资产的整个寿命周期中，以价值链为主线贯穿始终，完成资产的价值运动过程。

识别流程中关键环节的依据如下：

（1）基于"三流"融合视角，分析该环节是否处于实物流、价值流和信息流"三流"交汇处。如电网企业综合计划制订环节，需要各部门上报需求，需要统一电网企业整体目标与各单位具体目标，需要为电网基建、技改大修等新增投资提供决策依据，该环节内实物流、价值流和信息流形成一定程度交汇，故该环节可视为计划与预算流程监测的关键环节。

（2）基于流程运转角度，分析该环节是否与其他流程具有紧密衔接关系，且这种衔接关系越密切，越有利于流程整体的顺畅。例如，工程转资环节对完成项目管理关系密切，工程转资环节的拖延往往是项目延期的主要原因之一，故该环节为项目全过程流程的关键环节。

（3）从流程改进效果角度，分析对该环节进行机制、方法的改进是否能提升整个

---

❶ 本节内容不对应任何一家电网企业（包括省电网企业），仅作为研究与学术探讨的例证。这里的电网企业包括三个层级：公司总部、省电力公司、地市供电公司。

流程的效率效益。例如，在项目招投标环节引入 LCC 评价机制，可以对设备采购建立全寿命周期评价标准，提升整个资产管理的效率效益。

以省级电网企业为例，在资产管理中主要有电网规划、项目立项、投资计划、初步设计、物资采购、工程建设、投运转资、运维检修、备品备件、状态评估、技术改造、退役处置 12 项关键流程，剖析在各个流程中省电力公司与公司总部、地市供电公司的职责关系，剖析相关部门的横向协同关系，分析信息流反馈对整个企业运营管理的价值，对关键环节进行分析诊断并提出改进建议。

一、电网规划

对于电力系统所采用的设备来说，其安全、效能、成本等要素在很大程度上在规划计划这一源头阶段就已基本确定，因此规划是整个资产管理体系中重要的一环。其主要包括电网规划、项目立项及投资计划等业务。

对于电网企业而言，资产管理关注的发展规划主要包括电源规划和电网规划。

（1）电源规划。电源规划是电力系统发展规划的重要组成部分，其核心是在规划限定的时间范围内，根据对电力负载增长的预测，确定在何时、何地，建设什么类型、多大容量的发电厂，以期既能满足经济发展所引起的负荷增长需求，同时又最为经济合理。

（2）电网规划。电网规划是安排项目前期工作、制订年度投资计划、部署工程建设的重要依据，主要包括电力需求预测、电源布局及电力流向、电网规划基本原则与目标、主网架规划、配电网规划、通信网规划、智能化规划、电网建设规模与投资等内容。

电网规划流程示意图如图 5-4 所示。

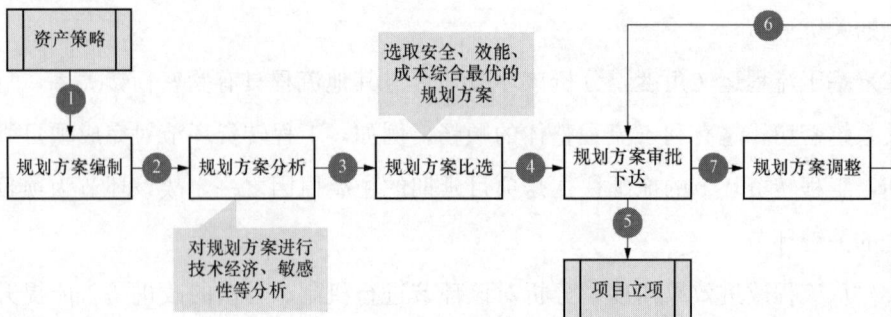

图 5-4　电网规划流程示意图

（一）流程诊断

电网规划主要是基于资产策略从全寿命周期管理角度对规划方案进行技术经济、敏感性等分析，并最终选取安全、效能、成本综合最优的规划方案的过程。电网规划管理明确了规划期内企业资产的总体规模、建设方式及建设计划等内容，电网企业根据资产管理要求，实现该流程各环节的衔接。

电网规划流程各环节之间的衔接关系见表 5-3。其中，规划方案编制及规划方案调整是该流程的关键环节。

表 5-3　　　　　　　　电网规划流程各环节之间衔接关系

序号	输出环节	输入环节	说　　明
1	资产策略	规划方案编制	依据电网企业中长期发展目标和配置水平，基于资产策略，编制规划方案初稿
2	规划方案编制	规划方案分析	针对规划方案初稿，从资产全寿命周期表现和成本最优角度进行规划方案分析
3	规划方案分析	规划方案比选	选取安全、效能、成本综合最优的规划方案
4	规划方案比选	规划方案审批下达	确定最优的规划方案后，报领导审批
5	规划方案审批下达	规划方案调整	领导审批通过后，下达规划方案
6	规划方案调整	规划方案审批下达	在执行规划方案过程中，因为外界条件发生变化或者其他因素导致原规划内容发生变化时，需调整规划设计方案
7	规划方案审批下达	项目立项	规划方案审批下达后，转入项目立项阶段

（二）流程优化

1. 规划方案编制环节

电源和电网发展规划确立了规划期内的资产投资范围、投资计划和主要成本，决定了电力系统的安全性和利用效率，是实现资产管理安全、效能、成本综合最优目标的首要业务环节。从资产管理的角度出发，该环节管理提升包括：

（1）在电源和电网发展规划编制过程中，引入资产管理理念。例如在电网规划过程中，对主网架规划、配电网规划、通信网规划和智能化规划等进行综合考虑和统筹协调。

（2）从安全、效能、成本综合最优的角度出发，分析相关不确定因素对电源和电网发展规划的影响。例如在电网规划过程中，重点关注新建线路、站址确定、设备选取、可靠性指标、环境指标和负荷预测等因素。

（3）建立科学合理的资产评估体系，在准确评价现有资产状态的基础上制订电源和电网发展规划。

（4）建立电源和电网发展规划流程和退役处置流程之间的紧密衔接关系，在编制电源和电网发展规划时综合考虑对资产退役的影响。

2. 规划方案调整环节

电网企业根据内外部环境变化，对电源和电网发展规划进行相应的调整。从资产管理的角度出发，该环节管理提升包括：

（1）制订电源和电网发展规划的实施管理办法和评估体系，加强对规划实施工作的有效管理和科学评估，并在此基础上形成科学调整规划方案的工作机制，不断地提高电力系统规划水平，增强电源和电网发展规划的协调性。

（2）加强运维检修等部门与规划部门间的沟通，确保运维检修过程中资产状态评价、退役处置等信息能够在电源及电网规划中加以统筹考虑。

（三）信息反馈

1. 信息集成

电网规划流程应获取资产位置信息、风险评估、状态评估等信息，以便更好地支撑项目布局、投产规模及分期建设计划的确定。电网规划管理信息集成情况如表 5 - 4 所示。

表 5 - 4   电网规划管理信息集成情况

序号	信息反馈要求	反馈信息	信息应用
1	获取资产/资产集/整体资产的位置信息（地理信息、仓位信息）及运行信息	资产/资产集/整体资产的分布情况及运行状态信息	为制订规划方案提供决策依据
2	获取资产/资产集/整体资产的风险评估结果，作为现状评估的参考依据	资产/资产集/整体资产的风险评估结果	为制订规划方案提供决策依据
3	获取资产/资产集/整体资产的状态评估结果，作为现状评估的参考依据	资产/资产集/整体资产的状态评估结果	为制订规划方案提供决策依据

2. 信息共享

规划报告是电网规划流程产生的最主要信息。电网企业通过流程衔接及业务优化后产生的现状诊断分析报告及规划方案比选信息，可为项目立项等流程提供信息支撑。电网规划流程产生的关键信息如表 5-5 所示。

表 5 - 5   电网规划流程产生的关键信息

序号	环节名称	输入信息	产生信息
1	规划方案编制	（1）企业现状分析信息； （2）企业战略规划愿景； （3）地方政府的监管要求； （4）设备状态评价分析报告； （5）资产风险评价报告； （6）规划方案优选信息； （7）企业发展规划信息； （8）地方政府经济发展信息	（1）电源和电网发展规划报告（送审稿）； （2）现状诊断分析； （3）规划方案比选信息
2	规划方案审批下达	电源和电网发展规划报告（送审稿）	（1）电源和电网发展规划评审意见； （2）电源和电网发展规划报告（审批稿）

（四）预警排查

电网规划管理风险主要包括政策风险、技术风险和决策风险，具体风险及应对措施见表 5 - 6。

表 5 - 6   电网规划管理风险及应对措施

风险项	风险源	应对措施
规划政策风险	电源和电网发展规划的内容来遵循相关法律法规要求，以及规划建成后不满足国家的环保标准等	在电源和电网发展规划的编制过程中充分考虑国家法律法规及企业规章制度要求
规划技术风险	在进行规划方案设计时，规划技术使得规划后的电力系统可能面临风险。如电网中的网架结构、接线模式合理性、适应性和可拓展性等	科学合理的电力系统结构对于提升可靠性、增强抵御事故的能力、缩短故障恢复时间具有重要作用，合理的网架结构及适宜设备选择可有效控制电源和电网发展规划规划中的技术风险
规划决策风险	由于电源和电网发展规划与电网规划、政府规划、区外来电方案、项目核准进度等要求不符合，给企业带来资源浪费等不确定性影响	在电源和电网发展规划的编制过程中充分与能源局、地方政府等相关方沟通，持续关注其相关要求

（五）规划方案比选方法

规划方案比选方法是电网规划流程的关键管理决策方法。电网企业基于安全、效能、成本综合最优的理念，应用全寿命周期成本模型对电源和电网发展规划方案进行技术经济、敏感性等分析，明确不同建设时序对全寿命周期成本（LCC）的影响，并最终选择综合最优的规划方案。

1. 传统规划方案比选方法

传统的规划设计以保证系统的安全、稳定运行为主要目标，重点突出方案的技术性校核。在比较扩展方案时，首先进行技术比较，通过相关电气计算分析各方案的技术特点和差异，筛选得到可比的几个备选方案，再而进行经济性比较。以电网规划为例，当前应用较普遍的电网规划设计方案比选流程，如图 5-5 所示，主要包括需求分析、方案设计以及技术经济比较 3 个主要流程。

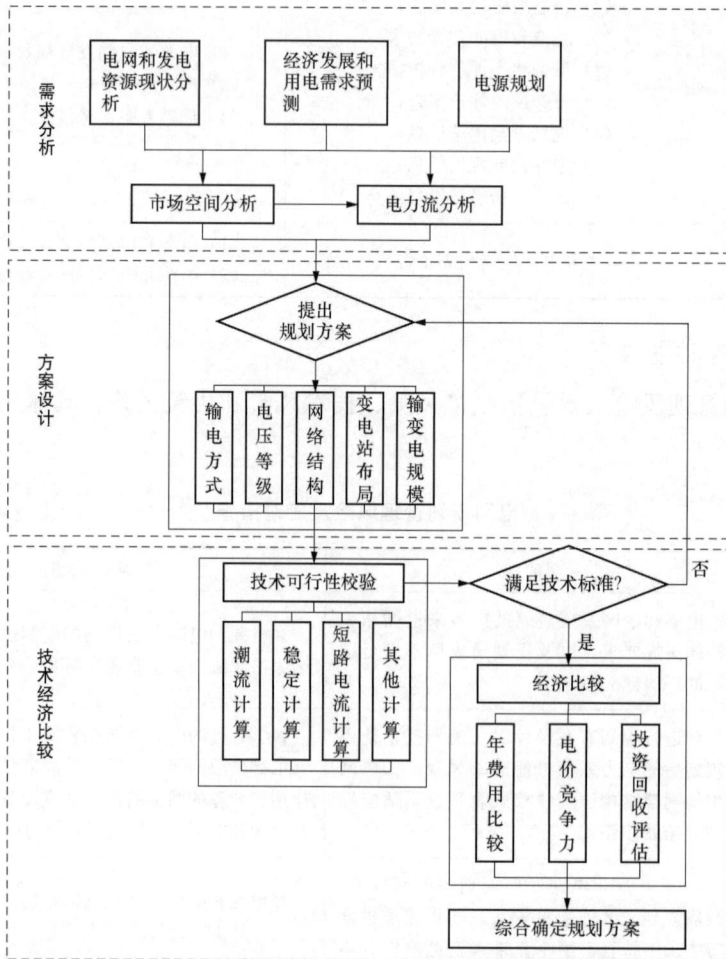

图 5-5　传统电网规划设计方案比选流程

这一类传统规划方案的技术经济评价方法首先是对规划方案进行技术可行性校验，校验的准则一般是确定性的"N-1 原则"以及其他一些定性的准则，之后再对技术上可行的方案进行经济性评价，最终结合技术经济结果选择、修改方案。

2. 基于资产管理理念的规划方案比选方法

基于资产管理理念的规划方案比选方法强调以设备的寿命周期为规划研究周期，对当前滚动规划优化成果进行综合评估。以电网规划为例，电网企业综合运用资产全寿命周期评价方法，分析不同规划方案、建设时序及建设标准，选取安全、效能、成本综合最优的电网规划方案。基于资产管理理念的电网规划方案比选方法流程如图 5-6 所示。

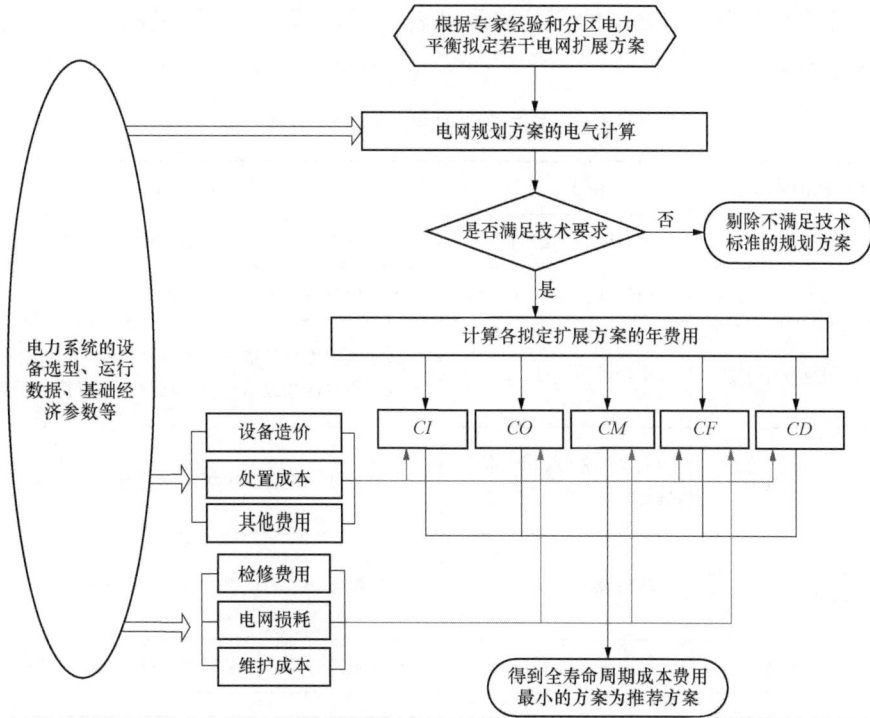

图 5-6 基于资产管理理念的电网规划方案比选方法流程

CI—投入成本；CO—运行成本；CM—维护成本；CF—故障成本；CD—废弃成本

二、项目立项

(一) 流程诊断

项目立项管理主要包括选址选线、可研编制与评审批复和项目支持性文件获取等业务环节。电网企业根据资产管理要求，实现该流程各环节的衔接。项目立项流程示意图如图 5-7 所示。

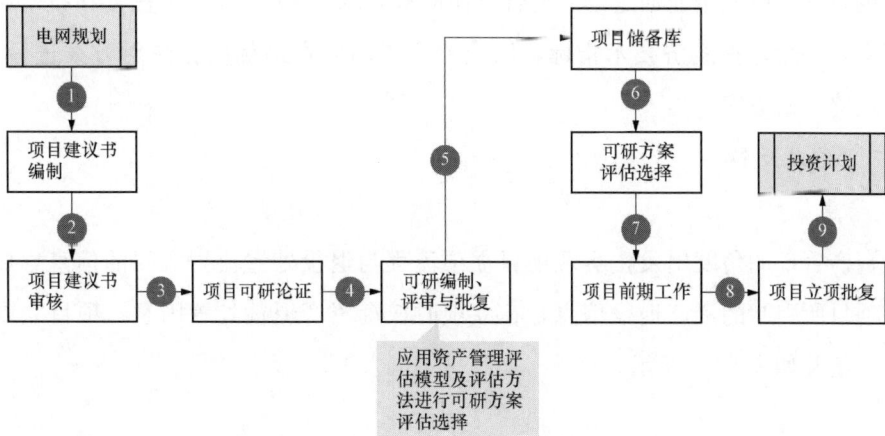

图 5-7 项目立项流程示意图

项目立项流程各环节之间的衔接关系见表 5‐7。其中,可研编制、评审与批复是该流程的关键环节。

表 5‐7　　　　　　　　　　项目立项流程各环节之间衔接关系

序号	输出环节	输入环节	说　　明
1	电网规划	项目建议书编制	电网规划审批通过后,编制项目建议书
2	项目建议书编制	项目建议书审核	审核项目建议书
3	项目建议书审核	项目可研论证	基于电网规划及资产状态评估结果,对基建、技改、大修等资本性和成本性投入项目进行可行性研究论证
4	项目可研论证	可研编制、评审与批复	可研论证通过后,组织编制可研方案
5	可研编制、评审与批复	项目储备库	可研编制完成的项目进入项目储备库
6	项目储备库	可研方案评估选择	运用资产管理评估模型进行可研方案评估选择
7	可研方案评估选择	项目前期工作	确定可研项目方案之后,开展项目前期工作
8	项目前期工作	项目立项批复	将项目前期工作和可研方案提报领导进行审批
9	项目立项批复	投资计划	可研方案领导审批通过后,编制年度资金计划和年度预算

（二）流程优化

项目可研编制、评审与批复是进行资产管理优化的关键环节,是对拟建项目的必要性和可行性进行技术经济论证,对不同建设方案进行技术经济比较选择及做出判断和决定的过程。电网企业通过建立适合可研阶段要求的 LCC 评价方法,在技术经济评价过程中,合理选择经济技术指标,以全寿命周期成本最优的方法对方案进行比选,并确定最终可研方案。

（三）信息反馈

1. 信息集成

从资产管理的角度出发,实现项目立项流程与退役处置流程之间的信息集成,及时掌握项目所引起的资产退役信息,在立项时权衡资产退役处置因素。项目立项管理信息集成情况如表 5‐8 所示。

表 5 - 8   项目立项管理信息集成情况

序号	信息反馈要求	反馈信息	信息应用
1	项目可研编制、评审与批复时获取技改设备清单	技改设备清单	作为项目立项的一项信息来源和依据
2	项目立项审批时获取预报废资产信息	预报废资产清单（资产编号、资产名称、原值、净值）	在项目立项时权衡资产退役处置因素
3	项目立项获取电网规划相关信息，确保按规划完成项目立项	规划项目清单、项目计划投运日期	为项目立项提供参考依据

2. 信息共享

项目立项流程产生一系列与项目相关的前期支持性及核准文件，并形成基于 LCC 的可研比选方案等。项目立项流程产生的关键信息如表 5 - 9 所示。

表 5 - 9   项目立项流程产生的关键信息

序号	环节名称	输入信息	产生信息
1	项目可研论证	项目前期计划	(1) 选址选线计划； (2) 由于计划变更带来的风险信息
2	可研编制、评审与批复	选址选线计划	(1) 可研编制与评审计划； (2) 基于 LCC 的可研比选方案
3	项目储备库	可研编制、评审与批复	规划项目储备库
4	项目前期工作	(1) 项目前期计划； (2) 可研编制、评审与批复	(1) 项目支持性文件获取计划； (2) 项目核准计划； (3) 项目可研批文； (4) 规划批文； (5) 土地预审批文； (6) 环评批文； (7) 水土保持批文

三、投资计划

（一）流程诊断

投资计划主要是围绕企业经营状况与发展规划，在历年年度计划/预算实际执行的基础上，综合平衡各类项目的资金需求，对基建、技改、检修和维护等各类项目做出综合决策和项目整合，形成企业层面统一的年度投资计划。电网企业根据资产管理要求，实现该流程各环节的衔接，投资计划流程示意图如图 5 - 8 所示。

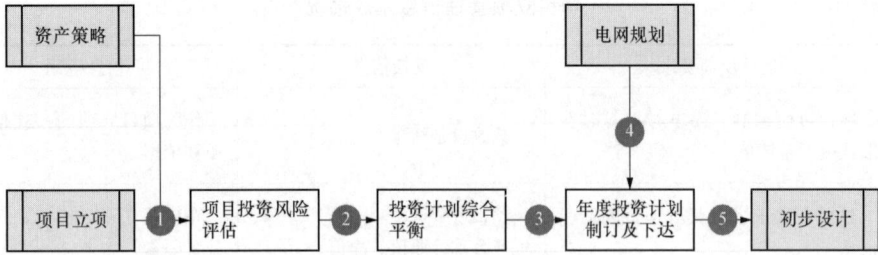

图 5-8　投资计划流程示意图

投资计划流程各环节之间的衔接关系见表 5-10。其中，年度投资计划制订及下达是该流程的关键环节。

表 5-10　　　　　　　　投资计划流程各环节之间衔接关系

序号	输出环节	输入环节	说　　明
1	资产策略	项目投资风险评估	依据资产策略，开展项目投资风险评估
	项目立项		对基建、技改、大修、小型基建和营销等各类项目进行投资风险评估
2	项目投资风险评估	投资计划综合平衡	根据项目投资风险评估的结论性数据，综合平衡各类项目的资金需求，比较不同投资方案，确定整体投资方案
3	投资计划综合平衡	年度投资计划制订及下达	根据确定的整体投资方案，完成年度投资计划的制订及下达
4	电网规划	年度投资计划制订及下达	电网规划指导年度投资计划的制订及下达
5	年度投资计划制订及下达	初步设计	确定年度投资计划后，依据投资计划开展项目的初步设计工作

（二）流程优化

1. 年度投资计划制订

从资产管理的角度出发，投资计划的制订需与资产管理的其他业务流程进行紧密的衔接，该环节管理提升包括：

（1）综合考虑安全、效能和成本等因素，建立基于决策分析技术的项目优化排序模型。应用项目优化排序模型，为投资计划的制订提供决策支撑。

（2）完善投资计划流程与物资采购流程的衔接。

2. 年度投资计划执行

投资计划的有效执行是资产管理理念落地的基本保证，该环节管理提升包括：

（1）及时获取工程进度、工程用款等相关信息，利用所掌握的数据分析对比工程实际用款情况和资金支付情况，有效的监督年度投资计划执行情况。

（2）在投资计划管理部门与资金计划管理部门之间建立常态的沟通协调工作机制，提高投资计划与资金计划的一致性。

（三）信息反馈

1. 信息集成

投资计划流程应获取资产预报废信息、项目实际用款信息、重要项目进度节点、项目估算和年度投资计划建议项目清单等信息，以便更好地对现状进行评估，提高投资计划的准确性。投资计划管理信息集成情况如表 5-11 所示。

表 5-11　　　　　　　　　　投资计划管理信息集成情况

序号	信息反馈要求	反馈信息	信息应用
1	项目实际用款需与项目计划用款进行比对，以实现对年度投资计划执行情况的监控	项目实际用款、项目计划用款	获取项目实际成本和计划成本，为执行投资计划监控提供参考
2	编制投资计划时需获取项目最新状态，预测项目是否能按计划开工，从而为编制年度投资计划提供参考；基建方案编制需获取重要项目的建设进度（项目重要进度节点），以便更好地对现状进行评估，更准确的对中长期能力进行预测	项目估算信息、项目重要进度节点信息	获取项目重要进度节点及估算数据，为编制投资计划提供依据
3	编制投资计划时参考项目资产报废信息，为年度投资计划的制订提供依据	资产预报废信息	获取资产预报废信息，为投资计划的编制提供参考依据

2. 信息共享

项目投资计划是投资计划流程产生的关键信息，该信息可作为后续采购建设节点的工作依据。投资计划流程产生的关键信息如表 5-12 所示。

表 5-12　　　　　　　　　　投资计划流程产生的关键信息

序号	环节名称	输入信息	产生信息
1	投资计划综合平衡	（1）规划项目储备； （2）项目储备库； （3）项目核准	（1）项目储备； （2）项目优化排序； （3）投资计划变更信息
2	年度投资计划制订及下达	（1）项目专项投资计划编制； （2）年度财务预算信息	项目投资计划

（四）预警排查

投资计划管理风险主要包括建设成本风险和设计方案改动风险等。投资计划管理风险及应对措施如表 5-13 所示。

表 5-13 投资计划管理风险及应对措施

风险项	风险源	应对措施
建设成本风险	投资计划的执行与工程建设流程没有有效衔接，电网企业没有及时对项目实际用款情况与投资计划进行分析对比，不能实现对年度投资计划执行情况的有效监控	运用基于决策分析技术的项目优化排序模型为电网规划提供决策支撑
设计方案改动风险	因投资计划与资金计划由不同的部门负责，在部门间建立没有建立有效的沟通和协调机制，从而出现投资计划与资金计划存在不一致的情况	在投资计划管理部门与其他电网规划管理部门之间建立常态沟通协调工作机制，提高投资计划与电网规划的一致性

（五）项目优先级排序方法

项目优先级排序方法是投资计划环节的关键管理决策方法。电网企业通过对项目安全、效能和成本等方面的综合评价，提出项目建设或技改的最优时序。

电网企业按项目在经济、技术与社会价值方面的投资重要性，引入权重、概率因素进行量化打分。以企业投资额度、项目得分及项目投资金额为输入，进行投资优先级排序。

1. 新建工程优先级排序

新建工程主要从满足负荷发展需求、保障电网安全、合理利用资源、前期工作进度等方面进行评分排序，具体可按照增容项目、非增容项目的建设目的不同，分别制订评价指标。例如增容项目主要以满足负荷增长需求、合理利用资源等为目的，评价指标可包括容载比、售电量、供电半径和合理利用资源等；非增容项目一般以保障电网安全为主要目的，评价指标可包括设备故障概率、设备故障后果、电网企业技术要求和政府监管要求等。

2. 技改项目优先级排序

技改项目评价模型（示例）如表 5-14 所示，其中技改项目的评分总分为 100 分，主要由安全生产因素、技术发展及风险因素和经营效益评价因素 3 部分组成，满分值分别为 70 分、15 分和 15 分。

表 5 - 14　　　　　　　　　　　　技改项目评价模型（示例）

设备类型	一级指标	二级指标	评分细则
××设备	安全生产因素（70分）	紧急程度（40分）	紧急程度高（40分）：指设备技术参数无法满足现场运行条件或反事故措施要求或应急要求的设备项目
			紧急程度中（20～30分）：是指设备的运行可靠性较差，虽经大修缺陷仍无法彻底解决，且设备检修、维护成本较高对人身安全构成一定威胁的设备项目
			紧急程度低（10～20分）：是指改造可以提升电网的稳定程度；或设备运行年限达到生产厂家规定的寿命，部分部件发生性能老化，整体运行的可靠性下降但对人身安全不构成威胁的项目
		设备缺陷程度（20分）	设备缺陷程度为"高"（20分）：是指对运行工况差，存在严重缺陷且不具备修复价值的设备进行改造，其设备缺陷程度定义为"高"
			其设备缺陷程度为"中"（10分）：是指对存在缺陷，可能威胁电网安全的设备进行改造，且设备停产无备品备件的，其设备缺陷程度定义为"中"
			设备缺陷程度为"低"（5分）：是指对缺陷较多，但仍有备品备件，且不危害电网安全稳定运行的继电保护设备进行改造，其设备缺陷程度定义为"低"
		运行历史状况（10分）	运行历史状况差（10分）：是指运行时间超过设备设计使用寿命且运行状况差的设备项目
			运行历史状况中（5分）：是指运行时间超过设备设计使用寿命，但运行状况良好的设备项目
			运行历史状况优（0分）：是指运行时间未超过设备设计使用寿命
	技术发展及风险评价因素（15分）	对电网技术升级的贡献程度（5分）	对电网技术升级的贡献程度很大（5分）：是指如果改造能够直接对电网技术的升级产生实质的影响，升级后技术处于世界领先水平
			对电网技术升级的贡献程度一般（3分）：是指如果改造能够直接对电网技术的升级产生实质的影响，升级后技术处于国内领先水平
			对电网技术升级无贡献（0分）：是指如果改造不能够直接对电网技术的升级产生实质的影响
		降低电网运行风险（10分）	通过改造、完善保护装置配置，能够有效降低电网风险的（10分）；能够降低电网风险的（5分）；不能降低电网风险的（0分）
	经济效益评价因素（15分）	综合停电因素（10分）	综合停电因素中，该项目的实施方案中可以减少重复停电的（10分）；属于其他工程配套的（5分）；不能减少重复停电的（0分）
		报废净值率（5分）	改造产生的资产报废净值率小于10%的（5分）；报废净值率大于10%小于30%的（3分）；报废净值率大于30%的（0分）

3. 大修项目优先级排序

大修项目评价模型（示例）如表 5 - 15 所示。大修项目的评分总分为 100 分，主要由安全生产评价因素、技术发展评价因素和经营效益评价因素 3 部分组成，分值分别为 50 分、30 分和 20 分。在安全生产评价因素的评分中，对紧急程度、设备缺陷程度和运行历史状况 3 方面进行细化。

表 5 - 15 　　　　　　　　　　　　大修项目评价模型（示例）

设备类型	一级指标	二级指标	评分细则
××设备	安全生产评价因素（50 分）	紧急程度（25 分）	紧急程度高（25 分）：设备发生严重故障
			紧急程度中（20 分）：设备及部件存在隐患、需进行局部更换
			紧急程度低（15）分：设备长期老化、故障下降
		设备缺陷程度（15 分）	设备缺陷程度为"高"（15 分）：即存在紧急缺陷。指可能危及人身和电网安全的设备项目
			其设备缺陷程度为"中"（10 分）：即存在重大缺陷。指可能影响设备运行经济性能
			设备缺陷程度为"低"（5 分）：即设备存在一般缺陷，或发生过缺陷，虽然经过处理但是仍未消除
		运行历史状况（10 分）	运行历史状况差（10 分）：是指运行时间超过设备设计使用寿命且运行状况差的设备项目
			运行历史状况中（5 分）：是指运行时间超过设备设计使用寿命，但运行状况良好的设备项目
			运行历史状况优（0 分）：是指运行时间未超过设备设计使用寿命
	技术发展评价因素（30 分）	反事故措施项目（15 分）	如果是反事故措施项目，可得 15 分；否则不得分
		周期性检修（15 分）	如果是周期性检修，可得 15 分；否则不得分
	经济效益评价因素（20 分）	项目检修时不需停电（10 分）	如果该项目检修时不需停电，可得 10 分；否则不得分
		提高资产的运行效率（10 分）	实施该项目后如果可以提高资产的运行效率 20% 以上，可得 10 分；提高资产的运行效率在 10% 以上和 10% 以下的，分别可得 7 分和 4 分；不能提高资产的运行效率得 0 分

四、初步设计

（一）流程诊断

初步设计管理主要是基于项目立项批复，编制项目初步设计方案（包括概算），期间需引入资产全寿命周期评价标准进行设备的布置方案及选型设计。电网企业根据资产管理要求，实现该流程各环节的衔接，初步设计流程示意图如图 5 - 9 所示。

图 5 - 9　初步设计流程示意图

初步设计流程各环节之间的衔接关系见表 5 - 16。其中，初步设计编制、初步设计审核是该流程的关键环节。

表 5 - 16　　　　　　　　　　初步设计流程各环节之间衔接关系

序号	输出环节	输入环节	说　明
1	投资计划	初步设计编制	投资计划编制下达后，设计院编制初步设计方案。引入资产全寿命周期管理理念，考虑设计方案中资产在其全寿命周期内成本及表现最优
2	初步设计编制	初步设计审核	初步设计方案编制完成后，对初步设计方案进行审核，形成初步设计评审意见
3	初步设计审核	初步设计批复	审查通过的初设方案需上报审批，审批通过后，形成批复的初设方案
4	初步设计批复	工程建设	初步设计方案批复通过后，开展物资采购和工程建设工作
		物资采购	

（二）流程优化

1. 初步设计编制环节

从资产管理的角度，初步设计编制环节强调在进行方案设计时不仅应考虑建设成本，还应考虑未来的资产运行成本。该环节管理提升包括：

（1）电网企业可建立初步设计阶段的全寿命周期成本评价模型，对项目的设计方案进行技术经济分析，以 LCC 最优作为设计方案比选和设备选型的决策依据。

（2）在初步设计管理办法中界定项目业主、建设单位、运行单位和设计单位的职责分工，明确要求建设和运行部门应积极参与初步设计方案编制过程，提出合理建议。

（3）建立设计单位和项目业主之间的定期沟通交流机制，以便及时就设计方案的有关问题进行探讨和磋商。通过建立信息共享渠道保证设计单位及时获得建设、运行单位所发现设计问题。

（4）建立设计质量后评估办法，对设计质量进行考核，明确对设计质量进行后评估的工作要求、职责和程序，完善对设计变更的及时记录和总结分析，将评估结果反馈到下一个项目的初步设计中，形成设计—施工—设计后评估—设计的闭环良性循环。

（5）建立在初步设计流程的退役资产再利用工作机制，在进行设计时充分考虑经评估可继续使用的闲置设备，延长设备的使用寿命，减少资源浪费。

2. 初步设计审核环节

电网企业从安全、效能、成本综合最优的角度优化初步设计审查的方法，电网企业通过定期开展评审部门之间的交流会，各部门从全局最优的角度对初步设计的评审结果以及评审意见进行讨论。

（三）信息反馈

工程初步设计文件是初步设计流程产生的最主要信息。其中从预警排查的角度形成施工风险分析报告，新工艺、新技术、新材料采用风险分析报告是该流程应产生的必要信息。初步设计流程产生的关键信息如表 5-17 所示。

表 5-17　　　　　　　　　初步设计流程产生的关键信息

序号	环节	输入信息	产生信息
1	初步设计编制	（1）项目可研报告； （2）项目可研批文； （3）项目实施进度计划表	（1）工程设计需求表； （2）设计招标文件
2	初步设计审核	（1）设计需求申报； （2）设计招标	（1）工程设计收资信息表； （2）中标通知书； （3）选址踏勘信息； （4）新工艺、新材料、新技术目录及说明； （5）设计不足分析报告及优化建议
3	初步设计批复	（1）工程初设； （2）可研编制、评审与批复	（1）工程初步设计文件； （2）施工风险分析报告； （3）新工艺、新技术、新材料采用风险分析报告

（四）预警排查

初步设计管理风险主要为技术风险。初步设计管理风险及应对措施如表 5-18 所示。

表 5-18　　　　　　　　初步设计管理风险及应对措施

风险项	风险源	应对措施
技术风险	电网企业缺少设计说明书、设计图纸、设计任务书、投资估算及中标方案等内容的管理，出现了技术和专业风险	电网企业对设计工作过程中涵盖的说明书、施工图等内容进行制度管理，并按照设计流程严格执行

五、物资采购

（一）流程诊断

物资采购管理主要包括物资计划管理、物资采购管理、仓储配送管理、物资质量监督、供应商管理、应急物资管理和废旧物资管理等业务，其中物资采购管理、供应商管理与资产管理的关系最为密切。电网企业根据资产管理要求，实现物资采购流程各环节的衔接，物资采购流程示意图如图 5-10 所示。

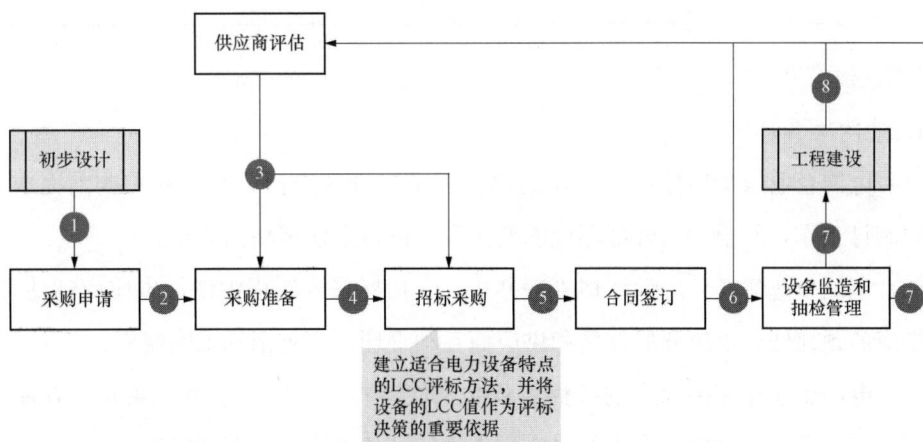

图 5-10　物资采购流程示意图

物资采购流程各环节之间的衔接关系见表 5-19。其中，采购准备与招标采购是该流程的关键环节。

表 5-19　　　　　　　　物资流程各环节之间衔接关系

序号	输出环节	输入环节	说　　明
1	初步设计	采购申请	根据初步设计，结合设计院出具的设备清册，提出项目物资需求和采购申请
2	采购申请	采购准备	依据项目物资需求和采购申请，根据实际需求，经过审批后进行物料需求采购准备
3	供应商评估	采购准备	采购准备需要参考物资供应商的相关信息和评估指标
		招标采购	供应商评估的信息作为招标采购的重要参考依据
4	采购准备	招标采购	采购准备中确定的物料需求，根据采购策略进入招标采购环节
5	招标采购	合同签订	招标采购结束后，在符合预算管控的前提下，根据中标的供应商和采购价格，才可签订合同

序号	输出环节	输入环节	说　明
6	合同签订	供应商评估	合同是对供应商进行评估的参考依据
		设备监造和抽检管理	物资采购过程要加强监控管理,合同签订后,进行设备监造和抽检管理也是重要的一环
7	设备监造和抽检管理	工程建设	采购后的物资根据需求进入到工程建设环节
		供应商评估	设备监造和抽检管理的过程,也是对供应商进行再评估的过程
8	工程建设	供应商评估	工程建设过程中,把设备安装和调试的数据,再次反馈到供应商评估当中

（二）流程优化

1. 采购准备环节

（1）电网企业根据招标采购工作的总体需求和进度安排,在招标采购前完成采购策略的制订工作,并根据内外部环境的变化及时进行采购策略的调整。

（2）电网企业建立供应商评估管理办法,在招标采购流程中增加供应商评估环节,包括供应商预评估、供应商后评估和供应商互动管理,完善招标采购流程。

（3）电网企业建立招标采购流程与备品备件流程之间的信息共享渠道,在制订招标计划时充分考虑经过资产退役处置流程作为备品备件进行管理的资产。

2. 招标采购环节

（1）招标采购过程中招投标管理工作的关键是通过对评标原则的把握,在价格和质量之间取得平衡,选择性能价格比具有优势的设备,提高设备的健康水平,电网企业建立适合电力设备特点的 LCC 评标方法,并将设备的 LCC 值作为评标决策的重要依据。

（2）招标文件中技术规范书说明了项目所需设备的技术参数要求,而商务规范书说明了所需设备的经济参数要求,两者相结合构成了项目所需设备的总体技术水平要求和经济性要求。电网企业需要在设备招标商务规范书中,明确资产管理要求。

（三）信息反馈

1. 信息集成

物资采购环节获取供货进度信息、故障缺陷信息和运维成本信息等用于供应商评价,提高设备质量和优化采购成本;获取物料编码、项目号和物资需求计划、报废处置成本和报废回收残值、运维成本信息,以实现信息追溯和成本共享。物资采购信息集成情况如表 5 - 20 所示。

表 5 - 20　　　　　　　　　　　　**物资采购信息集成情况**

序号	信息反馈要求	反馈信息	信息应用
1	获取供应商评价结果作为物资采购策略分析的重要依据	供应商评价结果	据此选择资质最佳的供应商进行物资采购
2	获取项目的项目号和物资需求计划，以便触发采购流程	项目号、物资需求计划	实现物资需求计划信息贯通
3	以 LCC 方法进行评标时，获得报废处置成本及报废回收残值信息	资产编码、报废处置成本、报废回收残值	为计算设备全寿命周期成本提供参考
4	采购策略的制订和更新需获取设备运维成本	运维成本	完善资产 LCC 模型，为采购方式的选择提供参考
5	采购策略的制订和更新需获取设备报废处置成本及报废回收残值	报废处置成本、报废回收残值	完善资产 LCC 模型，为采购方式的选择提供参考
6	供应商管理过程中需获取供货进度和质量信息	供货进度信息、质量信息	对评估中衡量进度和质量的相关指标进行计算
7	供应商评价过程中，需获取设备故障、缺陷信息	设备故障、缺陷信息	支持对供应商设备历史表现进行评估
8	供应商管理过程中获取产品质量监督数据	产品质量监督信息	支持对供应商在设备设计和生产过程进行评估

2. 信息共享

物资采购是产生物资需求计划、招标、合同等基础信息的关键流程，物资采购流程产生的关键信息如表 5 - 21 所示。

表 5 - 21　　　　　　　　　　　　**物资采购流程产生的关键信息**

序号	环节名称	输入信息	产生信息
1	采购准备（物资需求申报）	（1）初步设计批复文件； （2）工程初步设计文件； （3）项目实施进度计划表	（1）物资需求表； （2）物资采购技术规范书
2	采购准备（发布采购计划）	（1）各需求单位/部门提报的物资采购计划； （2）物资需求计划审查结果	（1）物资需求计划； （2）需求计划的审批信息
3	招标采购	（1）招标类物资需求； （2）供应商评价报告； （3）LCC 招标模型； （4）新供应商引入评估； （5）设备再利用匹配标准及采用原则	（1）招标类中标结果； （2）非招标类成交通知书； （3）再利用通知
4	合同签订	（1）中标通知书； （2）成交通知书	（1）采购合同； （2）采购订单； （3）供应计划

（四）LCC 招标比选方法

LCC 招标比选方法是物资采购流程的关键管理决策方法。电网企业运用 LCC 招标比选方法，使采购招评标工作更加全面与客观。

电网企业通过建立 LCC 招标模型，细化在设备制造、安装、调试、投产、运行和成本核算等环节可作为招标采购参考依据的 LCC 评价因素，实现资产全寿命周期成本分析。

电网企业对招标文件商务部分及评分模板进行修改，除了商务、技术、价格因素以外，在商务初评表模板中添加设备 LCC 的评分权重，实现对不同供应商提供的同类产品的定量评分，使得中标的厂商服务最佳，中标的设备性价比最优。

六、工程建设

（一）流程诊断

工程建设主要是根据年度计划预算确定的项目投资与规模，从进度、质量以及资金和成本控制角度对项目执行全过程进行管理。电网企业根据资产管理要求，实现该流程各环节的衔接，工程建设流程示意图如图 5-11 所示。

图 5-11　工程建设流程示意图

工程建设流程各环节之间的衔接关系见表 5-22。其中，工程项目实施是该流程的关键环节。

表 5-22　　　　　　　　　工程建设业务各环节之间衔接关系

序号	输出环节	输入环节	说　　明
1	招标采购	工程项目实施	招标采购后，进入工程项目实施阶段
	初步设计		根据设计方案要求，对项目执行全过程进行管理
2	工程项目实施	工程竣工	在工程实施过程中，从进度、质量、安全、资金和成本控制以及工程费用等多角度对项目执行过程进行管理，为竣工结算提供依据

续表

序号	输出环节	输入环节	说　　明
3	工程竣工	项目验收	工程竣工后提供完整的验收设备清单，进入项目验收环节
4	项目验收	竣工结算	按照验收设备清单，根据资产的实际投产状况，及时进行工程成本的决算
		投运	按照验收设备清单进行设备移交，并把安装和调试中的缺陷信息一并提交给运维部门
5	竣工结算	投运转资	根据相关文件对项目转资的范围、方式和流程进行监控，保证及时转资，如需要进行预转资，确保资产价值和折旧成本的及时反映
		投运	根据投运设备清册，结合竣工结算，最终生成固定资产清册

（二）流程优化

1. 工程项目实施的进度管理

（1）加强对工程项目的进度控制，提高管理措施的前瞻性和过程控制的有效性，建立基建部门、建设管理单位以及施工单位之间的信息共享渠道，实现及时的信息交流。

（2）建立信息接口，将物资和设备的到货时间与项目进度计划进行关联，确保项目管理人员及时根据物资采购进度对进度计划进行调整。

（3）建立合同履行情况和项目进度信息的联动机制，保证项目过程管理与合同履行的良好对应性，提高项目管理的精益化水平。

2. 工程项目实施的成本管理

（1）加强项目资料信息的管理，优化项目概算管理流程，确保概算收口工作按期完成。

（2）加强概算执行信息的记录和信息共享，对概算执行情况进行密切监控，及时发现超概算情况并进行调整。

（3）建立规章制度对概算编制的质量和深度做出详细规定，要求设计单位按照执行并且规定相应的惩罚性条款。同时应明确规定设计单位交付概算书的时间，保证建设管理单位按时获得概算书。

（4）建立工程建设流程与退役资产处置流程之间的信息共享渠道，及时掌握资产退役信息，在工程建设流程对经评估符合要求的退役资产进行再利用，以达到降低工程建设成本的目的。

3. 工程项目实施的变更管理

（1）制订电网企业统一的项目变更制度与规范，建立电网企业标准的项目变更流程，明确企业各个管理层级在项目变更分级管理中的管控范围和职责分工。

（2）及时记录工程建设过程中发生的项目变更要求、变更审核以及变更执行等情况，并对相关资料的归集保存工作的责任人和相应的工作程序予以明确。

（3）加强对项目变更数据的记录和分析工作，并且将分析结果及时反馈到初步设计等前端流程，促进工程设计和建设工作水平的提高。

4．工程项目实施的物资管理

（1）建立企业统一的物资编码体系，提高工程建设物资管理的标准化水平。

（2）建立进度计划与物资到货计划之间的动态衔接机制，及时根据进度变化调整到货时间。

5．项目验收管理

竣工验收清单的制订和填写是进行项目验收的依据，是该流程的关键环节。电网企业通过提高项目验收清单的准确性，为完成项目验收工作打下坚实基础。

6．竣工决算与投运管理

工程竣工决算和启动投运是全面检查工程项目的设计、设备制造、施工、调试和生产准备的重要工作，该环节管理提升包括：

（1）明确规定该业务环节需要收集归档的资料，发挥运行单位在竣工验收和启动投运工作中的作用，对工程存在的问题及时提出整改消缺意见。

（2）建立验收工作的问题分析和反馈制度，各相关部门应全面汇总在验收工作过程中所发现的缺陷问题，对各类问题进行统计和深入分析，充分掌握缺陷信息，并及时将分析结果与相关单位和部门进行共享，避免类似问题的反复出现。

（三）信息反馈

1．信息集成

工程建设环节获取项目基本信息、项目计划用款、项目号和工程结余物资、投运日期、项目成本和资产分类等信息进行集成，以实现信息追溯和成本分享。工程建设流程信息集成情况如表5-23所示。

表5-23　　　　　　　　　　工程建设流程信息集成情况

序号	信息反馈要求	反馈信息	信息应用
1	工程建设需获取项目立项时填报的项目基本信息，作为创建项目的依据	项目基本信息	实现前期管理与采购建设阶段项目信息贯通
2	项目实际用款需与项目计划用款进行比对，以实现对年度投资计划执行情况的监控	项目计划用款	对项目计划成本与实际成本进行比对，为项目评估提供参考

续表

序号	信息反馈要求	反馈信息	信息应用
3	掌控项目的工程进度和资金进度；获取验收设备时所需的物料编码及相关采购订单号及行号；为建立设备与物料的联系和供应商评估等工作的开展建立数据基础；同时也获取部分物料属性，减少设备台账输入的工作量	物料编码、采购订单号＋行号、物料属性、家族史	实现电子商务平台中与设备台账相关信息的自动录入。实现"账卡物"的自动对应
4	支持工程余废料的实物处置流程	项目号、余料号	实现 ERP - PS 和电子商务平台的信息共享与传递
5	支持工程余废料处置成本的归集和分摊	废料处置成本	实现废料处置成本的归集和分摊
6	转资过程中需获取设备清单信息，以便形成资产卡片	设备清单	方便资产卡片形成，实现账卡一致性，提高转资效率

2. 信息共享

工程建设流程产生与项目相关的一系列结果信息。这些信息对规划计划、运维检修业务开展有重要的支撑作用。工程建设流程产生的关键信息如表 5 - 24 所示。

表 5 - 24　　　　　　　　工程建设流程产生的关键信息

环节名称	输入信息	产生信息
工程项目实施	(1) 物资需求表； (2) 施工、监理需求表； (3) 施工、监理中标通知书； (4) 施工预算、图纸； (5) 中标通知书； (6) 施工风险预控表； (7) 新工艺、新技术、新材料采用的风险预控表	(1) 开工报告、技术要求、技术交底； (2) 施工组织设计、施工方案、施工安全措施、施工工艺，施工总结等文件； (3) 安全隐患整改通知单； (4) 安全简报； (5) 工程项目安全健康环境管理评价汇总表； (6) 监理、施工报批文件及审查记录； (7) 设备开箱检验记录、合格证明； (8) 质量通病防治任务书； (9) 工程变更单； (10) 监理中间验收报告； (11) 施工单位三级验收报告； (12) 缺陷处理单； (13) 工程重大设计变更申请报批单； (14) 外包的外包商共享的信息进行风险评估报告； (15) 服务承包商能力风险分析及培训文档； (16) 施工计划变更的风险评估报告； (17) 工程施工结算报告、审价报告

（四）预警排查

工程建设管理风险主要包括施工准备风险和土建施工风险。工程建设管理风险及应对措施如表 5 - 25 所示。

表 5 - 25 工程建设管理风险及应对措施

风险项	风 险 源	应对措施
施工准备风险	施工准备是与土建施工有密切联系的一个重要环节，也是影响工程进度的一个重要因素。施工准备是指土建施工前应完成的一系列前期准备工作，其内容主要包括征地拆迁、建筑物保护、管线保护/拆除/改移、交通疏解等工程或事务	提高项目按时竣工率和综合计划指标完成偏差率
土建施工风险	土建施工包括基坑开挖、变电站施工、线路建设等多方面的内容，加上地质条件的不确定性和周围环境的复杂性等原因，土建施工存在着很大的风险	控制人身安全事件总次数；控制施工地自然风险

七、投运转资

(一) 流程诊断

投运转资管理包括根据验收设备清单，进行设备核对和投运前设备技术参数的整理、完善，及时准确完成资产移交并创建设备台账，投入运行。电网企业根据资产管理要求，实现该流程各环节的衔接，投运转资流程示意图如图 5 - 12 所示。

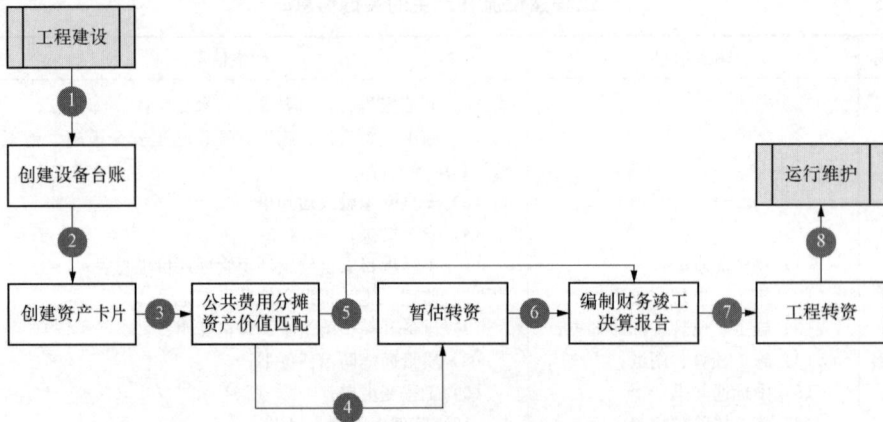

图 5 - 12 投运转资流程示意图

投运转资流程各环节之间的衔接关系见表 5 - 26。其中，编制财务竣工决算报告及工程转资是该流程的关键环节。

表 5 - 26 投运转资流程各环节之间的衔接关系

序号	输出节点	输入节点	说 明
1	工程建设	创建设备台账	根据工程建设的验收设备清单来创建设备台账
2	创建设备台账	创建资产卡片	根据设备台账来创建资产卡片

序号	输出节点	输入节点	说　　明
3	创建资产卡片	公共费用分摊及资产价值匹配	将公共费用分摊到已创建的资产卡片
4	公共费用分摊及资产价值匹配	暂估转资	在完成资产卡片的公共费用分摊、价值记录后，若需要暂估转资，由财务进行暂估转资
5	公共费用分摊及资产价值匹配	编制财务竣工决算报告	完成资产卡片的公共费用分摊、价值记录后，若不需要暂估转资，由财务部门编制竣工决算报告
6	暂估转资	编制财务竣工决算报告	完成暂估转资后，由财务部门编写竣工决算报告
7	编制财务竣工决算报告	工程转资	在财务编制竣工决算报告后，可完成转资
8	工程转资	运行维护	完成设备台账与资产台账的动态关联

（二）流程优化

1. 编制财务竣工决算报告环节

项目决算报告是进行工程转资的重要依据，决算报告能否按时完成，将对工程转资的进度产生影响。该环节管理提升包括：

（1）进一步完善对工程项目的全过程管理，规范项目过程管理流程，加强过程控制，并通过信息系统建设及时采集过程信息，确保财务部门和项目管理部门及时获取相关的信息记录，减轻竣工、决算等后期流程的管理压力，确保项目竣工决算的按期完成。

（2）工程部门应深度参与项目决算，在决算过程中为财务部门提高更大的支持，协助财务部门提高决算分析信息对决策支持的力度和准确度。

2. 工程转资环节

工程转资工作的及时性和准确性决定了后续资产管理工作能否顺利开展，电网企业通过建立统一的资产管理信息平台，财务、运行等不同的职能部门在同一平台内对资产的形成、变更、退役等过程进行信息记录，实现设备台账和资产台账的动态关联，保持"账卡物"的高度一致。

（三）信息反馈

投运转资是产生设备台账和资产卡片的关键流程，是"账卡物"一致管理的基础。投运转资流程产生的关键信息如表5-27所示。

表 5 - 27 投运转资流程产生的关键信息

环节名称	输入信息	产生信息
竣工验收	(1) 施工记录； (2) 监理记录、报告； (3) 中间验收资料； (4) 技术监督记录； (5) 设备安装记录； (6) 缺陷消除记录； (7) 交接试验报告； (8) 工程竣工总结； (9) 随机装箱资料	(1) 竣工验收报告； (2) 投运申请； (3) 设备台账； (4) 设备（资产）验收清单

八、运行检修

（一）流程诊断

1. 运行检测流程

运行检测是对设备资产开展日常运行状态监测及维护管理工作，包括巡视管理、状态检测、故障管理、档案资料管理、人员培训和其他专项工作（保供电等）等业务。电网企业根据资产管理要求，实现运行检测流程各环节的衔接。运行检测流程示意图如图 5 - 13 所示。

图 5 - 13 运行检测流程示意图

运行检测流程各环节间的衔接关系见表 5 - 28。

表 5 - 28 运行检测流程各环节之间关系

序号	输出环节	输入环节	说　明
1	资产策略	年度运行检测计划制订	基于资产策略（确定检测或状态监测周期）和资产状态评估结果确定年度运行检测计划
2	年度运行检测计划制订	月度运行检测计划制订	年度运行检测计划分解成月度运行检测计划
3	月度运行检测计划制订	运行检测工作执行	根据月度运维检修计划开展运行检测工作，并记录检测过程中发现的设备缺陷信息

序号	输出环节	输入环节	说　明
4	运行检测工作执行	维护检修	根据设备的缺陷情况、运行情况合理安排维护检修工作
5	运行检测工作执行	状态评估	将收集到的设备缺陷信息、状态信息、试验信息等及时反馈至资产状态评估环节

2. 维护检修流程

检修是指为恢复资产（包括设备、设施以及辅助设施等）原有形态和能力，按成本投入项目制管理的修理性工作。包括检修项目前期、年度计划、检修方案编制、检修项目施工及竣工各阶段。抢修是资产发生故障后应急恢复资产原有形态和能力，完成工作后按照项目制管理要求事后完成项目管理记录的修理性工作。电网企业根据资产管理要求，实现维护检修流程各环节的衔接。维护检修流程示意图如图5-14所示。

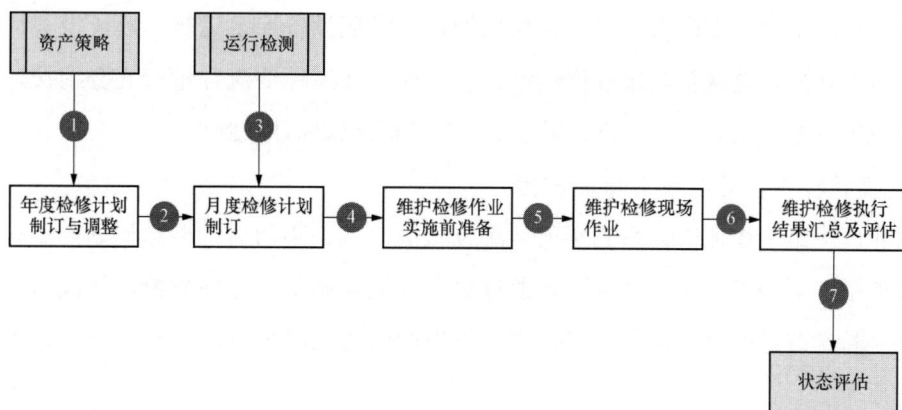

图5-14　维护检修流程示意图

维护检修流程各环节间的衔接关系见表5-29。其中，年度检修计划的制订与调整、维护检修执行结果汇总及评估是该流程的关键环节。

表5-29　　　　　　　　　　维护检修流程各环节之间衔接关系

序号	输出环节	输入环节	说　明
1	资产策略	年度检修计划制订与调整	基于资产策略、资产状态评估及运行检测结果制定维护检修计划
2	年度检修计划制订与调整	月度检修计划制订	针对年度计划分解并制订月度检修计划
3	运行检测	月度检修计划制订	综合分析检测过程中设备的缺陷情况、运行情况信息，合理制订月度检修计划

序号	输出环节	输入环节	说　明
4	月度检修计划制订	维护检修作业实施前准备	根据月度检修计划，合理准备检修作业需要员工、物料等资源
5	维护检修作业实施前准备	维护检修现场作业	确定具体方式、检修详细内容和材料准备，保证维修工作的执行
6	维护检修现场作业	维护检修执行结果汇总	以工单为主线对维护检修任务进行精细化管理以提高工作效率、优化维护检修成本
7	维护检修执行结果汇总及评估	状态评估	将维护检修过程中收集的技术参数和资产表现信息反馈至资产状态评估环节

（二）流程优化

1. 年度运维检修计划制订与调整

年度运维检修计划的制订与调整需充分考虑设备的运维检修历史数据信息，并根据状态评估的结果提出检修方式和检修周期，对保证设备稳定运行、延长设备使用寿命起到重要作用，电网企业通过将运维检修流程与状态评估流程进行充分衔接，在电网企业范围内根据状态评估分析结果来指导年度运维检修计划制订。

2. 维护检修执行结果汇总及评估

对年度运维工作评估关系到年度运维方式的改进、年初运维检修计划的制订、状态检修的推广等诸多方面，电网企业通过提高年度运维工作评估质量，形成运维工作从评估到持续改进的科学机制，将评估中发现的问题及时进行反馈和改进，以提高运维工作质量。

（三）信息反馈

1. 信息集成

运维检修管理需要获取物资采购信息、设备变更信息、设备安装缺陷信息、设备投运信息、成本信息等以实现设备基础信息的追溯。运维检修信息集成情况如表 5 - 30 所示。

表 5 - 30　　　　　　　　　　运维检修信息集成情况

序号	信息反馈要求	反馈信息	信息应用
1	自动转资过程中，从项目管理环节获取验收设备清册信息	验收设备清册	支撑设备台账相关信息的录入
2	在工程建设环节，针对设备在试验安装调试过程中的发生缺陷信息	设备缺陷信息	支持设备缺陷的全过程管理

序号	信息反馈要求	反馈信息	信息应用
3	运行阶段保证"账卡物"数据一致。实现设备及资产数据信息的同步更新	设备台账信息	保证设备主数据的一致
4	实现设备变更而导致基本信息发生变化时的同步及更新	设备变更信息	保证设备主数据的一致
5	联动生成资产卡片	设备卡片信息	保证从实物到设备台账及资产卡片的全过程联动
6	基于运行期资产表现（风险、缺陷和故障信息等）和成本信息；制订兼顾可靠性和经济性的检修策略	运维成本信息	为状态检修、风险评估、优化组合检修方式提供基础数据
7	运维检修阶段在编制年度和月度检修运维计划时可将设备风险评估结果作为参考条件之一	风险评估结果	使用风险评估结果指导年度和月度检修运维计划的编制
8	运维检修阶段在编制年度和月度检修运维计划时可将设备状态评估结果作为参考条件之一	状态评估结果	使用状态评估结果指导年度和月度检修运维计划的编制

2. 信息共享

维护检修流程围绕设备产生巡视、检修、缺陷和试验等一系列基础数据，这些数据是资产管理最基础的业务信息。维护检修流程产生的关键信息如表 5-31 所示。

表 5-31　　　　　　　　　　维护检修流程产生的关键信息

序号	环节名称	输入信息	产生信息
1	月度检修计划制订	年度检修计划制订	（1）年度检修计划制订； （2）月度检修计划制订
2	维护检修现场作业（巡视维护）	（1）事故故障信息； （2）检修试验记录； （3）设备监控信息； （4）缺陷信息； （5）检修试验方案	（1）巡视维护记录； （2）风险源信息； （3）外包的综合管控（实施过程对人、对外包作业等）； （4）巡视变更信息的记录及后续措施
3	维护检修现场作业（检修试验）	（1）缺陷信息； （2）设备状态评价分析报告； （3）检修试验方案； （4）巡视维护计划（包含特殊巡视、风险信息）； （5）环境信息（内外部施工信息）	（1）检修试验报告； （2）风险源信息； （3）外包的综合管控（实施过程对人、对外包作业）
4	维护检修现场作业（事故抢修）	（1）事故异常信息； （2）保护动作信息； （3）事故隔离处置信息； （4）应急物资信息； （5）应急策划； （6）抢修方案	（1）抢修记录； （2）抢修总结； （3）事故分析报告（管理原因、设备原因）纠正预防措施及持续改进外包的综合管控（实施过程对人、对外包作业）

九、备品备件

(一) 流程诊断

备品备件管理的主要工作是对设备类型、运行状况、历史故障数据等统计信息进行综合风险评价，根据设备故障发生几率、影响程度、可替换性及其配置的综合成本等因素，确定备品备件的配置标准、储备方式、使用和管理流程。电网企业根据资产管理要求，实现该流程各环节的衔接。备品备件流程示意图如图 5-15 所示。

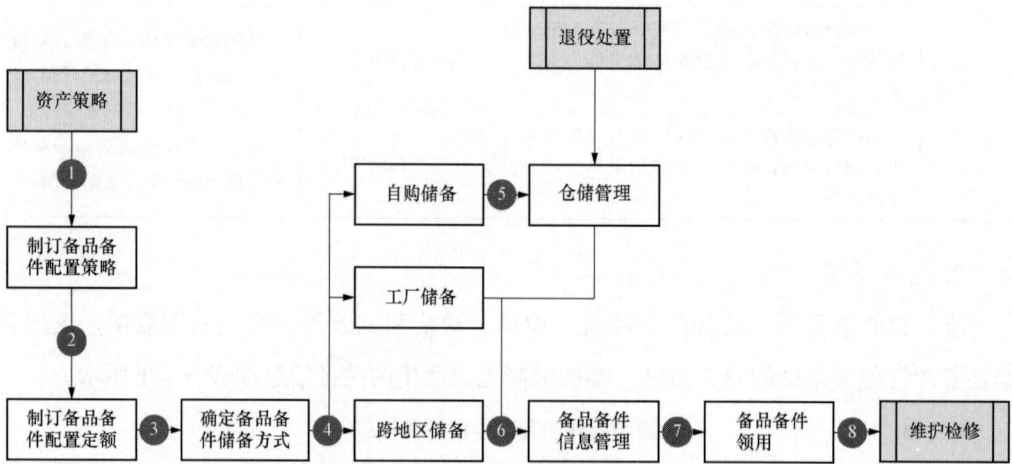

图 5-15　备品备件流程示意图

备品备件流程各环节间的衔接关系见表 5-32。其中，确定制订备品备件配置策略、制订备品备件配置定额是该流程的关键环节。

表 5-32　　　　　　　　　　备品备件流程各环节之间衔接关系

序号	输出环节	输入环节	说　　明
1	资产策略	制订备品备件配置策略	制订备品备件配置策略是资产策略的一部分内容
2	制订备品备件配置策略	制订备品备件配置定额	在制订备品备件配置策略后，根据配置策略制订备品备件配置定额体系
3	制订备品备件配置定额	确定备品备件储备方式	根据制订的备品备件配置定额，确定备品备件的储备方式
4	确定备品备件储备方式	自购储备	备品备件的存储有以下 4 种方式：自购储备、工厂储备、跨地区储备和备用间隔储备
		工厂储备	
		跨地区储备	

续表

序号	输出环节	输入环节	说　明
5	自购储备	仓储管理	自购储备时，需要将备品备件信息纳入仓储管理当中
6	仓储管理 工厂储备 跨地区储备	备品备件信息管理	仓储管理、工厂储备、跨地区储备共同组成了备品备件信息管理
7	备品备件信息管理	备品备件领用	备品备件领用时需在备品备件信息管理应用中记录
8	备品备件领用	维护检修	维修时直接使用备品备件即可

（二）流程优化

1. 制订备品备件配置策略

备品备件的储备方式、存货种类和数量、定额标准直接影响全寿命周期成本，电网企业需要以设备状态评估作为确定备品备件定额的重要参考依据，并考虑备品备件统一调配对定额的影响，进一步完善备品备件定额计算方法。

2. 制订备品备件配置定额

制订备品备件配置定额是管理部门控制备品备件总体储备的关键环节，电网企业应在保证设备安全稳定运行的前提下，实现备品备件的科学储备。

（1）根据"统一管理、分级存放、全面共享、集中调配、就近领用、快速高效"的管理模式原则，建立备品备件跨地区跨区域统一调配的决策机制。

（2）建立统一的备品备件信息管理平台，及时掌握各单位的备品备件储备情况，为储备需求的审核提供决策依据，同时也为实施备品备件的跨区域调配提供有力支持。

（三）信息反馈

备品备件台账及相关定额、使用信息为该流程生成的主要信息。备品备件流程产生的关键信息情况如表 5-33 所示。

表 5-33　　　　备品备件流程产生的关键信息情况

序号	环节名称	输入信息	产生信息
1	备品备件储备	（1）配送验收单； （2）物资验收单； （3）供应商及运输服务商评价	（1）备品备件定额信息； （2）备品备件台账信息
2	备品备件信息管理	（1）备品备件台账信息； （2）试验仪表台账信息	备品备件、试验仪器领用信息

（四）预警排查

备品备件管理风险主要是备品备件配置风险。备品备件管理风险及应对措施如表 5 - 34 所示。

表 5 - 34　　　　　　　　　　备品备件管理风险及应对措施

风险项	风险源	应对措施
备品备件配置风险	备品备件的储备方式、存货种类和数量、定额标准直接影响着全寿命周期成本	加强对备品备件定额管理的技术性研究，加强与供应商之间的协作

十、状态评估

（一）流程诊断

状态评估是电网企业掌握资产历史数据、设备现状以及对设备未来状态的预测分析的技术手段。电网企业根据资产管理要求，实现状态评估业务流程的衔接。状态评估流程示意图如图 5 - 16 所示。

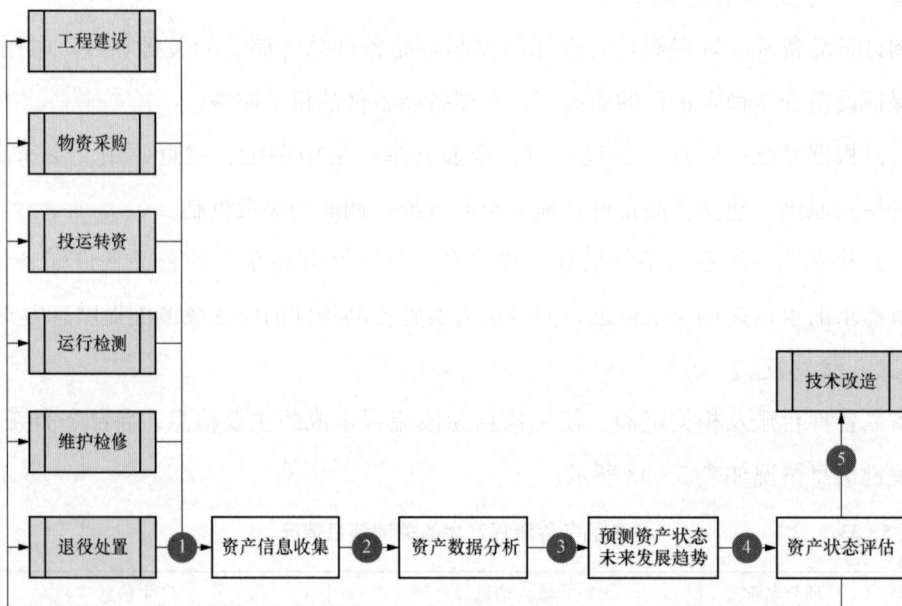

图 5 - 16　状态评估流程示意图

状态评估流程各环节之间的衔接关系见表 5 - 35。其中，资产状态评估是该阶段的关键环节。

表 5 - 35 状态评估流程各环节之间的衔接关系

序号	输入环节	输出环节	说 明
1	工程建设 物资采购 投运转资 运行检测 维护检修 退役处置	资产信息收集	收集招标采购、项目建设、设备运维和退役处置阶段各流程所获取的设备性能、利用率、可靠性等检测数据和记录信息
2	资产信息收集	资产数据分析	对上述资产在线数据和历史数据进行分析
3	资产数据分析	预测资产状态未来发展趋势	对分析结果进行评估，预测资产健康状态和未来发展趋势等
4	预测资产状态未来发展趋势	资产风险评估	依据资产健康状态和未来发展趋势数据，形成对资产单体、资产集、整体资产的风险评估
5	资产状态评估	技术改造	将状态评估结果用于指导技术改造和各阶段资产策略的更新

（二）流程优化

资产状态评估分析报告对全寿命周期管理各个阶段的多个环节都有借鉴作用和参考意义，电网企业建立状态评估流程与其他流程之间的信息反馈渠道，将状态评估数据及时反馈给技术改造环节，并将资产状态评估结果作为开展各阶段工作的重要依据。

（三）信息反馈

1. 信息集成

资产状态评估需从运维检修、退役处置等阶段获取设备试验、故障、缺陷及退役等信息作为基础。状态评估流程信息集成情况如表 5 - 36 所示。

表 5 - 36 状态评估流程信息集成情况

信息反馈要求	反馈信息	信息应用
获取设备参数和运行、修试记录及退役信息	试验数据、故障信息、缺陷信息、退役日期、仓储信息、退役技术评估试验数据	为进行设备的状态评估提供数据基础

2. 信息共享

资产状态评估分析报告为状态评估环节生成的最主要信息。状态评估流程产生的关键信息如表 5 - 37 所示。

表 5 - 37 资产状态评估流程产生的关键信息

环节名称	输入信息	产生信息
状态评估	(1) 巡视维护记录; (2) 在线监测、带电检测记录; (3) 检修试验报告; (4) 事故故障抢修信息设备监控信息缺陷异常信息设备台账	(1) 设备状态评价分析报告; (2) 设备风险维护; (3) 检修策略修编建议信息

十一、技术改造

技术改造是指利用成熟、先进、适用的技术、设备、工艺和材料等,对现有电力生产设备、设施及相关辅助设施等资产进行更新、完善和配套,提高其安全性、可靠性、经济性和满足智能化、节能、环保等要求。

(一) 流程诊断

技术改造流程是基于运维检修阶段的技术特性、运行年限、负荷信息等数据信息对资产状态进行评估,并提出相应的技术改造需求的过程。电网企业根据资产管理要求,实现流程各环节的衔接。技术改造流程示意图如图 5 - 17 所示。

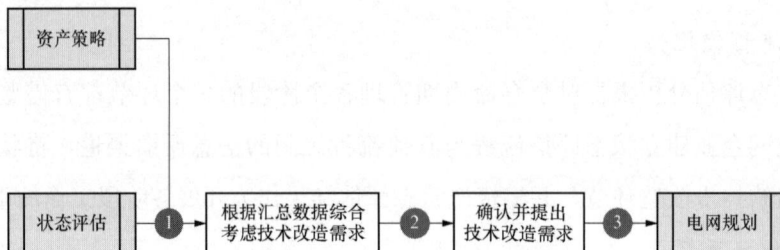

图 5 - 17 技术改造流程示意图

技术改造流程各环节之间的衔接关系见表 5 - 38。其中,确定并提出技术改造需求是该流程的关键环节。

表 5 - 38 技术改造流程各环节之间衔接关系

序号	输出环节	输入环节	说　明
1	资产策略 状态评估	根据汇总数据综合考虑技术改造需求	基于资产策略和状态评估结果,利用设备故障信息、缺陷信息、试验结果信息、状态监测结果以及负荷信息,生成可改造或需改造的设备对象清单,综合考虑技术改造需求
2	根据汇总数据综合考虑技术改造需求	确认并提出技术改造需求	根据汇总数据,利用资产运维数据和负荷信息,形成资产是否需要技术改造的结论,确定并提出技术改造需求

序号	输出环节	输入环节	说　明
3	确认并提出技术改造需求	电网规划	对比多套技术改造方案时，列出方案中每个资产的全寿命周期成本、能耗以及是否为再利用资产等多方面数据，多角度综合考虑资产现状，从而选出最佳方案，最终将技术改造需求信息反馈到技术改造规划中

（二）流程优化

提出技术改造需求是改进资产运行健康状态的关键流程环节，电网企业在确认技术改造需求时，以设备状态评估结果为基础，综合利用状态评估、风险评估和LCC评价等技术手段，采用量化的方法对设备是应进行"技术改造"还是应进行"大修"作出判断。

（三）信息反馈

1. 信息集成

技术改造管理从运维检修阶段获取设备运行信息、设备台账信息、缺陷信息、故障信息、试验结果和状态检修结果等运维信息，为形成技术改造辅助决策结论提供数据基础。技术改造管理信息集成情况如表5-39所示。

表5-39　　　　　　　　　技术改造管理信息集成情况

信息反馈要求	反馈信息	信息应用
技术改造项目辅助决策结果的形成，需要获取设备运行信息	设备运行信息	为形成技术改造辅助决策结论提供数据基础

2. 信息共享

技术改造规划报告为技术改造环节生成的最主要信息。该信息可在项目立项、投资计划等后续业务环节使用。技术改造流程产生的关键信息如表5-40所示。

表5-40　　　　　　　　　技术改造流程产生的关键信息

环节名称	输入信息	产生信息
提出技改需求	（1）资产管理评价报告； （2）设备状态评价分析报告； （3）资产风险评价报告； （4）企业战略规划愿景； （5）地方政府的监管要求	技术改造规划报告

（四）预警排查

技术改造管理风险主要为技术兼容性风险。技术改造管理风险及应对措施如表5-41

所示。

表 5 - 41 技术改造管理风险及应对措施

风险项	风险源	管控措施
技术兼容性风险	用先进技术对现有企业机器设备和生产工艺等进行改革，在此过程中有可能会造成其他机器设备对此类新技术的不兼容，或者是工作人员对该类新技术应用的不熟练，导致工作事故的出现，是企业机器设备运行风险的来源之一	电网企业需充分考虑在技术进步的前提下，把科学技术成果应用于现有企业生产的各个环节，尽量用成熟的技术代替水平较低的现有技术

十二、退役处置

退役处置既是资产管理的最后流程，又是为下一周期的资产管理提供流程优化和信息支持的重要环节。

（一）流程诊断

退役处置管理是对退役资产做出甄别，对其进行技术经济评估，并根据评估结果明确再利用、转备品备件、评估转让或报废处理等处置方案的过程，期间涉及设备退役鉴定、设备经济寿命评估、资产再利用、资产报废申请和报废残值回收等跨部门关键业务。电网企业根据资产管理要求，实现该流程各环节的衔接。退役处置流程示意图如图 5 - 18 所示。

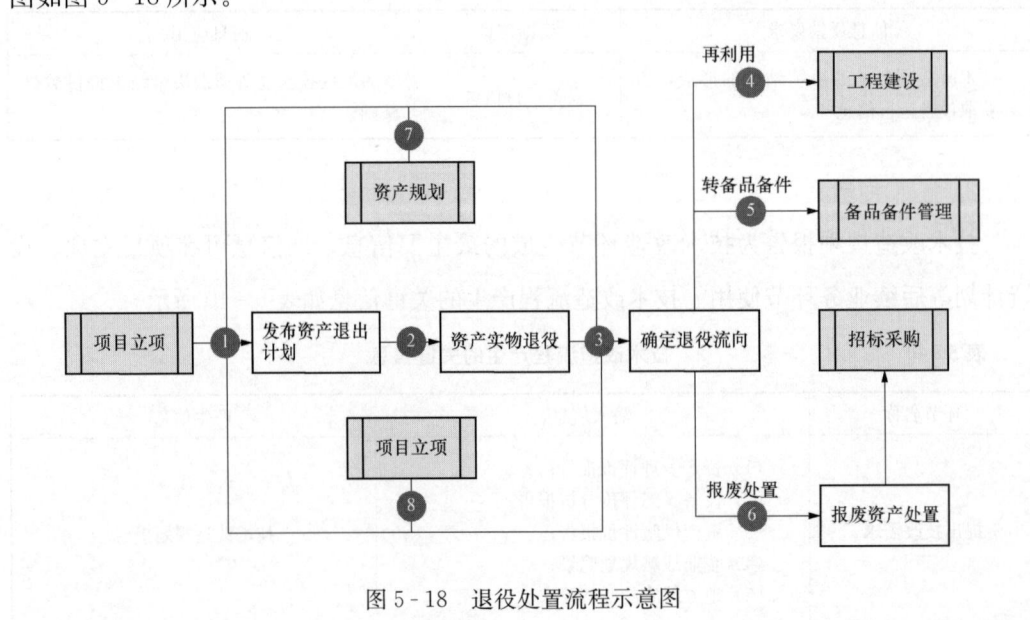

图 5 - 18 退役处置流程示意图

退役处置流程各环节之间的衔接关系见表 5 - 42。其中，资产实物退役（包括资产退役计划编制和执行、技术鉴定评估、退役资产拆除管理、库存管理、再利用管理及现役资产信息更新）是该流程的关键环节。

表 5-42　　　　　　　　　　　退役处置流程各环节之间衔接关系

序号	输出环节	输入环节	说　明
1	项目立项	发布资产退出计划	根据资产状态评估结果，将需退役或报废资产清单反馈至项目立项环节，并对退役资产做出甄别
2	发布资产退出计划	资产实物退役	甄别需退役设备的技术经济评估后，进行资产实物退役
3	资产实物退役	确定退役流向	根据评估结果选择处置方案，确定退役流向
4	确定退役流向（再利用）	工程建设	记录资产再利用相关信息，并及时更新资产状态，及时更新设备状态信息
5	确定退役流向（转备品备件）	备品备件管理	实现退役设备的入库、出库、转移、再利用流程的贯通和信息集成
6	确定退役流向（报废处理）	报废资产处置	通过报废资产价值评估，进行报废资产的招标拍卖处理；将资产的处置费用和回收残值在系统中进行分摊和记录

（二）流程优化

1. 资产退役计划编制和执行

电网企业在组织项目可行性研究的过程中，依据鉴定报告编制拟退役资产处置意见及相关处置方案。

（1）技术鉴定。项目可研编制前，可研编制单位组织协调技术鉴定单位对拟退役资产和库存可再利用资产进行技术鉴定评估。技术鉴定单位根据可研编制单位提供的项目信息组织相应的人员和技术设备，对拟退役资产和库存再利用资产进行技术鉴定评估。技术鉴定单位将拟退役资产的鉴定报告提交给可研编制单位，为编制退役处置意见提供技术依据。技术鉴定单位将库存可再利用资产的技术鉴定报告提交给可研编制单位，为编制利旧方案提供技术依据。满足条件的可再利用资产被锁定后，防止被其他项目重复再利用。

（2）编制年度退役及再利用计划。可研编制单位在编制项目可行性研究报告的同时，依据技术鉴定单位的鉴定报告编制拟退役资产处置意见和利旧方案。可研编制单位将含有拟退役资产处置意见和利旧方案的项目可研报告提交可研审查单位审查，同时提交技术鉴定报告。可研审查单位将审查项目可研报告可行性，审查项目拟退役资产处置意见和利旧方案合理性。可研审查单位在项目可研报告、利旧方案满足项目安全、效能、成本的前提下，批复项目可研报告并批复拟退役资产处置意见和利旧方案。

可研审查单位在年中将取得可研报告批复的项目进行固化，形成年度项目储备库。依据投资计划，组织实物资产管理部门依据年度投资计划编制年度资产退役及再利用计划。

（3）退役计划编制阶段实现联动。以年度退役及再利用计划为导向，实现物资管理部门—可研编制单位—技术鉴定单位—可研审查单位—实物资产管理部门管理协调联动。

2. 技术鉴定评估

电网企业依据技术鉴定评估标准，明确可研立项阶段、资产拆除阶段、再利用阶段的技术鉴定标准和人员机构。该环节管理提升包括：

（1）技术鉴定。项目可研编制单位在项目可研立项阶段，依据专业人员对拟退役和再利用资产进行技术鉴定评估，并出具拟退役和再利用资产有明确鉴定结论的技术鉴定报告。

在资产拆装后，实物资产管理部门根据资产组织不同的专业人员和专业检测设备对拆除的资产进行检测、试验，依据设备技术标准判定拆除资产是否可再利用，对可再利用的资产提出保管和维护建议并出具检测试验报告。

再利用阶段，项目实施单位在安装调试前两个月，提出可再利用申请，同时物资部门会同实物资产管理部组织试验检测人员再对可再利用资产进行试验检测，并出具检测试验报告。保证项目实施单位可再利用资产项目顺利实施。

（2）技术鉴定实现联动。技术鉴定评估阶段以技术鉴定单位为中心，会同实物资产管理部门、物资管理部门、项目实施单位实现部门间协同联动；以技术鉴定报告为中心，以技术鉴定为纽带，实现报废资产管理、再利用资产管理、备品备件管理业务信息联动。

3. 退役资产拆除管理

退役资产拆除管理是为了确保可再利用资产完好，备品备件资产可用，报废资产足额回收，现场保管不丢失、不损坏。该环节管理提升包括：

（1）资产现场拆除。项目实施单位对再利用资产、备品备件资产进行保护性拆除，保证其完好，以确保报废资产可足额回收。

（2）资产技术保障。在资产拆装后，实物资产管理部门根据不同类型资产组织不同的专业人员和专业检测设备对拆除的资产进行鉴别，依据设备技术标准判定拆除资产是否完好，并提出保管和维护建议。

（3）拆除资产现场保管。实物资产管理部门在实物移交前需要在项目实施现场保管，可再利用资产设备保管需要明确湿度、温度、防潮和防碰撞等存放的条件，保证可再利用资产设备状态良好。报废设备资产必须分门别类、堆放整齐、防盗、防火、防丢失，保证足额移交给物资部门。

（4）资产移交手续办理。实物资产管理部门在实物拆除后将形成的废旧资产回收计划报送资产所在单位相关部门进行审核；实物资产管理部门整理相关移交信息，为废旧物资移交物资部做准备。

（5）资产拆除管理实现联动。资产拆除管理以处置意见为主线，贯穿资产拆除、技术鉴定、现场保管等环节，实现项目实施单位—技术鉴定单位—实物资产管理单位管理协同联动；以废旧资产及可再利用资产计划表为纽带，实现资产拆除—技术鉴定—现场保管业务、信息联动。

4. 库存管理

退役及再利用资产的库存管理主要包含报废物资出入库管理、再利用物资出入库管理。该环节管理提升包括：

（1）报废资产入库。实物资产管理部门在规定时限范围内组织项目管理部门、施工单位完成表格的签字盖章手续。实物资产管理部门将废旧物资审批手续及实物一并移交物资部门。物资部门办理入库，确保账物相符；废旧物资存放应分库、分区、分类存放，并做好标识。

实物资产管理部门将可再利用设备技术鉴定报告、实物资产以及入库手续一并移交给物资部门，完成可再利用资产入库。物资部门妥善保管可再利用设备和技术鉴定报告。可再利用设备，若有特殊要求，需在入库手续中明确说明。物资部门对可再利用资产做无价值账务处理，保证账实相符。

（2）可再利用资产维护保养。物资部门依据可再利用设备维护标准，制订可再利用资产维护保养计划。物资部门安排人员对仓库中可再利用资产的电气和机械性能保养维护，保证其技术状态良好。物资部门根据实际需要组织人员对库存可再利用设备试验，并及时试验结果反馈给实物资产使用部门。试验维护保养费用归集仓储成本由物资部统一负责管理。

物资部门利用平衡利库和盘点，定期将可再利用资产库存信息反馈给实物资产管理部门。实物资产管理部门根据可再利用库存信息统筹安排可再利用资产的再利用。

（3）库存管理实现联动。库存管理以拆除资产的移交为主线，实现项目实施单位—实物资产管理部门—物资部管理协同联动；以废旧物资、可再利用设备信息实现业务联动。

5. 再利用管理

电网企业由实物资产管理部门负责组织再利用工作,确保在基建、技改等项目中科学、优先使用可再利用设备。

（1）再利用 LCC 比较。实物资产管理部门根据可再利用资产的库存信息对可再利用资产经济价值进行评估,在经济价值上判定其具备可再利用性。评估方法是以再利用资产的再利用年限为基准的 LCC 方法进行判定。若 LCC 再利用成本小于 LCC 新设备,则再利用资产在经济价值上具备可再利用性;反之,则不具备可再利用性。

（2）再利用资产领用出库。项目实施单位根据年度投资计划编制项目实施计划,实施计划中明确利旧清单。项目实施单位依据利旧清单和经济价值评估的结果,在设备安装前两个月内向物资部提出再利用申请,物资部根据再利用申请会同实物资产管理部门组织设备技术鉴定人员对再利用设备进行一次出库前的技术鉴定评估,保证再利用设备技术状态良好。项目实施单位向物资部出具领料单并办理再利用资产领用相关手续,物资部签字确认。

（3）再利用资产转资。工程项目竣工投产后,项目管理部门负责进行竣工结算。财务部门负责决算转资,将可再利用资产的返修、试验、维护费用增资给可再利用资产,并维护资产信息。实物资产管理部门负责维护再利用资产设备信息维护信息包含可使用年限,从而完成资产再利用管理。

（4）再利用实现联动。再利用资产管理业务为主线,实现实物资产管理部门—项目实施单位—物资部—财务部管理协同联动;以再利用资产实物流向,实现再利用资产业务联动。

6. 现役资产信息更新

信息联动是电网资产退役及再利用联动机制中重要的一环,在设备退役之后,设备台账和资产卡片信息应及时进行相应的变动,以保证资产信息的及时性和准确性。电网企业建立明确的管理流程确保在设备退役之后能够及时对相关的设备台账和资产卡片信息进行更新,制订规章制度明确当资产退役之后具体运维检修单位需及时更新设备的实物台账信息,并且通过相应的信息化平台实现资产信息与实物信息的联动,以实现"账卡物"的一致。

（三）信息反馈

1. 信息集成

资产退役管理需从运维检修阶段获取资产原值、资产净值信息,以支撑报废资产处置费用的精细化管理；需获取状态评估结果、风险评估结果等，以支撑拟退役设备再利用评估。退役处置管理信息集成情况如表 5 - 43 所示。

表 5 - 43　　　　　　　　　退役处置管理信息集成情况

序号	信息反馈要求	反馈信息	信息应用
1	需获得资产原值及净值，以供报废审批参考	资产原值、资产净值	为实现退役资产信息追溯提供数据基础
2	制订报废计划、实际报废审批时需参考立项阶段填报的项目引起的资产预报废清单	资产预报废清单	提高资产的再利用率
3	资产报废时需参考报废来源项目的计划状态，根据项目是否下达来判断该资产是否允许报废	项目计划状态	为资产报废管理提供数据基础
4	对退役处置的资产相关信息进行监控，以报表方式进行反馈	监控反馈信息	为评估决策应用计算指标体系成本指标提供数据基础
5	废旧物资处置时需获取审批通过的报废资产清单，以便对需要处置的资产进行招标	待报废资产清单	为报废处置成本提供数据
6	退役阶段需获取设备风险评估结果，以便决定退役资产的处置方式	风险评估结果	将风险评估结果作为退役资产再利用评估的一部分，辅助决策资产是否可再利用，以及再利用的方式
7	退役阶段需获取设备状态评估结果，以便决定退役资产的再利用方式	状态评估结果	将状态评估结果作为退役资产再利用评估的一部分，辅助决策资产是否可再利用，以及再利用的方式
8	在对技术上已经报废的资产制订账面报废策略时需参考资产原值、净值、仓储成本等关键信息，以进行资产报废敏感度分析	资产原值、资产净值、仓储信息	对财务账面报废决策提供定量支持，从而优化资产管理水平
9	在退役处置环节，产生的资产处置成本信息	资产处置成本信息	保证基于资产单体记录资产的处置成本信息

2. 信息共享

资产的处置费用和回收残值等成本信息是退役处置环节生成的重要信息，该信息是寿命周期成本的重要组成部分。退役管理产生的关键信息如表 5 - 44 所示。

表 5 - 44　　　　　　　　　退役处置管理产生的关键信息

序号	节点	输入信息	产生信息
1	发布资产退出计划	设备技术鉴定报告	年度资产退出计划
2	资产实物退役	(1) 设备状态评价报告; (2) 退出设备清单	(1) 退出设备技术鉴定报告; (2) 再利用风险; (3) 技术鉴定结论风险; (4) 仓储配送、维护的技术要求
3	报废资产处置(审批)	退出设备技术鉴定报告	(1) 资产报废单审批意见; (2) 退役资产平均使用寿命
4	报废资产处置(账务处理)	(1) 资产报废单; (2) 报废过程中的费用; (3) 报废资产回收残值	(1) 资产卡片(登记报废信息); (2) 将资产的处置费用和回收残值进行记录并分摊到单体资产

(四) 预警排查

资产退役处置管理风险主要包括退役设备状态评估风险、退役资产处置管理风险。资产退役处置管理风险及应对措施如表 5 - 45 所示。

表 5 - 45　　　　　　　　资产退役处置管理风险及应对措施

风险项	风险源	应对措施
退役设备状态评估风险	在资产退役申请的过程中,仅根据设备的设计寿命、使用寿命、在运年限等对资产是否退役进行经验性判断	电网企业结合设备状态评估和风险评估,对资产退役申请进行技术经济的综合决策,超出使用期限的设备,在综合考虑安全、效能和成本综合最优的基础上,确定设备检修策略,提高设备全寿命使用效益,以便决定退役资产的处置回收方式
退役资产处置管理风险	电网企业应建立或完善统一的调配机制,确保满足再利用条件的退役设备得以重新利用	电网企业通过加强技术鉴定评估、项目设计选用、工程项目领用、监督与考核等业务环节的管理,优化再利用流程

第四节　运营流程监测预警

一、监测预警模型构建

本节运用物元可拓评价模型得出资产管理全流程以及各预警要素的预警等级,并将预警等级直观展示在预警地图中。这里仍以电网企业资产管理流程为例。

1. 物元可拓分析方法

事物 N 具有特征 c, 其值为 v, 则由 N、c、v 构成的有序的三元组 $R =(N, c, v)$

作为描述事物的基本元，简称物元。

假设事物 N 具有多个特征，可用 n 个特征 c_1，c_2，$\cdots$，c_n 及相应的量值 v_1，v_2，$\cdots$，v_n 描述，则成物元 R 为 n 维物元，记为

$$R=(N,C,V)=\begin{bmatrix}R_1\\R_2\\\vdots\\R_n\end{bmatrix}=\begin{bmatrix}N & c_1 & v_1\\ & c_2 & v_2\\ & \vdots & \vdots\\ & c_n & v_n\end{bmatrix} \tag{5-1}$$

式中 $R_i=(N_i，C_i，V_i)$ ——R 的分物元；

$\qquad C=[c_1，c_2，\cdots，c_n]$ ——特征相量；

$\qquad V=[v_1，v_2，\cdots，v_n]$ ——特征相量的量值。

物元评价方法的思想：

（1）根据已有的数据将评价对象的水平分成若干等级，由数据库或专家意见给出各级别的数据范围。

（2）评价对象的指标代入各等级的集合中进行多指标评定，评定结果按它与各等级集合的关联度大小进行比较。关联度越大，则它与其等级集合的符合程度就越佳。

评价步骤如下：

1）确定经典域、节域和待识别的对象形成的物元。令

$$R_j=(N_j，C_i，V_{ji})=\begin{bmatrix}N_j & c_1 & v_{j1}\\ & c_2 & v_{j2}\\ & \vdots & \vdots\\ & c_n & v_{jn}\end{bmatrix}=\begin{bmatrix}N_j & c_1 & (a_{j1},b_{j1})\\ & c_2 & (a_{j2},b_{j2})\\ & \vdots & \vdots\\ & c_n & (a_{jn},b_{jn})\end{bmatrix} \tag{5-2}$$

式中 $\qquad N_j$——所划分的 j 个等级；

$\quad c_1$，c_2，$\cdots$，c_n——N_j 的 n 个不同特征；

$\quad v_{j1}$，v_{j2}，$\cdots$，v_{jn}——N_j 关于 c_1，c_2，$\cdots$，c_n 所取值的范围，既经典域。

2）令

$$R_p=(p，C_i，V_{pi})=\begin{bmatrix}p & c_1 & (a_{p1},b_{p1})\\ & c_2 & (a_{p2},b_{p2})\\ & \vdots & \vdots\\ & c_n & (a_{pn},b_{pn})\end{bmatrix} \tag{5-3}$$

式中 $\qquad p$——待评价对象等级的全体；

v_{p1}，v_{p2}，$\cdots$，v_{pn}——分别是 p 关于 c_1，c_2，$\cdots$，c_n 所取值的范围，即 p 的节域。

3）令

$$
R_0 = \begin{bmatrix} p_0 & c_1 & v_1 \\ & c_2 & v_2 \\ & \vdots & \vdots \\ & c_n & v_n \end{bmatrix}
$$ (5-4)

式中　　　　p_0——待评物元；

v_1，v_2，…，v_n——分别是 p_0 关于 c_1，c_2，…，c_n 检测所得的具体数据。

2. 预警指标权重分配模型

传统的评价指标权重计算模型主要有基于功能驱动原理的主观权重分配模型和基于差异驱动原理的客观权重分配模型，两种权重分配模型下游又可以细化为多种具体的方法，例如，主观权重分配模型有集值迭代法、特征值法和序关系法等；客观权重分配模型有均方差法、变异系数法和熵权法等。

基于功能驱动原理的主观权重方法反映了评价者的主观判断或直觉，基于差异驱动原理的客观权重分配模型则是利用完善的数学理论与方法进行权重的计算，都具有其各自的优点；但主观权重分配模型在综合评价结果中可能会受到评价者的主观随意性的影响，客观权重分配模型却忽略了评价者的主观信息。正是因为上述两种问题的存在，导致常规的客观评价结果往往与真实结果具有一定的偏差。为了克服上述问题，本节提出了一种基于集成赋权原理的权重分配模型，该权重分配模型以主客观权重差异度最小为目标，通过优化加权系数，得到最终的指标权重，更好地坚固了评价指标的主观信息与客观信息。

假设应用 ANP 法计算得到企业资产管理预警评价指标的主观权重向量为 $w' = (w'_1, w'_2, \cdots, w'_n)^T$，且满足 $w'_j \in [0, 1]$，$\sum_{j=1}^n w'_j = 1$；应用熵权法计算得到企业资产管理预警评价指标的客观权重向量 $w'' = (w''_1, w''_2, \cdots, w''_n)^T$，且满足 $w''_j \in [0, 1]$，$\sum_{j=1}^n w''_j = 1$；将主观权重与客观权重进行加权得到最终权重相量为

$$ w = \alpha w' + \beta w'' $$ (5-5)

其中：$\alpha > 0$，$\beta > 0$，$\alpha + \beta = 1$。

为了使主观信息与客观信息在方案排序中得到充分体现，本文从加权属性值出发，考虑由主观权重确定的加权的属性值与客观权重确定的加权属性值趋于一致，建立组合权重中的系数 α、β 的最优化模型。由公式（5-5）可知，方案 a_i 在属性 u_j 下的主观加权属性值为 $r_{ij}\alpha w_j$，客观加权属性值为 $r_{ij}\beta w'_j$，主客观加权属性值的差异为 $r_{ij}\alpha w_j -$

$r_{ij}\beta w'_j$。因此，定义方案 a_i 的主客观决策信息的偏离程度为

$$d_i = r_{ij}\alpha_j w_j - r_{ij}\beta_j w'_j \qquad (5-6)$$

显然，d_i 越小，方案 a_i 的主客观决策信息越趋于一致。为此，构造如下最优化模型

$$\min D = (d_1, d_2, \cdots, d_m) \qquad (5-7)$$

显然，这是一个多目标决策规划问题。由于各个方案之间是公平竞争，不存在任何偏好关系，因此，上述多目标规划模型可用等权的线性权和法化成如下等价的单目标规划模型

$$\min Z = \sum_{i=1}^{m} d_i = \sum_{i=1}^{m} \sum_{j=1}^{n} (r_{ij}\alpha_j w_j - r_{ij}\beta_j w'_j) \qquad (5-8)$$

$$s.t.\ \alpha_j + \beta_j = 1(\alpha_j \geqslant 0, \beta_j \geqslant 0) \qquad (5-9)$$

二、预警要素与监测指标

根据前文对电网企业资产管理流程关键环节的梳理进行预警识别，并在预警要素的基础上构建资产管理流程监测预警指标体系，其中不仅涉及电网企业资产管理各个流程环节的指标，同时将静态指标与动态指标、定性指标与定量指标相结合。

1. 规划计划预警指标

规划计划阶段包括电网规划流程、项目立项流程、投资计划流程和初步设计流程。其中包括的预警要素为规划政策、规划技术、规划环境、预算、投资计划执行和设计工作管理制度。规划设计流程预警指标结构示意图如图 5-19 所示。

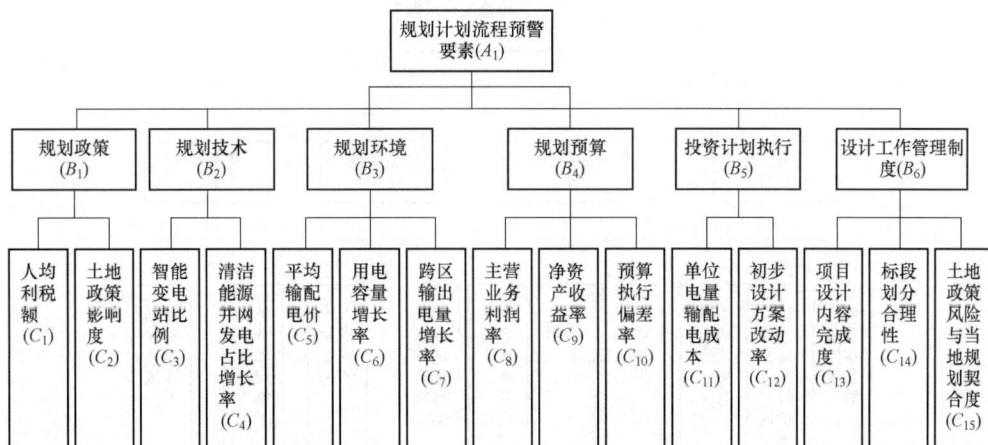

图 5-19 规划设计流程预警指标结构示意图

2. 采购建设预警指标

采购建设阶段包括招标管理流程和工程建设流程。其中，招标管理流程的预警要素包括投标人和标的物源；工程建设流程阶段的预警要素包括施工准备和土建施工。采购建设流程预警指标结构示意图如图 5-20 所示。

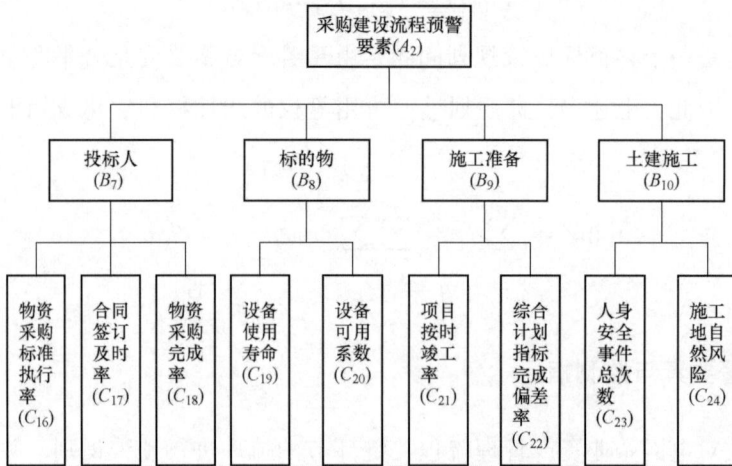

图 5-20 采购建设流程预警指标结构示意图

3. 运维检修预警指标

运维检修阶段包括运行检修流程和备品备件管理流程。其中，运行检修流程的预警要素包括设备运行和线路检修；备品备件管理流程的预警要素包括储备设施和备品备件定额需求。运维检修流程预警指标结构示意图如图 5-21 所示。

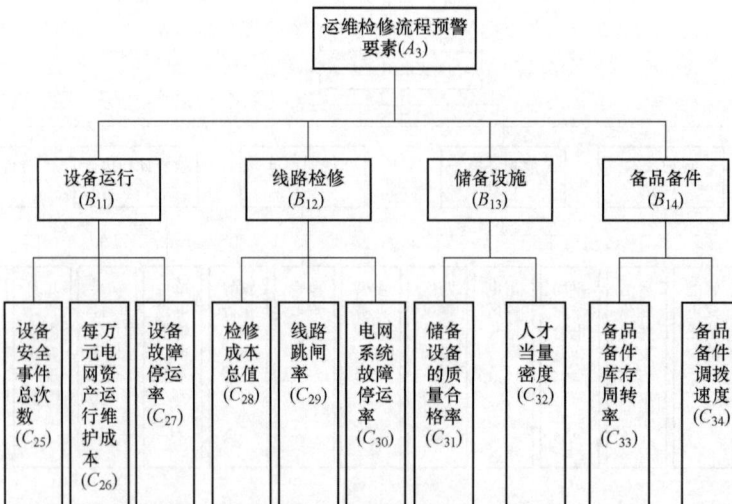

图 5-21 运维检修流程预警指标结构示意图

4.退役处置预警指标

退役处置阶段的流程包括技术改造流程和退役资产处置流程。其中，技术改造流程的预警要素包括技改可行性研究和技术兼容性；退役资产处置流程的预警要素包括退役设备状态评估和退役资产处置管理。退役处置流程预警指标结构示意图如图5-22所示。

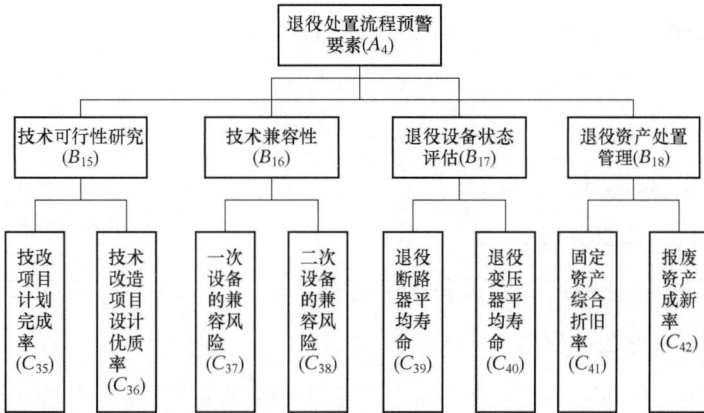

图5-22　退役处置流程预警指标结构示意图

三、流程预警分析与应对

这里构建了某电网企业的资产管理预警评估的指标体系。整个指标体系共有18个二级指标，42个三级指标。

1.确定指标权重系数

根据专家调查问卷以及现实状况，得到以下指标权重。以某省级电网企业为例，其资产管理各预警要素指标权重见表5-46。

表5-46　　　　　　　　某省级电网企业资产管理各预警要素指标权重

指标	指标权重	指标	指标权重
B_1	$\omega_{B_1} = (0.3, 0.7)$	B_6	$\omega_{B_6} = (0.4, 0.3, 0.3)$
B_2	$\omega_{B_2} = (0.4, 0.6)$	B_7	$\omega_{B_7} = (0.333, 0.334, 0.333)$
B_3	$\omega_{B_3} = (0.4, 0.4, 0.2)$	B_8	$\omega_{B_8} = (0.5, 0.5)$
B_4	$\omega_{B_4} = (0.35, 0.35, 0.3)$	B_9	$\omega_{B_9} = (0.6, 0.4)$
B_5	$\omega_{B_5} = (0.6, 0.4)$	B_{10}	$\omega_{B_{10}} = (0.3, 0.7)$

指标	指标权重	指标	指标权重
B_{11}	$\omega_{B_{11}} = (0.35, 0.25, 0.4)$	B_{15}	$\omega_{B_{15}} = (0.55, 0.45)$
B_{12}	$\omega_{B_{12}} = (0.3, 0.3, 0.4)$	B_{16}	$\omega_{B_{16}} = (0.5, 0.5)$
B_{13}	$\omega_{B_{13}} = (0.65, 0.35)$	B_{17}	$\omega_{B_{17}} = (0.5, 0.5)$
B_{14}	$\omega_{B_{14}} = (0.5, 0.5)$	B_{18}	$\omega_{B_{18}} = (0.4, 0.6)$

其中，B 层预警要素指标相对于流程的权重分别为

$$\omega_{A_1} = (0.2, 0.2, 0.2, 0.15, 0.15, 0.1)$$

$$\omega_{A_2} = (0.2, 0.2, 0.3, 0.3)$$

$$\omega_{A_3} = (0.3, 0.3, 0.2, 0.2)$$

$$\omega_{A_4} = (0.25, 0.25, 0.2, 0.3)$$

各流程相对于企业资产管理预警评价的权重 $\omega = (0.25, 0.25, 0.25, 0.25)$，则第 C 层相对于总目标层的权重

$$\omega = \begin{bmatrix} 0.015, & 0.035, & 0.02, & 0.03, & 0.02, & 0.02, & 0.01, & 0.013, & 0.013, & 0.011, & 0.023, \\ 0.015, & 0.01, & 0.0075, & 0.0075, & 0.017, & 0.017, & 0.017, & 0.025, & 0.025, & 0.045, \\ 0.03, & 0.0225, & 0.0525, & 0.026, & 0.019, & 0.03, & 0.0225, & 0.0225, & 0.03, & 0.032, \\ 0.017, & 0.025, & 0.025, & 0.034, & 0.028, & 0.031, & 0.031, & 0.025, & 0.025, & 0.03, & 0.045 \end{bmatrix}$$

2. 计算指标的关联度

由于某电网企业资产管理预警评价指标值在经典域范围内，可以直接计算关联度。

以某电网企业为例，其资产管理流程预警等级关联度值见表 5 - 47。

表 5 - 47　　　　　　　　**某电网企业资产管理预警等级关联度值**

指标	关联度值				
	很大 D_1 （v_i）	较大 D_2 （v_i）	一般 D_3 （v_i）	较小 D_4 （v_i）	很小 D_5 （v_i）
C_1	0.6844	0.4844	0.2844	0.0844	−0.0844
C_2	0.4492	0.2492	0.0492	−0.0492	0.1508
C_3	0.8000	0.6000	0.4000	0.2000	0
C_4	0.0371	−0.0371	0.1629	0.3629	0.5629
C_5	0.4943	0.2943	0.0943	−0.0943	0.1057
C_6	0.0509	−0.0509	0.1491	0.3491	0.5491
C_7	0.8000	0.6000	0.4000	0.2000	0
C_8	0.1224	−0.0776	0.0776	0.2776	0.4776
C_9	0.7510	0.5510	0.3510	0.1510	−0.0490
C_{10}	0.7910	0.5910	0.3910	0.2910	−0.0090

续表

指标	关联度值				
	很大 D_1（v_i）	较大 D_2（v_i）	一般 D_3（v_i）	较小 D_4（v_i）	很小 D_5（v_i）
C_{11}	0.8000	0.6000	0.4000	0.2000	0
C_{12}	0.6371	0.4371	0.2371	0.0371	−0.0371
C_{13}	0.7506	0.5506	0.3506	0.1506	−0.0494
C_{14}	0.8000	0.6000	0.4000	0.2000	0
C_{15}	0.5316	0.3316	0.1316	−0.0684	0.0684
C_{16}	0.8000	0.6000	0.4000	0.2000	0
C_{17}	0.8000	0.6000	0.4000	0.2000	0
C_{18}	0.6028	0.4028	0.2028	0.0280	−0.028
C_{19}	0.6204	0.4204	0.2204	0.0204	−0.0204
C_{20}	0.5509	0.3509	0.1509	−0.0491	0.0491
C_{21}	0.7519	0.5519	0.3519	0.1519	−0.0481
C_{22}	0.1049	−0.0951	0.0951	0.2951	0.4951
C_{23}	0.8000	0.6000	0.4000	0.2000	0
C_{24}	0.4937	0.2937	0.0937	−0.0937	0.1063
C_{25}	0.0857	−0.0857	0.1143	0.3143	0.5143
C_{26}	0.8000	0.6000	0.4000	0.2000	0
C_{27}	0.7643	0.5643	0.3643	0.1643	−0.0357
C_{28}	−0.026	0.0260	0.2260	0.4260	0.626
C_{29}	0.6881	0.4881	0.2881	0.0881	−0.0881
C_{30}	0.3094	0.1094	−0.0906	0.0906	0.2906
C_{31}	0.7031	0.5031	0.3031	0.1031	−0.0969
C_{32}	0.8000	0.6000	0.4000	0.2000	0
C_{33}	0.6740	0.4740	0.2740	0.0740	−0.074
C_{34}	0.5912	0.3912	0.1912	−0.0088	0.0088
C_{35}	0.7169	0.5169	0.3169	0.1169	−0.0831
C_{36}	0.8000	0.6000	0.4000	0.2000	0
C_{37}	0.7662	0.5662	0.3662	0.1662	−0.0338
C_{38}	0.6200	0.4200	0.2200	0.0200	−0.0200
C_{39}	0.6918	0.4918	0.2918	0.0918	0.0918
C_{40}	0.8000	0.6000	0.4000	0.2000	0
C_{41}	0.6659	0.4659	0.2659	0.0659	−0.0659
C_{42}	0.3805	0.1805	−0.0195	0.0195	0.2195

通过计算得出电网企业资产管理预警等级的关联度为

$$K_1(p) = 1 - \sum_{i=1}^{42} \omega_i D_{ij} = 0.428$$

$$K_2(p) = 1 - \sum_{i=1}^{42} \omega_i D_{ij} = 0.616$$

$$K_3(p) = 1 - \sum_{i=1}^{42} \omega_i D_{ij} = 0.76$$

$$K_4(p) = 1 - \sum_{i=1}^{42} \omega_i D_{ij} = 0.875$$

$$K_5(p) = 1 - \sum_{i=1}^{42} \omega_i D_{ij} = 0.913$$

因为 $K_5(p) = \max K_j(p)$ [$j=(1,2,3,4,5)$]，表明某电网企业资产管理预警等级为很小。

3. 评定各预警要素等级

运用以上物元可拓模型分别对各流程中的预警要素进行预警评估，结合预警评价方法，将评价结果展示在预警地图中。例如，在规划计划流程中对规划政策进行预警评级，可以得出预警等级为较小

$$K_1(p_{B_1}) = 1 - \sum_{i=1}^{2} \omega_i D_{ij} = 0.48024$$

$$K_2(p_{B_2}) = 1 - \sum_{i=1}^{2} \omega_i D_{ij} = 0.68024$$

$$K_3(p_{B_3}) = 1 - \sum_{i=1}^{2} \omega_i D_{ij} = 0.88024$$

$$K_4(p_{B_4}) = 1 - \sum_{i=1}^{2} \omega_i D_{ij} = 1.00912$$

$$K_5(p_{B_5}) = 1 - \sum_{i=1}^{2} \omega_i D_{ij} = 0.91976$$

对规划技术进行预警评级，可以得出预警等级为较大

$$K_1(p_{B_2}) = 1 - \sum_{i=3}^{4} \omega_i D_{ij} = 0.65774$$

$$K_2(p_{B_2}) = 1 - \sum_{i=3}^{4} \omega_i D_{ij} = 0.78226$$

$$K_3(p_{B_2}) = 1 - \sum_{i=3}^{4} \omega_i D_{ij} = 0.74226$$

$$K_4(p_{B_2}) = 1 - \sum_{i=3}^{4} \omega_i D_{ij} = 0.70226$$

$$K_5(p_{B_2}) = 1 - \sum_{i=3}^{4} \omega_i D_{ij} = 0.66226$$

对规划环境进行预警评级，可得出预警等级为较小

$$K_1\ (p_{B_3})\ =0.6219$$

$$K_2\ (p_{B_3})\ =0.7826$$

$$K_3\ (p_{B_3})\ =0.8226$$

$$K_4\ (p_{B_3})\ =0.8581$$

$$K_5\ (p_{B_3})\ =0.73808$$

对预算进行预警评级，可以得出预警等级为很小

$$K_1\ (p_{B_4})\ =0.458$$

$$K_2\ (p_{B_4})\ =0.658$$

$$K_3\ (p_{B_4})\ =0.733$$

$$K_4\ (p_{B_4})\ =0.7629$$

$$K_5\ (p_{B_4})\ =0.8521$$

对投资计划执行进行预警评级，可以得出预警等级为很小

$$K_1\ (p_{B_5})\ =0.2643$$

$$K_2\ (p_{B_5})\ =0.4643$$

$$K_3\ (p_{B_5})\ =0.6643$$

$$K_4\ (p_{B_5})\ =0.8643$$

$$K_5\ (p_{B_5})\ =1.0146$$

对设计工作管理制度进行预警评级，可以得出预警等级为很小

$$K_1\ (p_{B_6})\ =0.3003$$

$$K_2\ (p_{B_6})\ =0.5003$$

$$K_3\ (p_{B_6})\ =0.7003$$

$$K_4\ (p_{B_6})\ -0.9003$$

$$K_5\ (p_{B_6})\ =0.9992$$

对投标人进行预警评级，可以得出预警等级为很小

$$K_1\ (p_{B_7})\ =0.2657$$

$$K_2\ (p_{B_7})\ =0.4657$$

$$K_3\ (p_{B_7})\ =0.6657$$

$$K_4\ (p_{B_7})\ =0.8573$$

$$K_5\ (p_{B_7})\ =1.0093$$

对标的物进行预警评级，可以得出预警等级为较小

$$K_1\ (p_{B_8})=0.4144$$

$$K_2\ (p_{B_8})=0.6144$$

$$K_3\ (p_{B_8})=0.8144$$

$$K_4\ (p_{B_8})=1.0144$$

$$K_5\ (p_{B_8})=0.9857$$

对施工准备进行预警评级，可得出预警等级为很小

$$K_1\ (p_{B_9})=0.5069$$

$$K_2\ (p_{B_9})=0.7069$$

$$K_3\ (p_{B_9})=0.7508$$

$$K_4\ (p_{B_9})=0.7908$$

$$K_5\ (p_{B_9})=0.8308$$

对土建施工进行预警评级，可得出预警等级为较小

$$K_1\ (p_{B_{10}})=0.4144$$

$$K_2\ (p_{B_{10}})=0.6144$$

$$K_3\ (p_{B_{10}})=0.8144$$

$$K_4\ (p_{B_{10}})=1.0056$$

$$K_5\ (p_{B_{10}})=0.9256$$

对设备运行进行预警评级，可得出预警等级为很小

$$K_1\ (p_{B_{11}})=0.4619$$

$$K_2\ (p_{B_{11}})=0.6520$$

$$K_3\ (p_{B_{11}})=0.7133$$

$$K_4\ (p_{B_{11}})=0.7747$$

$$K_5\ (p_{B_{11}})=0.8360$$

对线路检修进行预警评级，可得出预警等级为一般

$$K_1\ (p_{B_{12}})=0.6776$$

$$K_2\ (p_{B_{12}})=0.8020$$

$$K_3\ (p_{B_{12}})=0.8820$$

$$K_4\ (p_{B_{12}})=0.8095$$

$$K_5\ (p_{B_{12}})=0.7224$$

对储备设施进行预警评级，可得出预警等级为很小

$$K_1\ (p_{B_{13}})=0.2620$$

$$K_2 (p_{B_{13}}) = 0.4620$$

$$K_3 (p_{B_{13}}) = 0.6620$$

$$K_4 (p_{B_{13}}) = 0.8620$$

$$K_5 (p_{B_{13}}) = 1.0620$$

对备品备件进行预警评级，可得出预警等级为很小

$$K_1 (p_{B_{14}}) = 0.3674$$

$$K_2 (p_{B_{14}}) = 0.5674$$

$$K_3 (p_{B_{14}}) = 0.7674$$

$$K_4 (p_{B_{14}}) = 0.9674$$

$$K_5 (p_{B_{14}}) = 1.0326$$

对技术可行性研究进行预警评级，可以得出预警等级为很小

$$K_1 (p_{B_{15}}) = 0.2456$$

$$K_2 (p_{B_{15}}) = 0.4456$$

$$K_3 (p_{B_{15}}) = 0.6456$$

$$K_4 (p_{B_{15}}) = 0.8456$$

$$K_5 (p_{B_{15}}) = 1.0456$$

对技术兼容性进行预警评级，可以得出预警等级为很小

$$K_1 (p_{B_{16}}) = 0.3069$$

$$K_2 (p_{B_{16}}) = 0.5069$$

$$K_3 (p_{B_{16}}) = 0.7069$$

$$K_4 (p_{B_{16}}) = 0.9069$$

$$K_5 (p_{B_{16}}) = 1.0269$$

对退役设备状态评估进行预警评级，可以得出预警等级为很小

$$K_1 (p_{B_{17}}) = 0.2541$$

$$K_2 (p_{B_{17}}) = 0.4541$$

$$K_3 (p_{B_{17}}) = 0.6541$$

$$K_4 (p_{B_{17}}) = 0.8541$$

$$K_5 (p_{B_{17}}) = 1.0459$$

对退役资产处置管理进行预警评级，可以得出预警等级为较小

$$K_1 (p_{B_{18}}) = 0.5053$$

$$K_2 (p_{B_{18}}) = 0.7053$$

$$K_3 \left(p_{B_{18}} \right) = 0.9053$$

$$K_4 \left(p_{B_{18}} \right) = 0.9619$$

$$K_5 \left(p_{B_{18}} \right) = 0.8947$$

在各预警要素的基础上，对该电网企业资产管理各流程进行预警评级，如表 5 - 48 所示。

表 5 - 48 　　　　　　　　　　　电网企业资产管理各流程预警等级

预警等级	很大	较大	一般	较小	很小
规划计划流程	0.4900	0.6670	0.7685	0.8482	0.8443
采购建设流程	0.4118	0.6118	0.7652	0.913	0.9293
运维检修流程	0.4677	0.6421	0.7645	0.8411	0.8864
退役处置流程	0.3408	0.5408	0.7408	0.8976	0.9955

可见，该电网企业四大运营管理流程的预警等级都不高，其中，规划计划流程的预警评级为较小，采购建设流程、运维检修流程与退役处置流程的预警等级均为很小。当然，这只说明了在当前环境下，企业的总体运营状况较为稳健。通过进一步深入分析，可进一步识别具体运营流程预警水平的差异性。电网企业资产管理各预警要素在预警地图示例如图 5 - 23 所示。

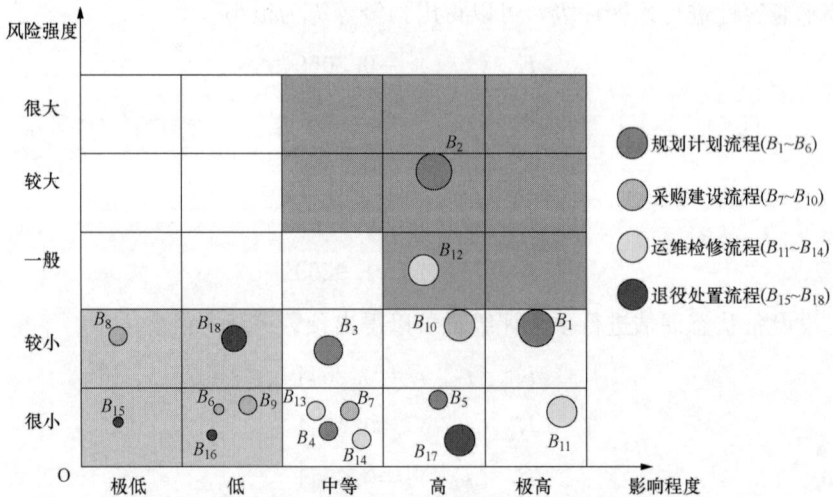

图 5 - 23　电网企业资产管理各预警要素预警地图示例

注：$B_1 \sim B_{18}$ 具体流程名称见图 5 - 19 ~ 图 5 - 22。

由以上的预警地图可以看出，个别流程的预警等级较大，如 B_2（规划技术）和 B_{12}（线路检修）。规划技术的预警等级较大，提示该电网企业在资产管理中应做好预防准备工作，转移或规避规划技术中的风险。线路检修的预警等级较大，主要反映了电网企业线路检修工作量较大，需要加大配网检修投入。

延伸阅读

跨专业、跨流程的监测分析探索

跨专业、跨流程间的运营分析能够反映不同业务间的协作水平，也反映出电网企业整体运作效率状况。这里以计划预算两大相互衔接的流程为例，阐述跨专业、跨流程间如何检测。

计划与预算管理流程共监测业务对象24类，以年度为流程周期贯穿从启动到评价的7大阶段，以年度为周期的计划与预算管理流程监测思路示意图如图5-24所示。计划与预算管理流程监测总体框架是通过对计划与预算相关联的指标以及数据的监测，促进计划预算有效衔接，及时发现和防止业务活动偏差，为企业决策层和管理层提供重要支持，为电网企业各相关业务部门业务协同提供重要参考。

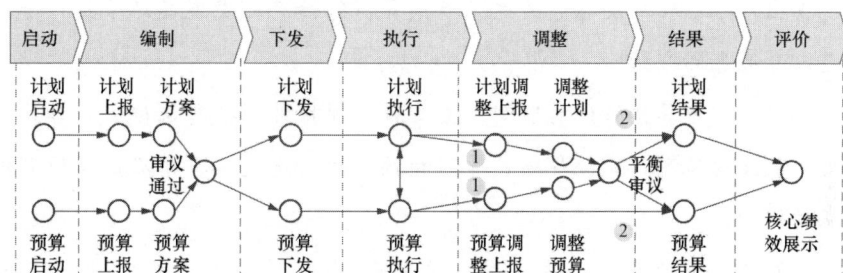

图5-24 以年度为周期的计划与预算管理流程监测思路示意图

计划与预算管理流程从及时性、匹配性、合理性、合规性、进度、均衡性、准确性、调整度八个关注维度对24项监测对象进行监测，重点突出计划与预算在编制、执行环节的监测。计划与预算管理流程监测维度如图5-25所示。

针对发展投入类项目，结合其关键监测环节，合理选择应用不同的监测方法，考虑从执行进度、趋势研判、合法合规和支撑保障4个监测视角开展监测，形成以下6类监测，全面覆盖电网企业计划编制调整、执行控制和考核评价业务。

（1）计划执行进度监测。对项目核准、初设批复、开工等关键环节及

及时性	计划预算启动、编制、下发、调整4个环节：监测计划预算各环节是否按时完成	合理性	一是监测指标当期数值与历史数值关系的合理性；二是通过相关计算模型，从理论上评判该指标值是否合理
进度	计划预算执行环节：监测公司经营活动各时间节点执行情况	合规性	一是监测资本性项目是否来源于储备库，监测计划与预算的合规性；二是监测成本性项目是否纳入计划和预算
准确性	监测公司经营活动是否严格依照计划预算执行	均衡性	监测执行进度与时间进度相一致的程度
匹配性	一是考量指标间相互关系，通过引入投入产出、投资能力、电量预测、量本利、EVA等分析模型进行匹配监测；二是监测计划与预算的匹配性	调整度	监测计划与预算的调整程度

图 5-25　计划与预算管理流程监测维度

时性开展监测，掌握项目执行情况，发现关键环节延期情况，并针对延期项目重点关注前置和关联环节进行根因分析，同时对合理工期、投产均衡性开展周期性监测分析。

（2）预算执行进度监测。主要对项目创建、预算完成情况和项目关闭开展监测，掌握项目需求提报、招标采购、合同签订、合同履约、物资领用、支出入账、项目决算等关键环节预算执行情况，发现各环节执行进度偏差，开展原因分析。

（3）计划预算执行比对监测。主要对各项目计划执行进度和预算执行进度开展比对监测，掌握各项目计划和预算执行进度偏差情况，发现可能存在的问题。

（4）趋势研判监测。主要对项目即开/即投延期风险进行趋势预警，监测下季度即将开工、即将投产项目，通过分析项目当前所处环节，并根据项目历史周期趋势，发现存在可能开工/投产延期风险项目，并对相关项目动态预警。

（5）合法合规监测。主要对计划外项目、项目未核准先开工、未按合同约定支付、决算超概算、实际支出超财务预算和已决算仍列支费用等内容开展合法合规监测，发现合法合规方面的风险，提升管控能力。

（6）支撑保障监测。主要包含数据质量监测、系统应用监测，发现关键数据表字段信息不完整、不规范、不准确和数据表之间匹配程度不够及系统应用的问题，促进业务部门提升实用化水平。

第六章 外部环境数据获取与监测技术

本章引入外部视角，探讨如何使外部数据为企业运营分析工作服务。首先确定基于能源（Energy）、经济（Economy）、环境（Environment）"3E"模型的外部监测指标体系框架，其次对电网企业外部指标进行监测分析，最后明确外部环境数据的获取渠道，提出相关机制建设思路。

第一节 基 本 思 路

一、电网企业获取外部环境数据的需求与重点

通过调研与咨询发现，电网企业建立面向运营分析的外部数据获取与应用策略的需求来自指标、数据、渠道、应用 4 个方面。将这些需求作为项目研究的出发点与落脚点，对电网企业运营与长期发展均具有重要意义。

1. 指标

外部指标成为分析运营长期稳定健康发展的必要工具。

随着中国经济步入新常态，电网企业的外部环境将面临前所未有的挑战。对于新常态的特征，可归纳为 3 个特点：①从高速增长转为中高速增长；②经济结构不断优化升级，第三产业消费需求逐步成为主体，城乡区域差距逐步缩小，居民收入占比上升，发展成果惠及更广大民众；③从要素驱动、投资驱动转向创新驱动。

长期以来对外部指标数据的关注力度不足，建立结构完整、重点清晰、影响路径明确的外部指标数据，不仅对完善电网企业运营分析体系具有直接的应用价值，对提升电网企业整体运营风险防控能力与强化运营发展预判能力都具有长期重要的意义。

2. 数据

基于外部明细数据的大数据分析成为提升运营分析能力的重要方法。

2015 年初以来，国务院相继印发《运用大数据加强对市场主体服务和监管的若干意见》（简称《意见》）和《促进大数据发展行动纲要》（简称《纲要》），表明大数据已上升为国家战略，并具备推动传统产业升级转型的重要作用。

电网企业面向内部大数据分析、应用已具备成熟基础，在电力负荷预测、电网设备状态监测、配网故障抢修精益化管理等方面积累了大量经验。未来，电网企业对数据资产的应用重点将体现内部数据与外部数据的交叉应用。通过跨行业、跨类型的大数据分析方法增强业务洞察力将显著提升电网企业运营分析能力。

3. 渠道

构建外部指标数据获取渠道成为建设电网企业高端智库的重要手段。

2014 年底，中共中央办公厅、国务院办公厅下发《关于加强中国特色新型智库建设的意见》（中办发〔2014〕65 号），明确提出建设 50～100 个国家亟须、特色鲜明、制度创新、引领发展的专业化高端智库，为推动改革开放和社会主义现代化建设做出了重要贡献。《意见》指出，支持国有及国有控股企业兴办产学研用紧密结合的新型智库，重点面向行业产业，围绕国有企业改革、产业结构调整、产业发展规划、产业技术方向、产业政策制定、重大工程项目等开展决策咨询研究。

根据国家电网企业发展战略，以推进"两个转变"、创建"两个一流"为引领，以推动全球能源互联网发展为主线。到 2020 年，建成定位清晰、功能突出、资质领先的企业高端智库，成为 50～100 个国家专业化高端智库重要成员；到 2025 年，建成具有较强话语权和影响力的国际一流专业智库，进入全球百强智库行列。

未来电网企业面临的竞争，将很大程度上体现为信息获取与分析能力的竞争，这正是电网企业建设高端智库的战略意义所在。从智库建设的实施路径来看，必须建立完善的外部数据信息获取渠道，及时准确掌握数据，并将数据应用到电网企业当前的运营分析体系，从而支撑电网企业可持续发展，提升企业核心竞争力。

4. 应用

建立外部数据应用场景将是对当前运营监测（控）体系的延伸与完善。

以往电网企业的运营监测指标体系构建、分析监测模型设计以及各专题运营分析等工作均属于面向内部的运营分析工作，仅在部分分析模型或主题中涉及外部数据与环境的相关指标，造成整个运营分析体系存在一定盲区与不足。因此开展面向运营分析的外部数据获取及应用策略研究，还需要结合电网企业当前运营分析体系建立具有针对性的应用场景，结合具体场景开展实证分析，这些应用探索将对提升企业运营分析精准度、完善运营分析预警工作具有重要支撑作用。

二、基于"3E"模型外部监测指标体系框架

构建电网企业运营相关的"3E"外部指标数据体系，必须基于我国基本国情和能源电力行业特征，联系电网企业业务需求和发展实际，遵循科学性、全面性、系统性和可操作性等原则，应注意涵盖大部分国际各组织机构所确立的能源电力行业发展相关的指标体系及具有地区、行业、企业特征的指标。

1. "3E"模型理论内涵

本书选择构建"3E"模型作为面向电网企业运营分析的外部数据的研究框架。该模型由能源（Energy）、经济（Economy）、环境（Environment）3 大模块构成，主要基于"3E"经典模型的理论框架和维度设计，结合电网企业的行业特点和业务特征，从能源、经济和环境 3 个角度对电网企业运营发展涉及的相关外部数据进行梳理。基于"3E"模型的外部环境监测框架如图 6-1 所示。以下是对"3E"概念和内涵的界定：

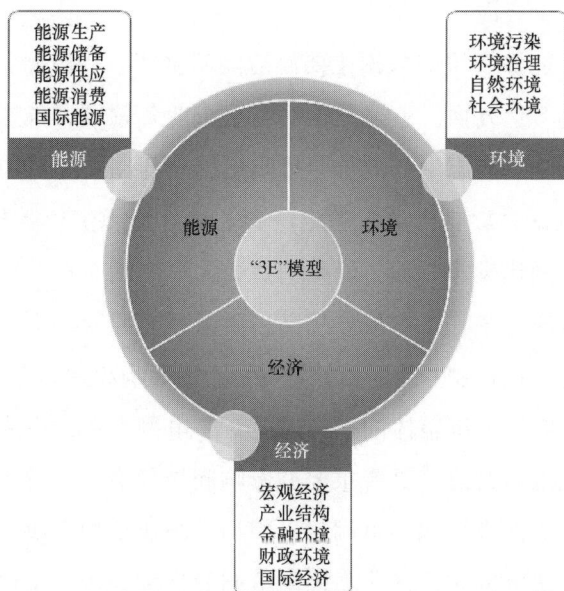

图 6-1　基于"3E"模型的外部环境监测框架

（1）能源。能源是人类赖以生存、社会得以进步的重要物质基础，也是国民经济发展和人民生活水平提高的重要物质基础。电网企业是我国能源行业的核心骨干企业，

是我国的能源生产、消费和可持续发展的重要参与主体，电网企业运营分析与能源领域数据关系密切。能源维度主要包括能源生产、能源存储、能源供应、能源消费和国际能源5个方面。

（2）经济。电网企业所在的能源电力行业是国有经济的重要组成部分和关系国计民生的关键领域，业务受到经外部宏观经济环境的巨大影响。企业经营与产业环境、金融环境和财政环境关系密切，国际化发展促使电网企业的运营发展与世界贸易大市场的联系日益紧密。基于此，经济维度主要涵盖经济基础指标体系，分为宏观经济、产业结构、金融环境、财政环境和国际经济5个方面。

（3）环境。水、大气、土地和燃料等自然资源是可持续发展的重要物质基础，企业的生产运营势必会对周围环境施加影响，如产生碳排放等。环境污染和环境治理是当下企业亟须考量的重要方面。此外，作为能源行业企业，电网企业的业务也会受到自然环境和社会环境的影响。基于此，电网企业环境维度主要用环境污染、环境治理、自然环境、社会环境4个方面描述外部环境模块。

2. "3E"对电网企业运营的影响

"3E"的三大模块对电网企业运营发展的各个方面有着广泛而深入的影响，具体而言主要体现在以下几个方面：

（1）能源模块。能源模块的数据主要涵盖能源生产、能源储备、能源供应、能源消费和国际能源数据5个方面。上述数据对电网企业各领域、各层次的业务具有不同程度的直接或间接影响。能源生产数据会影响电网企业主业中的电网规划、电网建设等业务，能源储备数据会影响到电力的生产和需求，能源供应数据会影响电力需求、电网调度和能源互联网建设等方面。能源消费数据对电网企业分析消费模式、制订营销策略、提供综合解决方案等具有指导意义，而国际能源数据则对电网企业全球能源互联网建设、海外能源项目业务及运营等具有一定的影响和指导意义。

（2）经济模块。我国经济整体的运行情况对于电网企业的电力规划、电能结构调整和电网建设等方面的运营决策具有重要的影响和指导意义。首先，宏观经济指标直接影响到电网企业电力需求预测和电网建设规划。产业结构会决定各行业用电量，进而影响到电网企业各级电网布局优化如输配电网规划配置等。金融环境、财政环境等对电网企业的投融资、招标采购建设和国际化发展等电网企业运营的多个方面均具有一定影响，而国际经济指标会影响到电网企业国际业务的发展以及海外投资并购等决策。

（3）环境模块。环境指标主要从以下几个方面对电网企业运营产生影响：①天气等自然环境指标会影响到电力生产、电源结构、微电网建设及电能传输以及电网设备寿命、运营检修业务等。②环境污染和环境治理等指标，对电力行业可持续发展、清洁生产、节能服务等产生影响，同时污染物排放和治理也会直接影响到电网企业的生产计划、成本构成等。③社会环境指标包含人口数量和结构、城镇化率等指标，将直接影响到电力需求和电网布局配置等方面。

3. 分析方法与工具

(1)"3E"模型联动分析法。"3E"模型并非一个静态模型，能源、经济、环境3个模块之间相互影响、紧密关联。三个模块两两之间、三者之间均存在直接关系，应用模块联动分析的思路和方法进行研究。

1) 能源、经济二元联动。能源是经济发展的主要动力来源，它推动经济发展，并对经济发展的规模和速度起到重要影响。一般情况下，经济的增长会直接带动能源的需求量的增长。经济和能源发展相互依赖、相互依存。一方面，经济发展以能源为基础，能源推动国民经济发展变化；另一方面，能源发展以经济发展为前提，能源特别是新能源的大规模开发利用受到经济能力所能提供的支持的影响。

2) 能源、环境二元联动。经济社会发展以能源为动力，能源的大量消耗会导致排放废弃物的增加，废弃物超出自然的净化能力，造成环境污染。反之，环境状况也会对能源的生产和消费产生影响。例如气候变化会直接影响到能源消费结构和水平。人口的增长和城镇化也会带动能源消费水平和结构的变化。

3) 经济、环境二元联动。经济发展依赖自然环境和自然资源生产力的支持，同时不可避免地对环境质量产生不利影响，环境污染会导致可衡量的经济损失，同时环境污染的治理需求的增加也会带动相应经济资源的投入，对经济运行产生影响。

4) 能源、经济、环境三元联动：①该三元联动关系包括经济和环境因素共同作用于能源模块的情形。自然环境、社会环境因素既影响经济发展的最终成果，同时又与经济发展情况一起直接影响到能源需求水平等一系列能源类指标。②经济发展和能源消耗等的变动对环境产生的影响，以及能源增长对于经济推动和环境污染等对于经济的负面影响共同作用于经济指标变动的情况。

(2) 回归与预测分析。回归分析预测法是在分析自变量和因变量之间相关关系的基础上，建立变量之间的回归方程，并将回归方程作为预测模型，根据自变量在预测期的数量变化来预测因变量。本研究中广泛应用回归分析预测法，包括一元回归分析预测法和多元回归分析预测法等。依据自变量和因变量之间的相关关系不同，选择应用线性回归预测或非线性回归预测。回归分析在研究多因素时，自变量可能通过中介变量的中介作用最终作用于因变量，如环境因素除直接作用于能源因素外，还通过经济因素的中介作用间接影响能源指标变动。

回归分析主要基于以下步骤：①根据预测目标，确定自变量和因变量指标，选定主要的影响指标。②依据自变量和因变量的历史统计资料进行计算，在此基础上建立回归分析方程，即回归分析预测模型。③作为自变量的因素与作为因变量的预测对象是否有关，相关程度如何，以及判断这种相关程度的把握性有多大，就成为进行回归分析必须要解决的问题。进行相关分析，一般要求出相关关系，以相关系数的大小来判断自变量和因变量的相关的程度。④回归预测模型是否可用于实际预测，取决于对回归预测模型的检验和对预测误差的计算。回归方程只有通过各种检验，且预测误差较小，才能将回归方程作为预测模型进行预测。⑤利用回归预测模型计算预测值，并对预测值进行综合分析，确定最后的预测值。

（3）相关分析。相关分析是研究现象之间是否存在某种依存关系，并对具体有依存关系的现象探讨其相关方向以及相关程度，是研究随机变量之间的相关关系的一种统计方法。本研究中广泛应用以下相关分析法：①线性相关分析。用以研究两个变量间线性关系的程度，用相关系数 r 来描述。②偏相关分析。在多变量情况下，研究两个变量之间的线性相关关系时，控制可能对其产生影响的变量。③距离分析。对观测量之间或变量之间相似或不相似程度进行测度，分为观测量之间距离分析和变量之间距离分析。④复相关分析。研究一个变量与另一组变量之间的相关程度。

相关分析可帮助分析和了解不同模块的指标之间相互影响的关系，分析同向或反向变动的趋势。

第二节　指标体系构建与监测重点分析

一、能源领域核心指标

能源领域指标主要从能源生产、能源存储、能源供应、能源消费和国际能源 5 个方面进行衡量，对电网企业运营具有直接或间接影响的指标主要有 32 项。能源领域核心指标数据如图 6-2 所示。

能源供需形势、价格波动是电网企业直接面临的重要环境因素。电网企业的发展对其他能源行业有冲击，反过来其他行业的供需形势、应用范围也影响电网企业发展，进而影响电网企业经营和业务发展。

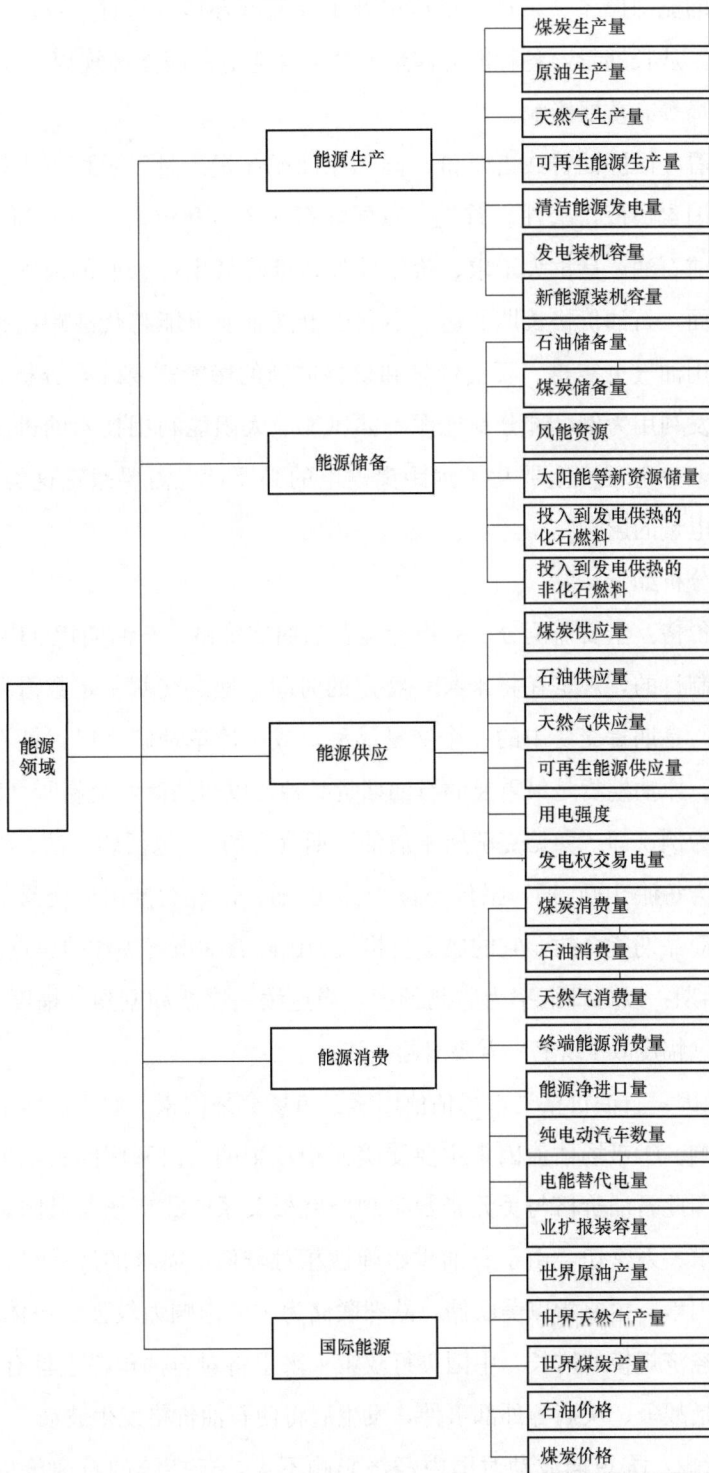

图 6 - 2　能源领域核心指标数据

前文列举的能源储备、生产、供应以及国际能源环境等指标，反映了电网企业面临的能源环境。从长期看，各种能源储量或开采峰值对我国能源规划、新增装机规模、特高压线路布局等有重要影响。

从中短期看，国际油价或者煤价、国际原油或煤炭产量以及可再生能源占比等这些经常变动的因素最值得关注。首先，以国际石油产量和价格波动为例，石油号称黑金，一方面目前石油产量供大于求、价格较低，可降低生产企业的成本，扩大相应开工率；另一方面，石油价格长期低迷，不利于电网企业电能替代战略的推进，因为很多领域可能使用油气更实惠。石油产量和价格波动的影响需要综合分析。其次，以可再生新能源开发利用为例，部分新能源，如风能、太阳能利用技术的进步，加上新型储能技术创新，一定程度上弱化了远距离输电的必要性，需要跟踪这类技术的发展，分析其对上网电量的影响。

部分指标分析如下：

（1）石油价格。主要监测分析的指标是石油期货价格。石油期货（Oil Luture）是由交易所统一制订的，规定在将来某一特定的时间、地点交割一定数量和品质的石油的标准化合约，是期货交易中的一个交易品种，或可简单理解为以远期石油价格为标的物品的期货。原油期货是最重要的石油期货品种，以纽约商业交易所（NYMEX）的轻质低硫原油为例（即"西德克萨斯中质油"期货合约），包括燃料油、汽油和轻柴油等。合约规格为每手 1000 桶，报价单位为美元/桶，该合约推出后交易活跃，为有史以来最成功的商品期货合约，它的成交价格成为国际石油市场关注的焦点。

1）关注周期：以每日汇率为监测频度，当连续一周波动剧烈（幅度 8% 以上）或单日大幅波动（幅度 3% 以上）需要引起关注。

2）波动原因：石油价格受市场估值因素、市场交易因素、政策因素和心理因素等多重因素的影响。①市场估值因素主要受美元指数影响，由于国际石油大宗交易主要以美元结算，因此石油价格与美元指数呈现跷跷板关系。②市场交易因素主要指石油价格与国际需求关系密切，由于石油供给弹性相对较低，需求的波动对石油价格影响明显。③政策因素，主要指以美联储、欧洲联储为主的影响力较强经济体的货币政策，此外随着中国经济规模的增长，中国央行政策未来也将对石油价格也具有一定影响力。④心理因素包括战争、疾病等外部事件，发生后将使石油价格发生波动。

3）产生影响：①短期波动对国内经济影响不大，若持续的石油价格下降（或上升）则对我国原材料价格、原油生产企业库存管理、炼油企业生产经营以及整个制造业采购指数都带来影响。②以石油价格持续下降为例，将对燃油机组发电带来一定成本优势，但对电动汽车、电能替代业务发展带来一定消极影响。

4）关注重点：建议电网企业加强关注石油价格持续波动，当连续一月波动累计在10％以上，重点查找波动原因，并结合煤炭价格、货币供应等情况分析对电网企业影响趋势。

（2）煤炭价格。主要监测分析的指标是中国煤炭价格指数、北方四港口动力煤价格。其中，中国煤炭价格指数创建于2006年，并从2006年1月开始在中国煤炭市场网按周发布。在价格指数的研究和编制过程中，认真借鉴了国际煤炭价格指数的通行做法，根据我国煤炭生产消费布局及市场结构的实际，设计了采价样本，按区域、分品种布局了采价点，构建了价格采集体系，确定了计算模型和方法。中国煤炭价格指数至今已试运行了6年，指数数据校验符合市场走势。北方四港口，主要包括秦皇岛、京唐港、曹妃甸、天津港，动力煤主要是以发电、机车推进、锅炉燃烧等为目的产生动力而使用的煤炭，因此其价格对电力行业影响更密切。

1）关注周期：中国煤炭价格指数以每周汇率为监测频度，港口煤炭价格以每天为监测分析频度。

2）波动原因：主要受国内市场需求、国际供给、政策因素和交通因素等多重因素的影响。以煤炭价格下降为例，其中国内市场需求主要是受经济周期、经济结构转型下钢铁产能、高耗能行业用电影响；国际供给主要受澳大利亚、俄罗斯扩大动力煤供给因素影响；政策因素包括中国政府的价格转型政策、节能环保政策，国际方面受美联储量化宽松政策等因素影响；交通因素主要包括陆运、水运价格下降影响。

3）产生影响：①煤炭价格下降为发电企业利润带来增长，并提供较为宽松的经营环境；发电企业经营效益增长，将减轻电网企业的购电成本上涨压力，从而为电网企业经营效益带来积极影响；②煤炭价格下降也会反映出钢铁企业、高耗能企业经营景气度下降，导致其停产、减产量增加，从而减小用电量。

4）关注重点：建议电网企业加强关注煤炭价格持续波动，当连续一月波动累计在10％以上，重点查找波动原因，并结合石油价格、货币供应等情况分析对电网企业影响趋势。

（3）终端能源消费量。主要监测分析终端能源消费量以及电能消费占能源消费总量的比重。能源消费有两种形式：①一次性直接消费，又称终端消费；②加工转换消费，又称中间消费。终端能源消费量是相对于加工转换的中间消费而言，不用于中间加工转换，而是直接投入到各种加热、动力等设备，用于生产和非生产活动的能源消费量。主要包括作为燃料、动力使用的能源；作为原料使用的能源；作为材料使用的能源及工艺用能。终端能源消费量是终端消费的各种能源折标准煤之和。电能消费占终端能源消费的比重，是指电能在各种能源最终总消费中的百分比，是衡量一个国家电气化程度的重要指标之一。电能占终端能源消费量的比例大小与国家经济发展水平关系密切。一般来说，经济水平越高，电能占终端能源消费量的比例就越大。预计到2020年，中国电力消费占终端能源消费的比例将接近30%。

1）关注周期：终端能源消费量、电能占终端能源消费量的比例等指标的观察期为1个季度，除与上一期比较外，还应关注与上年同期的变化。

2）波动原因：终端能源消费量受到能源结构、能源强度、能源价格等一系列因素的影响，产业结构调整、新能源开发等会引起能源消费结构的变动，而随着能源清洁化、能效水平的逐步提升，能源强度也在逐渐降低。研究显示产业结构调整带来的终端能源消费量变动已经在部分地区减弱，而能源强度的抑制终端能源消费量增长的作用增强了。同时，随着城镇化和工业化水平的不断提高，智能电网、智能家居、新能源汽车等新技术的加快发展，环境问题的日益凸显和对清洁能源的发展，经济社会发展对电的依赖程度越来越高。电能占终端能源消费量的比重呈上升趋势。

3）产生影响：①终端能源消费量及电能占比的增加将带来更多电能需求为发电企业利润带来加速增长，促进其经营拓展，将扩展电网企业的经营业务量，从而为电网企业经营效益带来积极影响；②终端能源消费量比变化等反映产业结构、能源结构等变化，为节能业务开展提供引导。

4）关注重点：建议电网企业加强关注终端能源消费量及电能占比，当连续两季度同比波动累计在10%以上，重点查找波动原因，提前对于终端能源消费量及电能占比变化做出预测，并分析对电网企业影响趋势。

（4）发电装机容量。主要监测的指标是新增发电装机容量。电力系统的总装机容量是指该系统实际安装的发电机组额定有效功率的总和，以千瓦（kW）、兆瓦（MW）、吉瓦（GW）计，新增装机容量就是新增的发电机的容量。

1）关注周期：新增装机容量的观察期为1个季度，主要参考GDP、电力消费等的统计周期。

2）波动原因：经济增长是电力消费总量变动的根本性影响因素，而电力消费变动又决定了电力供给即发电装机的水平及其波动。通过对比我国的新增发电装机容量、全社会用电量增长率和GDP增长率曲线，可判断发电装机容量的增长曲线总体上滞后于全社会用电量和GDP增速曲线。这是因为电力项目的审批时间和建造时间较长，当期的发电装机通常与电力消费变量和GDP增速变量的前几期值有关。据估算，滞后效应可以解释我国新增发电装机容量变化的 60% 左右，其余主要来源于投融资体制或产业政策层面。抑制性电力投资政策对于新增发电装机容量影响十分明显，例如保守的"十五"电力规划提出了保守的电源扩展规模，全国发电投资迅速陷入低潮。而政策导向转变时期，如由抑制转向鼓励时，是发电投资波动性较高的时期，但对于转向抑制性政策的情况相应略迟缓，即呈现陡升缓降的形状。

3）产生影响：①新增装机容量增加为发电企业利润带来加速增长，并提供较为宽松的经营环境；发电企业经营效益增长加速，将扩展电网企业的经营业务范围、提升业务量，从而为电网企业经营效益带来积极影响；②新增装机容量下降也会反映出国家经济增长减缓或相关电力投资政策缩紧，导致新建发电装机增速减缓，利润增速降低。

4）关注重点：建议电网企业加强关注新增装机容量波动，当连续两季度波动累计在 10% 以上，重点查找波动原因，并结合装机容量变化滞后于国家 GDP 变化和电力投资政策变化的特点，提前对于新增发电装机容量变化做出预测，并分析对电网企业影响趋势。

（5）能源净进口量。主要监测的指标是煤炭、石油、天然气三大能源的净进口量，能源对外依存度等。能源净进口量即能源进口量减去能源出口量的差值，2014 年我国不同能源进口量呈现巨大差异：一方面是原油进口量创下 2005 年有记录以来的新高，达到 3.1 亿 t，增长 9.5%；另一方面是进口煤从一路攀升急转下降，2014 年进口 2.9 亿 t，下降 10.9%。能源对外依存度是一国能源对国外依赖程度的指标，是用一国能源进出口总额除以该国的能源总消耗量。2014 年我国原油的对外依存度已达 59.6%，较 2013 年的 57% 上升了 2.6 个百分点。

1）关注周期：能源净进口量和能源对外依存度等指标的观察期为 1 年，重点关注同上年度的比较及近几年的整体变化趋势。

2）波动原因：能源净进口量变动受到国家能源价格、政策条件等多种因素的影响。如 2014 年的国际油价下跌为我国进口石油创造了有利条件。而政策因素是造成进口煤大幅下滑的主要原因：①国家采取了限制煤炭进口的政策，劣质煤进口受到遏制；②国家采取了鼓励煤炭出口，提高进口关税政策。我国能源对外依存度保持较高水平，石油等对外依存呈现攀升态势主要是源于"世界工厂"的分工定位使得我国资源消耗量大幅增加，同时我国是一个人均自然资源较为匮乏的国家，能源利用效率也偏低。

3）产生影响：能源对外依存度已成为中国经济社会发展面临的一项重要挑战，严重威胁到能源安全。作为担有保障能源安全的央企，应密切关注依存度变化，提高能源利用效率，加大"走出去"步伐。

4）关注重点：建议电网企业加强关注能源净进口量及能源对外依存度，当年度波动在 2% 以上时，应重点查找波动原因，保持对于上述指标的敏感性，并分析对电网企业影响趋势。

二、经济领域核心指标

根据常规宏观经济公开数据和电网企业业务特点，主要从宏观经济、产业结构、金融环境、财政环境和国际经济 5 个方面描述电网企业面临的外部经济环境，具体细分指标合计 32 项。如基于工业增加值增长趋势预判工业用电量增长情况；利用城镇居民人均可支配收入增速分析城镇居民生活用电量变动情况等。经济领域核心指标数据如图 6-3 所示。

对于电网企业经营而言，关注和分析经济形势的目的主要是"通过经济看电力"，前述诸多经济指标主要用于分析国际经济形势或者国内经济形势变化对全社会用电量的影响；此外，金融市场的荣枯、存贷款利率的高低也会影响电网企业的固定资产投资成本以及非主营业务的收益。

在分析用电量的影响因素和预测时，通常从影响 GDP 增长的消费、投资和净出口"三驾马车"展开分析，同时分析重点高耗能行业的发展形势，以及考虑近期国家实施的重大经济政策的作用。这些因素都包含在指标框架中。

此外，还有一些重大经济现象或趋势对电网企业经营产生影响，需要分析者注意。

（1）以世界经济波动为例，自 2007 年国际金融危机以来，世界经济仍然没有完全恢复过来，只有个别欧美国家经济有起色，世界经济不景气通过国际贸易影响我国 GDP 增长，其中包括对重工业进出口的影响，进而对电网企业售电量产生间接影响。对此，可利用世界经济增速、出口贸易（包括相应产品的出口增长）以及重点行业工业增加值等指标进行分析。

（2）以产业结构调整为例，产业结构调整既包括三次产业比重的变化，也包括工业内部产业比重的变化、落后产能的淘汰等。如果工业比重和落后产能淘汰的较快，电网企业售电量必然下降的也较快。通常认为，第三产业单位产值电耗较低，第三产业较快增长不利于用电量增长，但是如果第三产业主要由生产性服务业增长带动，售电量可能受到的影响会降低。对此，可利用三次产业结构、重点高耗能产业产品产量和价格等指标进行应用分析。

图 6 - 3　经济领域核心指标数据

（3）以金融市场波动为例。金融市场的波动主要从两方面对电网企业经营效益产生影响：①存贷款利率的变化影响电网企业在输变电设备、线路等方面的固定投资成本；②电网企业非主营业务的收益还受到股票市场、保险市场波动的影响。在这些方面，可利用货币供应量、存贷款利率、股票指数等指标进行实际分析。

部分指标分析如下：

（1）汇率。汇率亦称外汇行市或汇价，是一种货币兑换另一种货币的比率，是以一种货币表示另一种货币的价格。汇率指标主要关注人民币对美元、人民币对欧元、美元对日元等主要国家汇率情况，其中以人民币对美元汇率指标对电网企业较为重要。

1）关注周期：以每日汇率为监测频度，当连续一周波动剧烈（幅度3％以上）或单日大幅波动（幅度1％以上）需要引起关注。

2）波动原因：①汇率受市场因素、政策因素、心理因素等多重因素的影响。目前中国汇率影响主要受市场因素影响，即人民币的估值与经济基本面情况；②人民币受政策影响也较大，主要由于政府对外汇市场的干预能力较强，根据政府宏观调控需要，会通过外汇市场操作影响汇率；③人民币受其他心理因素影响也较大，例如美联储加息预期、股市波动对汇市影响、外资撤资影响等。

3）产生影响：①汇率对我国商品进出口影响较大。例如，人民币贬值使得我国出口商品的相对价格下降，将有利于商品出口。据有关测算，人民币贬值2％～5％将提高电气、机械及器材制造业利润率0.23％～0.59％。因此，人民币一定程度贬值会有利于电网企业装备制造业出口。但是，若人民币大幅贬值，则会造成价格体系紊乱、原材料成本上涨等不利因素，反而不利于出口。②汇率对我国海外业务的汇兑损益与当期利润带来影响。在人民币相对贬值时，如果应收款项大于应付款项，将可以兑换更多人民币从而增加当期利润，反之将减少当期利润。

4）关注重点：建议电网企业加强关注人民币对美元汇率，当连续三日波动累计在2％以上，重点查找波动原因，并结合国内利率、海外业务出口等情况分析对电网企业影响趋势。

（2）货币供应量。主要的监测指标是M2和社会融资规模。我国中央银行根据宏观监测和宏观调控的需要，根据流动性的大小将货币供应量划分为M0、M1和M2三个层次。M2是测量经济中货币量的相对广泛、常用的概念，它包括流通中的现金、活期存款、定期存款、储蓄存款、其他存款和可转让存单等。社会融资规模是指一定时期内（每月、每季或每年）实体经济（即非金融企业和个人）从金融体系获得的资金总额，具体构成为：社会融资规模＝人民币贷款＋外币贷款（折合人民币）＋委托贷款＋信托贷款＋未贴现的银行承兑汇票＋企业债券＋非金融企业境内股票融资＋保险电网企业赔偿＋投资性房地产＋其他。社会融资规模是 2011 年才开始出现的新概念，是个最广泛反映金融对实体经济资金支持的增量指标。

1）关注周期：目前，M2 和社会融资规模都有每月绝对量和同比数据。

2）波动原因：主要受货币流通速度、中央银行的货币回笼政策、外汇储备、金融市场发展、国内宏观经济形势、国债发行等因素影响。一定时期内货币流通速度越快，货币的支付能力越强，我国货币供给长期高于 GDP 增长，而未造成潜在通货膨胀的主要原因是货币流通速度相对较慢。通过货币回笼的变化，可以探知当期的货币供给量是否符合市场所需要的货币量。金融市场发展必然导致直接融资占社会融资规模减小，即 M2 的比重相对下降。国债发行对货币供给有巨大的影响，虽然商业银行使用超额准备金购买国债会降低基础货币数量，但 M1 和 M2 并不会因此减少，反而国债的收入会扩张 M1 和 M2 的数量。而由于经济快速增长，对货币需求量会增大，必定会使货币供给量增加。

3）产生影响：①根据历史经验，货币供应量增速变化，可以参考预警未来宏观经济的走向，在我国宏观经济与货币供应量的时滞一般在 6 个月左右。②货币供应量与金融市场形势密切相关，在实体经济不景气时，宽松的融资环境可能使股市、基金市场价格大幅波动。

4）关注重点：建议电网企业跟踪关注货币供应量的重要趋势变化，随着人民币国际化程度越来越高，人民币汇率波动性可能增强，同时，人民币国际支付能力增强，可能导致外汇占款增加，从而导致国内货币供应量增长。

（3）居民消费价格指数（CPI）。主要监测食品类 CPI、非食品类 CPI、核心 CPI 和耐用消费品 CPI。在 CPI 中，食品占 31.4％的权重，食品类 CPI 指的是每月粮食、肉类及其制品、蔬菜、水产品、水果、糖、油脂和鸡蛋等产品价格的变化；而非食品 CPI 指的是每月烟酒、衣着、家庭设备用品及服务、医疗保健和个人用品、娱乐教育文化及服务以及居住价格的变化。核心 CPI，是指将受气候和季节因素影响较大的产品价格剔除之后的居民消费物价指数，主要是将食品和石油价格剔除后的 CPI。

1）关注周期：通常每月 10 号左右公布上一个月的 CPI 及其明细产品价格变化。

波动原因：主要受到货币供应量、经济增长、进出口贸易、食品生产周期等影响。根据经济学理论，物价变动时时处处都是一种货币现象，货币供应量的增速变化必然反映到物价变动上，宽松的货币环境将促进物价的上涨。短期内，全社会的生产能力的是有限的，从而主要由需求决定了物价的变化，若经济增长加快，需求旺盛则物价上涨加快，反之，物价则下降。从外部经济环境看，廉价的进口产品有利于抑制物价上涨，而较快的出口贸易通过加快经济增长带动物价上升。在微观方面，食品生产周期会导致 CPI 短期内上升或下降，比如生猪出栏周期一般为 6 个月左右，若处于生猪生产周期前期，市场上的猪肉供应较少，将一定程度上促进 CPI 上升。

2）产生影响：①CPI 主要反映了城乡居民的生活成本高低，在收入水平一定情况下，CPI 越低，居民实际购买力越高，从而消费支出也较多，从而对生活用电量产生影响。②一定时期的 CPI 变化趋势可以显示经济增长走向。

3）关注重点：当食品 CPI 与非食品 CPI 出现分化时，应分析其出现的原因，而非核心 CPI 的变化能较多的反映宏观经济走势。

（4）高耗能行业用电量。主要监测指标为精铜库存、螺丝钢库存和房地产库存量。对于电力行业而言，黑色金属、有色金属、化工和建材四大行业是用电量最大的行业，根据数据易得性，选取上述三个指标。铜是有色金属行业中的主要产品，铜价与房地产行业、基础设施投资和工业健康状况高度一致，而铜产品库存增减能显示整个行业的走向，上海期货交易所每月公布精铜的库存量。同理，使用螺丝钢库存显示钢铁行业库存状况，目前，每日公布螺丝钢期货的库存量。另外，之所以使用房地产库存量指标是因为房地产不仅是最大的支柱产业，而且对四大高耗能行业的影响最大，具体使用中需要根据已有公布已获得未开发土地、已建成未销售的房屋等数据进行整理。

1）关注周期：精铜和房地产库存量以每月为监测频度；螺丝钢库存以日为监测频度。

2）波动原因：主要受国际经济环境、宏观经济、房地产周期、行业周期等因素影响。在国际经济环境上，一是钢铁、有色金属等生产原料非常依赖进口，矿石价格易受到国际经济形势的影响；二是在产能过剩的状况下，重化工产品倾向于通过出口消化。在宏观经济上，即使重化工行业处在上升阶段，但是其他行业发展不景气，也会抑制其增长。另外，四大高耗能行业存在各自的生产周期，在周期上升阶段，库存量下降，下降阶段，库存量上升。

3）产生影响：①重点耗能行业的景气循环对用电量增长影响最大；②如果铜、钢等产品库存上升，意味着未来宏观经济状况不妙。

4）关注重点：在经济下行情况下，可将铜、钢等库存指标与其他经济先行指标综合考虑，科学判断经济走向。主要关注库存量显著的增减情况。

（5）PMI 指数。采购经理人指数（Purchasing Manager's Index，PMI）是一个综合指数，按照国际上通用的做法，由新订单指数（简称订单）、生产指数（简称生产）、从业人员指数（简称雇员）、供应商配送时间指数（简称配送）和主要原材料库存指数

（简称存货）5 个扩散指数加权而成。当前，采购经理指数已成为世界经济运行活动的重要评价指标和世界经济变化的晴雨表。PMI 指数计算公式如下：

PMI＝订单×30％＋生产×25％＋雇员×20％＋配送×15％＋存货×10％

PMI 指数以百分比来表示，以 50％作为经济强弱的分界点。即当指数高于 50％时，被解释为经济扩张的信号；当指数低于 50％，尤其是接近 40％时，则面临经济萧条的可能性。它是领先指标中一项非常重要的附属指针。除了对整体指数的关注外，采购经理人指数中的支付物价指数及收取物价指数也被视为物价指标的一种，而其中的就业指数更常被用来预测失业率及非农业就业人口的表现。

主要监测指标为制造业 PMI 的细分指标，包括生产、新订单、在手订单、产成品库存、采购原材料和原材料库存。PMI 各分项指数从不同侧面反映了企业一个完整的生产过程，新订单、出口订单反映了基于未来需求预期的生产需求。企业在收到新订单后进行原材料的采购，在这一过程中，供应商配送时间反映流通环节的效率，当企业需求旺盛阶段，流通环节往往效率更高，以满足企业生产的需求。在生产环节中，产能利用情况决定了当期的生产与未进行生产的剩余订单（可由 PMI 积压订单分项反映）；尚未完全用于生产的部分形成原材料库存，而产成品库存在一定程度上可以反映终端的需求变化。制造业 PMI 影响示意如图 6-4 所示。

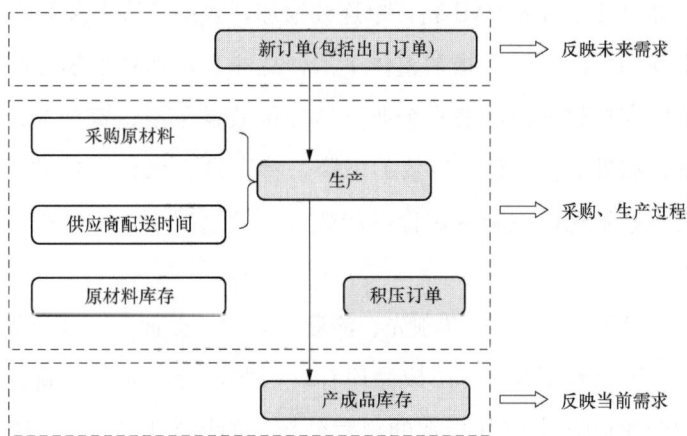

图 6-4 制造业 PMI 影响示意图

1）关注周期：月度发布，针对每月指数变动进行监测，当月波动剧烈（幅度 3％以上）或连续几月大幅波动（累计幅度 10％）需要引起关注。

2）波动原因：PMI 本质上是扩散指数，是接受调查企业对本月与上月经济形势的比较评价。第一，PMI 的变化主要受到宏观经济形势的影响。其中，订单主要受经济环境影响，经济向好，市场对产品需求大，则企业接到的订单就多。生产受生产成本和产品价格影响较大，以 CPI 变化反映企业生产成本，PPI 反映企业产品价格。如果 CPI 高企，则生产成本增加，抑制生产；PPI 增长，则产品价格上涨，刺激生产；同时订单量的增减也直接影响生产规模的大小，所以生产仍受经济增速的影响。对于雇员，可以借助菲利普斯曲线分析，由于菲利普斯曲线表明就业与通货膨胀存在方向关系，故雇员（即就业）受通货膨胀率影响较大。配送指供应商配送时间，反映下游需求的强弱，如果需求旺盛则配送时间较短，所以其受产品价格和经济增速影响。对于库存，其主要受上游供应影响，经济不好，原材料成本下降，则上游供给紧张，库存逐渐减少；当然产品滞销，同样会使库存增加。以上主要是分析影响各项的主要因素，实际上这五项或多或少受 GDP 增速、PPI 和 CPI 的影响。第二，PMI 还受大宗商品价格影响，例如原油等大宗商品价格持续走低，制造业国内外市场需求偏弱，造成新订单指数下降，进一步带动 PMI 指数下滑。第三，PMI 还受其他气候因素影响，如突发性厄尔尼诺现象，各地受高温、台风、暴雨等天气因素影响，如果出现洪涝灾害，部分企业生产经营活动将有所减缓，将带来 PMI 下行；此外，如当前京津冀等地加大治理大气污染力度，当地制造业 PMI 将明显低于全国总体水平。

3）产生影响：制造业 PMI 及其分项判断标准是看其是否高于 50%，以及一段时间内变化趋势。如果几个月来 PMI 新订单连续增加，表明经济未来可能将回升；否则，经济可能面临下降的危险。PMI 指数整体下滑，意味着制造业发展面临较大的下行压力。主要原材料库存指数下滑，表明企业整体经济效益下滑、资金缺乏的状况仍未改观，去库存进程仍需推进。新订单指数的下降，特别是新出口订单的下降，表明制造业出口形势依然不容乐观，在制造业普遍产能过剩的情况下，将带来制造业产品出厂价格的继续下滑。

4）关注重点：PMI 各分项存在领先、滞后关系，一般而言，变化先后顺序为新订单——采购量——原材料库存——产成品库存。因此，应首先关注新订单指标的变化情况。建议电网企业加强对 PMI 指数的跟踪分析，如果当月波动幅度超过 3%，低于50% 荣枯线时，需要重点查找波动原因，研判整体宏观经济形势走向，以及整体制造业产能的波动、电工装备设备价格的变动等对电网企业影响趋势。

（6）波罗的海干散货指数（BDI）。波罗的海干散货指数（BDI）是由全球几条主要航线的即期运费（Spot Rate）加权计算而成，反映的是散装原物料即期市场的行情。由于散装船运以运输钢材、纸浆、谷物、煤、矿砂、磷矿石和铝矾土等民生物资及工业原料为主。因此，散装航运业营运状况与全球经济景气荣枯、原物料行情高低息息相关，波罗的海指数可视为常用的经济领先指标。

波罗的海指数由以下三部分组成：①波罗的海灵便型指数（BSI）。航船吨位在 5 万 t 以下，主要运输货物为磷肥、碳酸钾、木屑和水泥，占 BDI 权重为 1/3。②波罗的海巴拿马指数（BPI）。航船吨位在 5 万～8 万 t，主要运输货物为民生物资及谷物等大宗物资，占 BDI 权重为 1/3。③波罗的海海岬型指数（BCI）。航船吨位在 8 万 t 以上，主要运输货物为焦煤、燃煤、铁矿砂、磷矿石和铝矾土等工业原料，占 BDI 权重为 1/3。

1）关注周期：针对每日指数变动进行监测，当连续一周波动剧烈（累计幅度 10％ 以上）或单日大幅波动（幅度 3％以上）时，需要引起关注。

2）波动原因：主要受到全球 GDP 增长率、全球铁矿及煤矿运输需求量、全球谷物运输需求量、全球船吨数供给量、国际船用燃油平均油价、重要战争和大规模自然灾害等方面的影响。

3）产生影响：①BDI 指数是全球经济的缩影。如果全球经济过热，初级商品市场的需求增加，BDI 指数也相应上涨。②BDI 指数与初级商品市场的价格正相关。如果煤炭、有色金属、铁矿石等价格上涨，BDI 指数一般也随之上涨，电网企业物资采购设备原材料价格也存在增长的可能性。③BDI 指数与美元指数负相关。美元走弱一般意味着新兴国家经济强于美国经济，而新兴国家经济由投资驱动，这将带动铁矿石需求，BDI 指数随之走高，意味着全球新兴国家整体经济趋势向好。

4）关注重点：建议加强对波罗的海干散货指数 BDI 的跟踪分析，当连续 3 日波动累计在 5％以上，重点查找波动原因，研判整体宏观经济形势走向，以及物资采购原材料价格的波动对电网企业影响趋势。

三、环境领域核心指标

根据环境与能源、电力的相互影响以及对电网企业内部生产运营的影响，主要从环境污染、环境治理、自然环境和社会环境四个方面描述电网企业面临的外部经济环境，具体细分指标合计 16 项。环境领域核心指标数据如图 6-5 所示。

与电网企业运营相关的环境类指标主要分为两大类：一类是与电网企业履行社会责任、解决东中部地区雾霾污染问题，落实国家大气污染防治计划相关的环境绩效类指标，包括二氧化碳减排量、发电权交易节约标准煤量等；另一类指标则与国家实施低碳减排战略，降低化石能源排放比重、降低整体能耗强度等减排目标相关，通过对战略目标的分解落实，间接传导至电能替代目标。具体包括温室气体排放总量、二氧

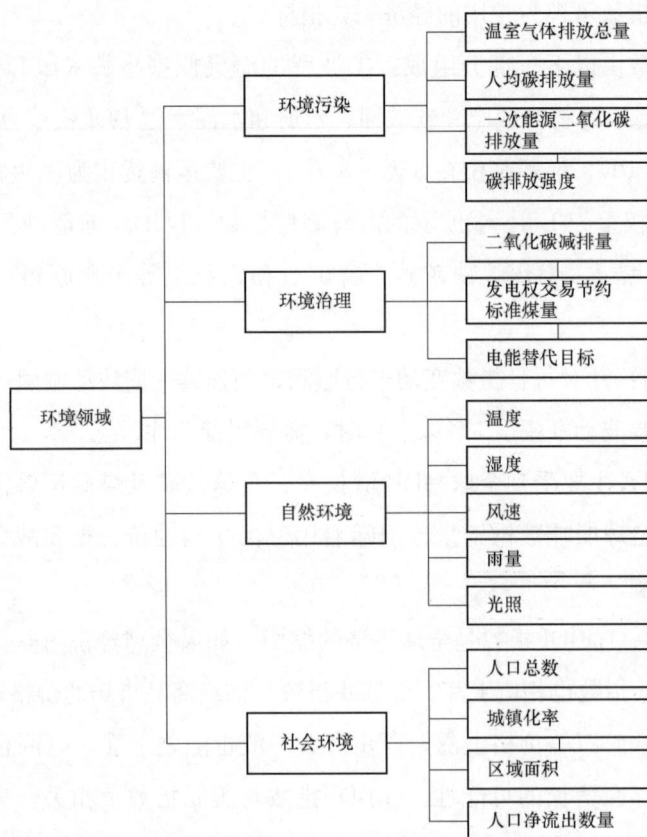

图 6-5 环境领域核心指标数据

化碳排放量、人均排放量、单位碳排放强度、一次能源 CO_2 排放量和能源相关二氧化碳排放量等指标。

部分指标分析如下：

碳排放强度。碳排放强度（Carbon Intensity）是指单位 GDP 的二氧化碳排放量，该指标用来衡量一国经济同碳排放量之间的关系，如果一国在经济增长的同时，每单位国民生产总值所带来的二氧化碳排放量在下降，表明该国逐步实现低碳发展模式。

（1）指标背景：当前，全球气候变化已经成为一个无法回避的事实，如何控制并减少二氧化碳等温室气体的排放成为世界各国共同关注的重点问题。这一指标主要应用于各国低碳减排目标的制订，以及由此衍生出的减排路线图等制度安排。2009 年国务院常务会议提出中国计划 2030 年碳排放达到峰值，到 2020 年碳排放强度比 2005 年下降 40%～45% 的目标。

（2）关注周期：以年度变化为监测频度。

（3）波动原因：该指标受到二氧化碳排放总量、经济增长的影响。具体来看，能源利用效率、产业结构和能源消费结构，特别是能源利用效率中的工业能源利用效率是造成指标波动的主要因素。同时，行业结构调整和技术进步等因素对该指标的变化也会起到一定影响。例如，高投入、高排放、高能耗的经济增长方式，能源利用效率低以及以煤炭为主的能源消费结构是导致中国碳排放大量增加的主要原因。

（4）产生影响：中国要实现 2020 年碳排放强度比 2005 年下降 40％～45％的目标，将采取不同类型的减排措施。一是促进能源结构调整。考虑到中国以煤为主的能源资源结构和消费结构，短期内中国通过调整能源结构来减少二氧化碳排放量和降低碳强度的潜力并不大；但是长期而言，通过大力发展洁净煤技术和核电、水电、风能、太阳能等清洁能源以及鼓励新能源和可再生能源的开发，以煤炭为主体的能源结构将会向清洁能源结构方向发展，需要关注其对电网企业促进清洁能源并网发展的影响。二是促进工业结构调整。推进生产要素由高能耗和排放密集型行业，向高加工度化和技术集约化的轻工业与高新技术行业流动，推动实现后者比前者的更快发展，需要电网企业重点关注工业结构调整带来的电量波动影响。三是能源强度的调整。近年来，重工业化现象的再次出现也反映在能源消费和能源强度的变化上，房地产和汽车工业的急剧扩张、基础设施投资的持续加大、机电和化工等资源密集型产品出口份额的增加等带动了采掘业、石油和金属加工业、建材及非金属矿物制品业、化工和机械设备制造等能源密集型行业的急剧膨胀。相比之下，计算机、电子与通信设备制造业、医药制造业等先进制造业或高新技术行业带来近年来能源强度的降低。下一阶段，发展高新技术行业不仅是工业信息技术革命的需要，而且能够为新型工业化所必需的低碳革命做出重大贡献，需要电网企业提前研判新形势变化对高端电工装备制造的要求。

（5）关注重点：建议电网企业加强关注近年来碳排放强度波动趋势，分析查找能源结构、工业结构、重点行业能源强度变化引致的波动原因，并结合国际减排政策、减排目标等具体情况分析对电网企业影响趋势，如对电量波动、新能源发展、电工装备制造发展等方面的影响。

第三节　外部明细数据类型与框架

1. 外部明细数据类型

数据资产是指由信息系统产生并能够为企业、机构带来经济利益的数据资源。从生产和拥有的角度，外部明细数据主要分为 3 种类型，如表 6-1 所示。

表 6 - 1 外部明细数据类型

分类	定　义	示　例
第一方数据	主要来自数据生产者，通过自身采集、整理获得第一手数据	百度、Google 等搜索引擎的搜索记录，亚马逊、淘宝等电商网站的用户搜索或交易行为数据；银行，电信等电网企业掌握的用户消费数据
第二方数据	通过授权为甲方提供数据或咨询服务，间接积累甲方各类数据，不直接生产数据，但拥有数据，在交易中需要进行整合、脱敏处理	SAP 等数据服务提供商、咨询电网企业、科研单位等积累的甲方数据；Facebook、LinkedIn 等社交网站搜集整理的用户行为数据
第三方数据	不被授权，通过服务获取，或通过网络爬虫、甚至黑客手段获取的数据	百度、Google 等搜索引擎的索引数据，医院、学校、社区、电商掌握的私人信息；今日头条分享的数据等

外部数据需要与内部数据进行关联分析，才能够为电网企业运营分析创造商业价值。例如：

（1）将港口、铁路、公路数据与电网企业售电量数据进行关联。可分析中国经济走势，尤其是工业生产、能源运输、第二产业结构变化等内容，进而分析电网企业售电量增速以及收入变化趋势。

（2）将价格、税收、征信、行为数据与电网企业物资采购、供应商数据进行关联。可分析供应商信用评价、物资价格波动等内容，进而分析电网企业成本控制水平。

（3）将电信、移动位置、互联网、电动汽车数据与电网企业售电量数据进行关联。可分析用户行为特征、用户分布等内容，为电网企业电网规划、充电桩规划等工作提供支撑。

（4）将石油、石化、水、供气数据与电力数据进行关联。可分析电网企业电能替代潜力，为电网企业推动能源互联网提供分析依据。

2. 外部明细数据框架

结合笔者调研的某大数据交易所中的数据交易品种类型，与电网企业运营分析相关性较高的主要包括政府、互联网、金融、公用事业、电信、交通、航运、农业 8 个领域明细数据。

（1）政府明细数据，包括税收、票据、保险、处罚等明细数据，主要以政府公开渠道的数据为主，随着政府数据公开的不断推进，此领域能够获得的数据还将更多，将对了解企业经营情况、分析用户行为模式、企业风险内控提供有力支持。

（2）互联网明细数据，主要以互联网企业搜集整理的大数据为主，该类数据包括的类型较丰富，实时性较强，对分析用户消费习惯、用户行为模式、经济发展趋势等方面具有支撑，也可为电网企业未来商业模式创新提供多领域的数据跨界支持。

（3）金融领域明细数据，以国家"一行三会"以及商业银行的数据为主，将对分析客户征信情况、融资需求提供有效的数据支撑，并以此为基础为电网企业在互联网金融、定向贷款等方面提供商业模式的借鉴。

（4）公共事业明细数据，主要以除电网企业以外的水务、燃气、供暖等公共服务数据，这些数据可以通过电网企业推进"四表合一"工作获取，也可以通过其他数据合作获取，这些数据对提升电网企业电能替代分析、降低企业能效、提供节能服务等方面提供支撑。

（5）交通领域明细数据，主要以交管部门与公路、铁路、航空等运输企业的数据为主，可为分析优化电网企业车辆配送路径，降低运输成本，优化物资配送布局，缩短抢修时间等方面提供数据支撑。

（6）电信领域明细数据，主要以三大电信运营商以及互联网通信数据为主，为电网企业分析用户位置、判断用户分布与人口密度，分析判断用户行为提供较为客观的数据支撑。

（7）航运领域明细数据，主要以航运企业、码头港口的货物订单数据、港口吞吐数据为主，为分析电网企业航运港口电能替代潜力、分析宏观经济形势、制订码头岸电改造计划优先排序提供数据支撑。

（8）农业领域明细数据，主要以农业领域的公开披露数据为主，对分析判断经济发展趋势以及能源发展趋势具有参考价值，相关数据对分析农业现代化、农村电气化发展具有意义。

外部明细数据名称与应用方式如表6-2所示。

表6-2　　　　　　　　　　外部明细数据名称与应用方式

分类	明细数据名称	应用方式
政府明细数据	纳税金额明细数据	分析企业征信情况，完善电网企业设备供应商的商业行为信息，了解客户社会身份
	财务发票、税票等明细单	
	企业性质数据❶	
	社保与公积金等数据	
	个人严重行政处罚记录	
	地理数据	

❶ 企业性质数据，主要包括根据组织机构代码（企业的组织机构代码号）、组织机构名称（企业名称）、工商营业执照号码、法定代表人姓名（经营者姓名）、法定代表人身份证号码（经营者身份证号码）共5项信息检查企业信息是否正确。

续表

分类	明细数据名称	应用方式
互联网明细数据	P2P 征信信用数据	个人在 P2P 平台贷款的信用记录
	互联网消费行为数据	分析客户消费能力和消费偏好
	POI 地理位置数据❶	分析客户出行习惯
	阿里巴巴供应商数据❷	分析供应商基本偏好与经营方式
	微博 POI 签到数据❸	了解对热点问题的关注度
	网购平台消费数据	了解客户消费能力
金融领域明细数据	客户银行征信信息	客户在其他银行的贷款记录、信用记录等信息
	第三方征信	客户的评级情况以及客户的社会信息
	股票/证券/期货行情交易及经济统计	分析经济变动趋势，分析金融资本市场波动影响
	第三方催收机构	有催收记录的客户信息、客户的社会信息
	保险数据	了解客户出险情况
公共事业领域明细数据	石油、天然气生产数据	挖掘电能替代潜力，分析客户用能情况，防窃电分析，节能服务分析
	石油、天然气消费数据	
	燃气消费数据	
	自来水消费数据	
	热力供暖消费数据	
交通领域明细数据	铁路运力数据	了解铁路、制造业景气
	港口吞吐数据	了解港口、制造业景气
	客运流量数据	了解经济景气
	机场流量数据	分析机场运力
	基础航班动态数据❹	了解航班状态，优化出行
	高速公路进出明细数据❺	分析高速公路运力
	电动汽车流量数据	分析电动汽车等新兴业务潜力
	充电桩数据	

---

❶ POI（Point of Interest），即导航信息点，每个 POI 包含四方面信息，名称、类别、经度纬度、附近的酒店饭店商铺等信息。

❷ 本数据为阿里巴巴中国站的供应商数据。数据项包括电网企业名称、电话、联系人、手机、经营方式、主营产品、经营地址、成立时间、注册人、注册资本、员工人数、厂房面积、经纬度（地理位置）等信息。

❸ 本数据为全国所有省市（含港澳台）的微博 POI 签到数据，共计 880 万条，签到次数高达 1.6 亿次，清晰反映了人口的空间分布与轨迹等特征。

❹ 国内国际航班动态数据。

❺ 本数据主要包括高速卡口、车牌、车型、出入时间等，可覆盖 20 多个省份。

续表

分类	明细数据名称	应用方式
电信领域 明细数据	固话通话明细数据❶	分析客户行为，分析电网企业岗位管理特征，掌握客户分布密度，为开展用户行为分析提供支撑
	固话通话流量数据	
	移动通话明细数据	
	移动通话流量数据	
	电信用户资料、短信及通话清单	
	短信业务量	
	互联网流量	
航运领域 明细数据	船期与订舱数据	分析宏观经济形势与电能替代潜力，制定码头岸电改造计划优先排序
	装箱单数据	
	港区设备运作数据	
	船舶装卸数据	
	港口吞吐量数据	
农业领域 明细数据	生物信息数据	分析农业增长趋势，分析电能替代前景
	自然资源数据	
	农业生产数据	
	自然环境数据	

第四节 外部环境数据获取渠道与策略

一、常见数据来源

对电网企业而言，外部数据获取主要依靠各类外部信息数据库。系统归纳总结"经济、能源、环境"外部信息数据库，可以分为两大类：一类是经济信息数据库，覆盖全球宏观经济、贸易、投资、金融等信息，以世界银行、OECD 数据库为代表；另一类则为包括能源与环境在内的能源类综合数据库，以国际能源署（IEA）、美国能源信息署（EIA）为代表，覆盖全球各国的能源总量、煤炭、石油、成品油、天然气、电

---

❶ 根据输入的固定电话号码（区号必须加）查询固话的所在地区、地址、所属组织名称或个人姓名等信息。

力等数据以及碳排放等各类排放量信息。

1. 常规统计数据渠道

常规统计数据渠道主要是通过互联网或图书年鉴等方式获取外部数据资源的方式。具体包括国家统计局、能源统计年鉴、中国人民银行、气象局等信息渠道。

（1）国家统计局。作为综合性、权威性的统计机构，指标数据涵盖国民经济核算、人口、固定资产投资、对外经济贸易、资源与环境、能源等方面，其中对 GDP、价格指数等方面的综合指标发布最具有权威性。数据可通过官方网站或《统计年鉴》《能源统计年鉴》获得。

（2）中国人民银行。作为金融、货币领域数据最权威的政府部门，指标数据包括汇率、利率、准备金、货币供给量等关键指标，数据可通过官方网站获得。

（3）气象局。作为气象领域数据最权威的政府部门，指标数据包括温度、风力等方面，且提供台风、雾霾等严重预警，数据可通过官方网站获得。

2. 经济信息数据库

国际经济数据库主要包括世界银行（World Bank）、国际货币基金组织（IMF）、OECD 经济合作组织数据库、EPS 全球统计数据/分析平台等；国内则包括中经网统计数据库、国家统计局数据库等。

（1）世界银行数据库。最知名的世界发展指标（WDI）是世界银行首个发展指标集合，根据得到正式承认的国际来源的数据编制而成。提供现有的最新、最准确的全球发展数据，包括国家、地区和全球数据，同时还包括农业、气候、贫穷、健康方面的数据。

（2）国际货币基金组织（IMF）数据库。IMF 收集、加工、发布一系列有关国际货币组织借贷、汇率以及其他经济和金融指标的数据和统计信息。主要有包括国际金融统计（International Financial Statistics）超过 32000 条时间序列，涵盖全球金融所有方面；国际收支统计（Balance of Payments Statistics）超过 10 万条时间序列的标准化、可比较交易数据；贸易方向统计（Direction of Trade Statistics）超过 10 万条时间序列，反映经济体间商品进出口的价值；政府财政统计（Government Finance Statistics）超过 135000 条时间序列，促进政府流动性和财政稳定的评估等几大类信息。定期发布世界经济展望，汇总 IMF 正在进行的全球监测活动，呈现全球和地区预测、指标及分析；以及每年两次的地区经济展望，对地区和全球经济背景下地区重大事件的总结和分析，这些地区包括亚太、中东和中亚、欧洲、撒哈拉以南非洲和西半球。

（3）OECD 经济合作组织数据库。涉及 OECD 加盟国与主要非加盟国经济最新动向的综合性统计资料。主要有 OECD 加盟国在对外贸易方面的统计数据、农业政策相关统计数据、OECD 加盟国的国民经济核算，包括 GDP、附加价值、总资本形成等，同时还详细收录来自 OECD 地区和流向 OECD 地区的直接投资统计资料等方面。此外还有国际能源组织的 7 个数据库。

（4）EPS 全球统计数据/分析平台。涵盖经济、金融、会计、贸易、能源等领域实证与投资研究所需的大部分数据。提供的图表显示功能可以对已经查到的数据进行多种方式的图表分析，更加直观的观察数据的动态趋势和分布比例等，同时具备预测模块，主要是利用计量经济学的各种预测分析方法，对数据中的计算统计量进行单变量的预测分析方法。

（5）中经网统计数据库。由国家信息中心长期积累数据，具有以下特点：①全面性。指标涵盖国民经济各方面，跟踪国民经济统计指标的修订。②权威性。国家发布数据。③及时性。统计数据及时更新。④准确性。经过严格规范的校对检验。⑤实用性。所有指标满足分析长度的时间序列。⑥灵活性。根据用户需求组织数据源，可调用世界经济统计数据库（OECD）。

3. 能源与环境综合信息数据库

在能源数据方面，较著名的数据信息库主要有国际能源署（IEA）、美国能源信息署（EIA）、英国石油公司（BP）、彭博新能源财经数据库（BENF）、国际可再生能源署（IRENA）等机构的数据库。

（1）国际能源署数据库。IEA 是一个政府间的能源机构，为应对石油危机于 1974 年 11 月成立的，它隶属于经济合作和发展组织（OECD）。国际能源署现由 28 个成员国组成，主要由进口油气资源的美欧日等发达国家组成。其数据库中主要包括全球各国石油、天然气的生产、转换、消费、价格、二氧化碳数据，OECD 国家的发电量、发电装机容量、可再生能源生产消费量数据，数据从 1971 年开始。IEA 数据库是目前全球研究能源方面最权威的数据库之一，但由于 IEA 隶属 OECD 组织的历史原因，其数据库的电力和可再生能源只包括 OECD 国家，不包含中国、印度等发展中国家（其关于发展中国家的数据滞后期为 2 年）。

（2）美国能源信息署数据库。隶属于美国能源部的一个统计机构，负责向美国政府提供独立的数据、预测、分析，以促进健全决策、建立有效率的市场。EIA 数据库重点面向美国国内数据和全球油气资源、贸易数据。全球数据方面主要有煤炭、石油、天然气的节点电价，生产、消费量，电源发电量、装机容量等。EIA 数据库重点支撑美国能源发展战略决策，尤其关注全球主要石油、天然气市场变化，数据详细到美国各州，数据从 1980 年开始。全球各国的数据信息较 IEA 数据库缺乏，但数据更新快，滞后期仅 1 年。

（3）英国石油公司数据库。BP 是世界领先的石油和天然气企业之一，在全球约 80 个国家从事生产和经营活动，业务领域包括：石油、天然气勘探开发，炼油、市场营销和石油化工，以及润滑油业务。BP 数据库定位为企业战略数据库，数据主要包括各个细分品种的石油、天然气的储量、生产、加工、贸易、消费、价格数据，近年来也包括可再生能源的发电量和装机容量数据，数据从 1965 年开始。相比 IEA 和 EIA 数据库，BP 数据库更偏重油气方面的数据，对可再生能源方面的数据较少，更新较快，滞后期仅 1 年。

（4）彭博新能源财经数据库。BENF 是彭博社的下属子公司，主要依靠企业新闻、行业信息建立能源数据库，重点关注财经、投融资方面的数据。数据库以全球一个个能源电力项目信息为基础，汇集投融资、技术、价格、项目规模等信息，具有时效性高的特点。不足在于基于项目统计汇总的信息与各国官方发布的统计信息不一致，主要原因在于统计口径、统计时间的偏差，因而彭博新能源财经更适用于企业战略层面的微观研究，对全球宏观能源电力研究的支撑较弱。

（5）国际可再生能源署数据库。IRENA 是 2009 年成立的政府间组织，意在促进全球可再生能源开发。其数据主要包括全球可再生能源资源，可再生能源发电装机容量、发电量、发电成本，可再生能源政策，投融资额等。IRENA 数据库是基于可再生能源项目的数据库，与全球权威数据库存在统计口径和时间的差异。

（6）其他能源相关数据库。包括联合国数据库（UN）、世界能源理事会（WEC）、日本能源经济研究所数据库（IEEJ）、国际原子能机构数据库（IAEA），国内较著名的还有国家统计局。但上述数据库从数据信息时效性、覆盖范围的全面性等方面都差于以上几个数据库。联合国数据库来自各国统计，数据滞后期较长；世界能源理事会数据库的数据与上述数据库的重合度较高；日本能源经济研究所数据库偏重亚太地区数据，全球数据较少；国际原子能机构数据库重点在核电相关数据；中国国家统计局数据主要是国内数据，海外数据侧重于经济数据。

二、外部数据获取渠道

结合上述获取渠道，从便利性与实用性角度，提出指标获取渠道及频率。

1. 能源领域指标

能源领域外部指标以国家统计局数据为主，国外数据以世界银行、IEA 数据为主。能源领域外部数据获取渠道及频度见表 6-3。

表 6-3　　　　　　　　能源领域外部数据获取渠道及频度

项目	细分指标	数据渠道	频度
能源储量	煤炭生产量	能源统计年鉴、Wind	年度
	原油生产量	能源统计年鉴、Wind	年度
	天然气生产量	能源统计年鉴、Wind	年度
	可再生能源（太阳能、风能、地热等）生产量	能源统计年鉴、Wind	年度
能源生产	石油储备量	能源统计年鉴、Wind	年度
	煤炭储备量	能源统计年鉴、Wind	年度
	风能资源	能源统计年鉴、Wind	年度
	太阳能等新能源储量	能源统计年鉴、Wind	年度
能源供应	煤炭供应量	国家统计局、Wind	月、年
	石油供应量	国家统计局、Wind	月、年
	天然气供应量	国家统计局、Wind	月、年
	可再生能源（太阳能、风能、地热等）生产量	国家统计局、中经网统计数据库	月、年
	能源工业分行业投资额及其增速	国家统计局及能源院计算	月、年
能源消费	煤炭消费量	国家统计局、Wind	月、年
	石油消费量	国家统计局、Wind	月、年
	天然气消费量	国家统计局、Wind	月、年
	终端能源消费量	国家统计局、Wind	月、年
	能源净进口量	国家统计局、Wind	月、年
国际能源	世界原油产量	世界银行、IEA	季、年
	世界天然气产量	世界银行、IEA	月度
	世界煤炭产量	世界银行、IEA	月度
	世界煤价、油价等	世界银行、IEA	月、年

2. 经济领域指标

经济领域外部指标以国家统计局、中国人民银行公布数据为主，部分数据需要购买。经济领域外部数据获取渠道及频度见表 6-4。

表 6 - 4　　　　　　　　　　　经济领域外部数据获取渠道及频度

项目	细分指标	数据渠道	频度
宏观经济	GDP 及其增速	国家统计局、Wind	季度、年度
	CPI、PPI	国家统计局、Wind	月、季、年
	工业增加值同比增速	国家统计局、Wind	月度
	固定资产投资形成额同比增速	国家统计局、Wind	月、季、年
	社会消费品零售总额及其增速	国家统计局、Wind	月、季、年
	进出口额、进口额和出口额及其增速	国家统计局、Wind	月、季、年
	就业率和失业人数	国家统计局、Wind	月、季、年
	制造业和服务业 PMI	国家统计局、新闻报道	月
金融	M1、M2 及其增速	中国人民银行、Wind	月、季、年
	新增人民币存（贷）款	中国人民银行、Wind	月、季、年
	存贷款利率	中国人民银行、Wind	年
	社会融资规模	中国人民银行、Wind	月、季、年
	人民币汇率变化	中国人民银行、Wind	日、月、季、年
	外汇占款比例	外汇管理局、中经网	月、年
	股票指数（上证指数和深成指数）	中经网、Wind	日、月、季、年
财政	财政收入及其增速	国家统计局、Wind	月、季、年
	财政支出及其增速	国家统计局、Wind	月、季、年
	政府债务余额	国家审计署、Wind	半年
	土地出让金占财政收入的比例	国家统计局、Wind	年度
	政府债务余额及其 GDP 的倍数	国家统计局、Wind	年度
经济结构	三类产业占 GDP 比例	国家统计局、Wind	季、年
	制造业增加值同比增长	国家统计局、Wind	月、年
	工业投资及其增速	国家统计局、Wind	月、年
	高耗能行业产品产量及其增速	国家统计局、Wind	月、年
	高耗能行业用电对全社会用电贡献率	中电联、自计算	月、年
国际经济	世界 GDP 同比增速	IMF、Wind	季、年
	主要经济体制造业 PMI	IEA、IPS、Wind	月度
	OECD 综合领先指标	OECD 组织网站	月度
	全球大宗商品价格指数	各国统计局、Wind	每日
	波罗的海干散货指数（BDI）	各国统计局、Wind	每日
	全球进出口贸易增速	OECD 组织网站	月、年

3. 环境领域指标

环境域外部指标以国家统计局、能源局、气象局公布数据为主，部分数据需要购买。环境领域外部数据获取渠道及频度见表 6 - 5。

表 6-5　　　　　　　　　　　环境领域外部数据获取渠道及频度

项目	细分指标	数据渠道	频度
环境污染	温室气体排放总量	能源局、统计局	季度、年度
	人均碳排放量	能源局、统计局	月、季、年
	一次能源二氧化碳排放量	能源局、统计局	月度
	单位碳排放强度	能源局、统计局	月、季、年
环境治理	二氧化碳减排量	能源局、统计局	月、季、年
	发电权交易节约标准煤量	能源局、统计局	月、季、年
	电能替代目标值	能源局、统计局	年
自然环境	温度	气象局	月、季、年
	湿度	气象局	月、季、年
	风速	气象局	半年
	雨量	气象局	年度
	光照	气象局	年度
社会环境	人口总数	统计局	季、年
	城镇化率	统计局	月、年
	区域面积	统计局	月、年
	人口净流出数量	统计局	月、年

4. 外部明细数据

互联网、金融、公共事业、交通、电信和农业领域明细数据，一部分以国家统计局、相关企业网站或研究报告公布数据为主，另一部分数据需要购买。政府领域明细数据以政府信息管理机关审核通过后查询和政府网站免费公布为主。外部明细数据获取渠道及频度见表 6-6。

表 6-6　　　　　　　　　　　外部明细数据获取渠道及频度

项目	明细数据	数据渠道	频度	获取情况
政府明细数据	企业纳税金额明细数据	政府税务部门服务管理信息系统	实时更新	有限获取
	发票、税票明细数据	政府税务部门服务管理信息系统	实时更新	免费获取
	企业性质数据	工商行政管理局和网站	实时更新	免费获取
	地理数据	政府公开数据（精确度受限）	实时更新	免费获取
	社保与公积金等数据	社保网上服务平台、住房公积金网站	实时更新	有限获取
	个人严重行政处罚记录	通过政府信息管理机关审核通过后查询	实时更新	有限获取

项目	明细数据	数据渠道	频度	获取情况
互联网明细数据	P2P 征信信用数据	互联网企业研究报告、Wind	实时更新	付费获取
	互联网消费行为数据	互联网数据咨询中心	实时更新	付费获取
	POI 地理位置数据	互联网第三方公司	实时更新	付费获取
	阿里巴巴供应商数据	阿里巴巴公司	实时更新	付费获取
	微博 POI 签到数据	微博服务运营商	实时更新	付费获取
	网购平台消费数据	阿里研究院	实时更新	付费获取
金融领域明细数据	客户银行征信信息	征信中心个人信用信息服务平台、全国征信系统	实时更新	付费获取
	第三方征信	中国人民银行系统、全国征信系统	实时更新	有限获取
	股票/证券/期货行情交易及经济统计	股票、证券、期货交易所及第三方数据提供商	实时更新	付费获取
	第三方催收机构	银监会系统	实时更新	有限获取
	保险数据	中国行业咨询网	实时更新	有限获取
公共事业领域明细数据	石油、天然气生产数据	IEA、EIA、BP 统计年鉴、国际能源网	实时更新	免费获取
	石油、天然气消费数据	IEA、EIA、BP 统计年鉴、国际能源网	实时更新	免费获取
	燃气消费数据	国际燃气网、燃气公司官方网站	实时更新	有限获取
	自来水消费数据	自来水集团官方网站	实时更新	有限获取
	热力供暖消费数据	热力集团官方网站	实时更新	有限获取
交通领域明细数据	铁路运力数据	人民铁道网、中华铁道网、铁路网	实时更新	有限获取
	港口吞吐数据	中国港口网	实时更新	有限获取
	客运流量数据	国际机场理事会、机场、火车站、客运站官方网站	实时更新	有限获取
	机场流量数据	机场及第三方数据机构	实时更新	付费获取
	基础航班动态数据	机场及第三方数据机构	实时更新	付费获取
	路网监控数据	交管部门及第三方数据机构	实时更新	有限获取
	电动汽车流量数据	节能与新能源汽车网、电缆网、中国电动车网	实时更新	免费获取
	充电桩数据	中国储能网、中国报告大厅网站	实时更新	免费获取
电信领域明细数据	固话通话本地数据	中国产业信息网数据中心、工信部官方网站	实时更新	付费获取
	固话通话长途数据	中国产业信息网数据中心、工信部官方网站	实时更新	付费获取
	移动通话本地数据	中国产业信息网数据中心、工信部官方网站	实时更新	付费获取
	移动通话长途数据	中国产业信息网数据中心、工信部官方网站	实时更新	付费获取
	电信用户资料、短信及通话清单	中国产业信息网数据中心、第三方数据机构	实时更新	付费获取
	短信业务量	中国产业信息网数据中心	实时更新	付费获取
	互联网流量	中国产业信息网数据中心	实时更新	付费获取

续表

项目	明细数据	数据渠道	频度	获取情况
航运领域明细数据	船期与订舱数据	港口及第三方数据机构	实时更新	有限获取
	装箱单数据	港口及第三方数据机构	实时更新	付费获取
	港区设备运作数据	港口及第三方数据机构	实时更新	付费获取
	船舶装卸数据	港口及第三方数据机构	实时更新	付费获取
	港口吞吐量数据	港口及第三方数据机构	实时更新	付费获取
农业领域明细数据	生物信息数据	GenBank、BioSino	实时更新	免费获取
	自然资源数据	中国自然资源数据库	实时更新	免费获取
	农业生产数据	农业大数据应用云平台	实时更新	有限获取
	自然环境数据	中国自然资源数据库	实时更新	有限获取

如表6-6所示，为确保大数据分析的实时性与数据样本的全面性，在数据获取频度上，主要以实时获取为主。在获取情况方面，主要包括免费获取、有限获取和付费获取3种类型。

对于免费获取的数据，主要可通过公开披露的数据渠道免费获得；对于有限获取的数据，主要指在数据覆盖范围、数据口径、审批程序受到一定限制，需要与信息渠道进行沟通协调以扩大数据获取能力；对于付费获取的数据，主要指需要付出一定费用得到相关数据，此外通过数据交流、共享、合作的方式也可以与数据收费方进行合作，将付费变为免费。

三、获取策略与机制建设

数据获取需要以下策略与机制的保障：

1. 建立与知名数据商长效合作机制

彭博社、汤森路透和万德等全球商业数据和资讯的领先提供商，通过其强大的信息、专家和咨询网络为全球重要的决策制定者提供关键数据。数据商的优势在于通过创新的信息技术和前沿的分析工具来快速、精准地传递数据和资讯。可采用数据终端与灵活定制相结合的方法，利用其数据分析师对各项指标的专业判断、数据交易平台中非公开市场上的行业信息，在能源战略与规划、宏观经济、能源电力供需、企业战略及运营管理等研究方面为电网企业决策和发展起到关键作用。

加强与数据提供商的双向沟通，强化数据的丰富性和趋势的前瞻性，紧密跟踪市场数据信息风向，按照宏观经济数据和电网业务相关数据分类，筛选优质信息定期汇报，形成"国际（内）能源电力行业风向前沿信息"系列，为电网企业提供决策支撑。

2. 通过新闻媒体建立实时数据获取机制

通过互联网、广告、报纸、杂志等新闻媒体，全方位实时地跟踪热点，包括政府重大新闻发布、行业重要相关人士决策动向、国际相关领域趋势等。新闻数据和资讯获取门槛不高，涉及范围广，筛选工作难度较高。可与国内外主流媒体新闻频道建立合作，如华尔街日报、人民网、凤凰财经等。开通新闻分类 VIP 功能，通过对与电网企业相关的重大新闻热点进行实时推送，确保第一时候获取信息和数据。

3. 定期汇总分析政府统计信息和行业研究报告

中国统计年鉴系统收录了全国和各省市经济、社会各方面的统计数据；国际统计年鉴详细介绍了主要国家和地区的经济和社会发展状况和世界知名公司的基本情况。政府统计数据一般按年、季或月等固定周期公布数据，可定期搜集整理政府统计信息，将大量的数据按企业需求分类，形成电网企业内部对各领域主要指标的官方统计资料数据库。

竞争对手和合作伙伴的新闻发布和机构编制的行业研究报告集中于能源电力行业，其行业数据具有对比性。可与企业内外部多家研究机构建立多方合作机制，共享外部研究报告数据，结合企业内部数据，形成"行业横向对比指标数据库"，定期更新最新信息，分析关注指标和行业发展趋势的关系。由于这类数据发布时间周期较长，属于非实时类数据信息，可以设立时间节点定期分类汇总。

政府信息虽然权威有效和公开免费，但是由于信息涉及面广、内容庞杂，统计数据一般只能反映各个领域的主要数据，难以深入地反映更多更细的数据。应合理整合政府统计数据和研究报告数据，结合不同时期指标的波动体现，研究和明确宏观指标和业务之间直接或间接的相互关系，为今后借鉴历史数据起到重要作用。

4. 高效利用企业已掌握的外部数据系统

利用现有外部数据系统资源，如舆情监测系统、供货商采集系统、用电采集系统等。直接为电网企业监测分析评价业务系统提供有效工具，为企业开展大数据分析识别业务系统中用户行为规律提供支撑。

5. 人才引进与培养机制

注重信息人才的引进和培养。企业要制定一系列的优惠政策，引进和吸收高等院校、科研院所和海外留学回国的信息人才到企业工作，发挥人才既有的技术优势，提高信息人才队伍的素质。坚持横向联合以培训人才，与科研院校、国际企业、数据商建立合作关系，选派技术人员、生产骨干到外部学习先进信息技术、行业趋势和管理知识，充实企业的信息人才队伍。定期开展内部培训。聘请外部专家开展讲座或培训班，根据电网企业要求，对在职员工进行系统的技术和管理培训，使企业的个体、整体业务素质得以全面提高。

6. 知识与人才分享机制

建立成果的知识共享库分析人才的共享与调配：①建立数据分析成果共享机制，加强内部研究机构间交流互动，实现对数据分析资料、分析模型、分析知识、分析报告等知识的共享；②在加强对数据分析人才的评价与使用的基础上，建立更大范围的人才共享机制，使各专业人才能够为企业级运营分析工作所用，并完善配套的人才评价措施、激励措施、补偿措施等，解决专业部门、专业领域分析人才的后顾之忧。

延伸阅读

电网企业数据资产管理体系探索

数据资产化是当前学界、业界的热门词汇，如何界定数据资产、如何发挥数据资产的价值，成为社会关注的话题。培育数据资产不仅关乎企业未来的创新发展，也是开展运营分析的重要前提与保障。

笔者在《大型企业运营分析体系建设与实践—大数据时代运营管理解决之道》一书中对数据资产的一般性概念进行界定。即企业在经营活动中可自由配置，并能够通过交易或应用实现决策及商业价值的一切数据资源、数据产品、数据服务都是数据资产。具体来看，数据资产包括满足特定条件的数据资源及其形成的数据产品或服务两个层次。数据资产层次结构示意图如图6-6所示。

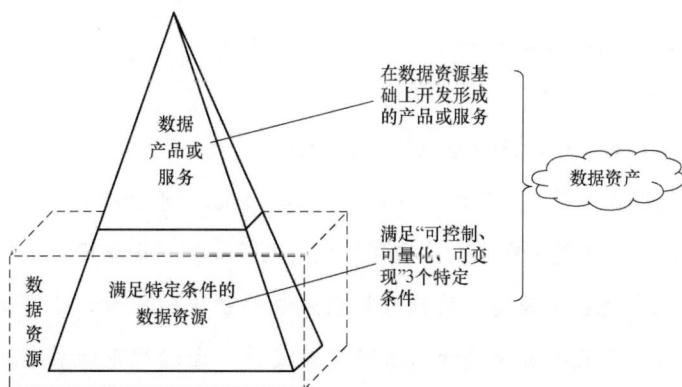

图6-6　数据资产层次结构示意图

电网企业数据资产管理大致包括以下几个要点：

一、重视全过程管理

按照数据资产化管理要求，企业可以分析数据资产管理全过程，加强目录创建、维护稽查等全过程管理，形成规范的制度、标准和流程。大型企业数据资产全过程管理示意图见图6-7。

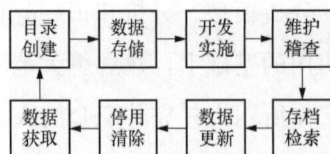

图6-7　大型企业数据资产全过程管理示意图

针对数据目录创建、开发实施、维护稽查、更新等薄弱环节开展重点改进工作，实现全过程的规范化和相对标准化。在数据目录创建环节，重点创建数据资产目录；在数据开发实施环节，重点规范数据资产流程管理；在数据维护稽查环节，加大对数据维护方面的资金投入，同时对业务源头数据与业务实际的匹配和及时情况进行稽查。在数据更新环节，重点对遗漏缺失数据、缺少的细分维度进行补充完善。

1. 数据目录创建

创建数据资产账簿是数据资产化的突出标志。

加强元数据管理。统一数据规则，强化数据之间的统一性与一致性，逐步解决"数据从哪里来""怎么来""相互之间有什么影响""它们有何不同"等问题，为电网企业各方面业务及时、可靠、准确使用数据提供制度保障。

建立数据资产清册。从企业战略出发明确数据资产的定义和范畴，构建企业数据资产分类框架，建立全面完整的数据资产目录清册，形成数据统一账本，实现数据资产分门别类、梳理、建档。

2. 数据开发实施

从企业层面来看，建设企业范围的指标库，统一指标定义和管理，协助企业管理数据资产管理；形成统一信息地图和知识传承的平台，有助于解决数据孤岛；集中浏览分布在企业内部的所有电子文档，形成虚拟文档库。

从管理人员层面来看，明确人员在系统维护中的职责，责任到人；明确新需求所涉及的人员和功能，帮助任务安排；通过规范流程管理，保证数据标准的权威性和可控性。

从业务人员层面来看，提供业务数据，如指标、报表定义和统计口径，帮助理解和使用，更好地维护业务数据之间的关系一致性，提高数据的信任度等。

3. 数据维护稽查

建立完善数据质量检查规则。明确目前数据资产的来源、类型与数据准备情况，对数据从源端到流转等各环节进行数据质量管理，制订质量阈值，评估数据是否足够完整、是否与业务发展直接相关。

加强数据稽查。对业务源头数据与业务实际的匹配和及时情况进行稽查，加强数据间一致性以及数据合理性、准确性、及时性等方面的管理，确保数据真实反映业务实际。不定期组织数据稽查工作，主要以现场稽查方式进行，稽查结果作为数据资产质量管理与评价考核的依据。

加大资金投入。加大对数据维护方面的资金投入，避免"轻运维、重建设"的情况。特别是使用频率高、用户数量大的数据资产，应对相关的信息系统加大运维投入。

4. 数据更新

建立数据常态化更新机制。更新环节需要对遗漏缺失数据、缺少的细分维度进行补充完善，针对数据字典不完整和不一致（与业务系统数据字典对比）的业务系统数据字典信息进行更新整改，同时在关注数据存量的同时兼顾增量需求。

构建基础设施的更新及维护机制，防止因设备问题引起的数据安全风险。及时对硬件设备进行更新和维护。电网企业应对硬件设备及网络线路等进行定期的检查、更新以及维护，以防止因设备老化等问题而造成的数据丢失和泄露。制定突发事件应急措施。电网企业应制定一系列的突发事件应急措施，以便当紧急事件出现时，能够很好地保证基础设施的安全和有效运转，从而有效保证数据的安全性。

5. 数据标准化管理

借鉴国际数据质量协会（DAMA）数据管理标准。电网企业数据资产化管理刚刚起步，需要结合国际数据质量管理的通用做法，使数据的管理更加高效，使数据质量的治理得到制度保障。DAMA 提出了数据管理的十大职能，并详细说明了这些职能所从事的主要活动，包括元数据管理、数据质量管理、数据开发、数据操作管理、安全管理、主数据管理、数据仓库和商务智能管理、文档和内容管理等方面。

倡导动态的标准化建设。标准化建设是数据资产管理的必然要求。数据资产的开发利用需要不断探索和创新，在这一过程中标准化建设必不可少，这样既可以提高规范化水平，又利于形成和固化核心优势。从国际经验看，数据往往需要边治理边定标准，因此标准化建设是动态的，需要在数据制度建设与管理实践中不断完善。

二、建立统一数据资源池

在数据管理基础上，形成数据资源池，促进跨业务、跨类型数据融合。特别是促进状态数据、交易数据、行为数据的共享、融合，为进一步挖掘数据资产价值提供支撑。

以"统一架构＋底层融合"为重点实现数据多源汇集。"统一架构"即从总体设计上按照统一的管理需求与技术架构，实现对数据层、管理层、展现层的规范，破解多平台难以融合的现状；"底层融合"就是从基础数据层面打通各业务数据接口不统一、标准不一致的局面，包括数据基础管理、数据字典管理等，可实现对大型企业全业务数据的治理。同时，在关注数据存量的同时兼顾增量需求，统一规范企业不同来源、不同类型、不同维度的数据，提升对增量数据的主动采集与谋划能力。

整合现有各个数据平台。针对大型企业内部各部门数据平台条块化管理现状，逐步整合现有各个数据平台，从基础数据层面解决各业务数据资源分散、接口不统一、标准不一致的问题，集中存放跨专业数据，实现数据多源汇集和数据采集、存储管理的集中统一规范，为灵活调用数据奠定基础。电网企业内外部数据融合示意图如图6-8所示。

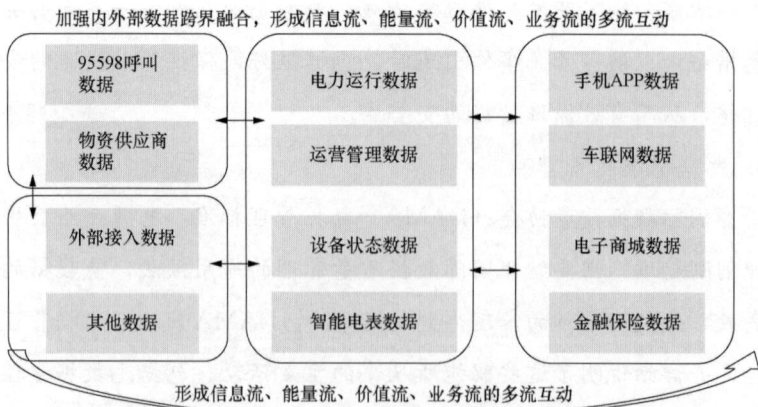

图6-8 电网企业内外部数据融合示意图

电网企业将车联网、电子商城等新兴业务数据与电网数据交互共享。从技术上对增量数据的准确性、及时性、完整性和安全共享能力进行统一规范，提升数据质量，为数据在电网企业系统内高效应用提供保障。

三、建立数据开发工具库

大型企业以统一平台为基础建立数据开发工具库，为数据开发利用提供多类型、多用途的模型和工具。

在建设管理方面，重点加强工程建设业务流、信息流与规划计划与全面预算的匹配；在成本管理方面，重点加强工程建设业务流、信息流与规划计划与全面预算的匹配；在安全管理方面，整合智能表计采集数据与经济、气候、人口等多源数据，提高运营预测精准度与安全控制分析能力；在市场管理方面，共享主营业务与新兴业务客户信息资源，重点加强跨业务、跨地域的客户精准服务；在设备管理方面，以设备状态信息为基础，实现对运营、检修、维护的优化；在现金流管理方面，重点加强对上游企业数据的集成与分析，提升对行业市场信息分析预测水平；在人员管理方面，整合企业内部各级人员管控数据，增强人员与业务的协同；在物资管理方面，整合企业物资供应链相关数据，与供应商数据衔接，提高物资管理效率；在舆情管理方面，整合企业内外部信息渠道，强化对企业信息安全、舆情的综合分析。以统一数据平台为基础建立的数据开发工具库示意图如图 6-9 所示。在全业务数据平台建设基础上进一步整合各类系统，形成统一平台。

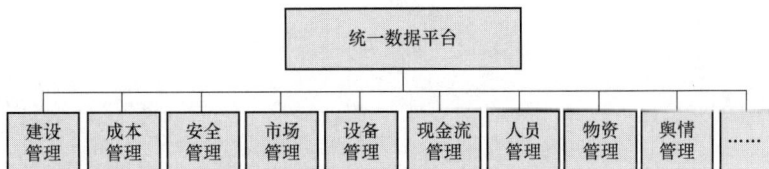

图 6-9　以统一数据平台为基础建立的数据开发工具库示意图

四、整合数据管理应用系统

为提升企业级运营分析能力，需要从数据源头加强各个信息系统的整合，建立数据管理与应用系统。

精简信息系统。在统一数据资源池建设基础上进一步整合各类系统，精简信息系统数量，持续完善系统功能。进一步规范系统建设方式，严格遵循统一规划、统一设计、统一开发的建设原则，统筹考虑各单位建设需求，充分应用系统现有功能，优化信息系统技术架构，提升实用化水平，满足常态业务需求。

加强授权管理。以授权管理为基础统一管理集团所有数据资产，确定数据资产访问基本权限，明确各部门对不同保密等级的数据资产访问权限。通过数据灵活调用和查询，充分挖掘数据资产价值，实现对各类业务、资源、信息的统筹协调管理。

第七章　运营风险综合分析评价技术

本章将企业内部运营活动与外部环境进行综合分析，分析研判企业运营风险情况。一方面，从运营风险管理一般流程出发，主要从风险识别、风险衡量、风险评价三个方面，通过模型量化分析方法，对电网企业运营风险进行系统分析，为电网企业运营风险管理提供理论与方法基础；另一方面，从机制建设入手，提出企业需要建立的风险应对策略与保障机制。

第一节　基　本　思　路

一、综合分析研判思路

运营风险是指企业在运营过程中，由于外部环境的复杂性、变动性以及主体对环境的认知能力和适应能力的局限性，从而导致的运营失败或使运营活动达不到预期目标的可能性及其损失。电网企业运营风险分析是着眼于电网企业运营管理总体视角，对可能发生的风险进行识别、衡量及评价控制的一套综合分析方法。

1. 风险识别

风险识别是风险管理的第一步，也是所有风险管理的基础。风险识别是通过风险点的梳理，判断哪些风险会影响电网企业整体运营并记录其特征，形成风险清单的过程，是一项基础性、常见性工作。本书从电网企业运营监测管理要求出发，综合运用故障树分析法、流程分析识别法、专家调查法等理论分析方法，结合对电网企业系统总部与各省电网企业分析调研，对电网企业运营风险进行了梳理和归纳，对电网企业运营风险进行分类分级。风险识别常用方法及其特征见表 7-1。

表 7 - 1   风险识别常用方法及其特征

方法 \ 特征		适用情景	优 点	缺 点
专家调查法	专家个人调查法	在缺乏足够的统计数据和原始资料的情况下,可以做出定性的估计	调查结果不受外界影响,没有心理压力,可以最大限度地发挥个人的创造能力	依靠个人判断,容易受到专家知识面、知识深度和占有资料以及对所调查的问题是否感兴趣的影响,难免带有片面性
	头脑风暴法	通过专家间相互交流,进行智力碰撞,产生新的智力火花,使专家的论点不断集中和精化	具体问题发表个人意见,畅所欲言,做到集思广益	头脑风暴过程容易受到专家个人因素影响,如专家是否善辩、权威等
	德尔菲法	以匿名方式经过几轮函询征求专家们的意见,然后对每一轮意见都汇总整理,作为参考资料再发给各专家,供他们分析判断,提出新的论证	突破了传统的数据分析限制,能对未来期待情景出现的概率进行估计	在理论上不能证明所有参加者的意见能收敛于客观实际
故障树分析法		广泛用于工业和其他复杂大型系统之中	比较全面地分析了所有故障原因,包括人为因素,因而包罗了系统内、外所有失效机理;比较形象化,直观性较强	分析大系统时,这种方法容易产生遗漏和错误
流程分析识别法		按照生产经营的过程及其内在的逻辑关系绘制成流程图,针对流程中的关键环节和薄弱环节进行调查,从而识别风险	比较全面地分析了所有故障原因,包括人为因素,因而包罗了系统内、外所有失效机理;比较形象化,直观性较强	分析大系统时,这种方法容易产生遗漏和错误
目标导向识别法		按照目标及其内在的逻辑关系,从目标导向、情景导向、分类导向和经验导向四个方面进行风险识别	比较全面分析不同类型风险,比较形象直观	量化指标设置比较难,容易产生遗漏和错误

2. 风险衡量

风险衡量是在风险识别和估测的基础上,对风险发生的概率、损失程度,结合其他因素进行全面考虑,评估发生风险的可能性及危害程度。风险衡量是风险管理工作的重要环节,为风险管理决策提供支撑。根据运营风险分类及各自特性,常用的风险分析模型包括蒙特卡洛模拟法、盲数、因子分析法、因素定量权重分析法等方法。

本书综合采用因子分析与盲数理论相结合的方法,量化分析电网企业运营风险。即在全面梳理风险因素基础上,运用因子分析方法筛选出主要风险因子,然后对筛选出的主要风险因子运用盲数分析法进行量化评估。研究构建了电网企业运营风险量化分析处理流程，如图 7-1 所示。

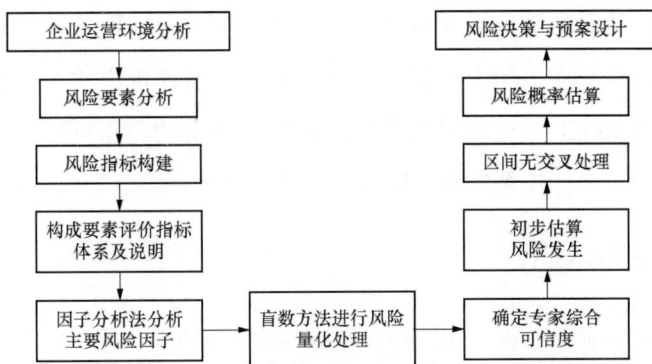

图 7-1　电网企业运营风险量化分析处理流程图

3. 风险管理评价

风险管理评价是运营风险管理的重要环节，通过运用风险量化模型对企业运营风险进行评价，以帮助电网企业实现风险评估、风险监督和风险预警等方面的功能。

评价指标总体上可以分为两类：一类是可以定量分析的指标，对于这些数据，通过实际调查和简单运算一般都可以得到；另一类则是只能定性描述的指标，如品牌形象、法律纠纷等，这类指标可以通过确立指标等级（一般 3～5 级），结合聘请专家打分的方法来得到相应的指标值。电网企业运营风险指标体系示意图如图 7-2 所示。

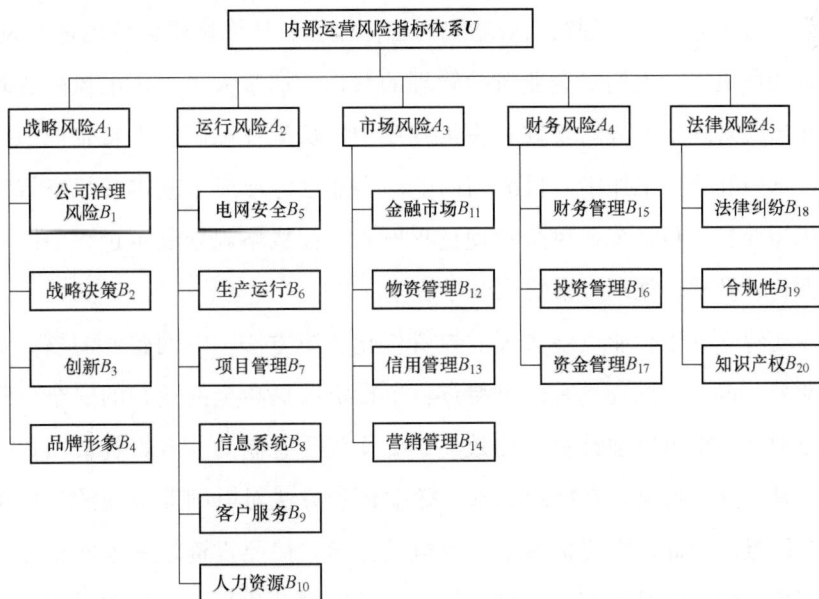

图 7-2　电网企业运营风险指标体系示意图

在确定了指标集之后，一个重要的任务就是如何建立合适的数学模型和方法来确定各指标的隶属范围，并按不同属性进行定量和定性评价，最后得到电网企业运营风险评价指标体系，从而为管理者和投资者提供决策参考。本文选用了层次分析法和模糊综合评判模型，组合成了层次模糊综合评价方法。该评价方法的思想是在的运营风险管理指标体系的基础上，运用层次分析法对指标体系的各指标赋予权重，然后采用模糊综合评判模型对指标体系的各个风险指标进行评价，综合得出评价结果。

二、面临挑战与不足

对于大多数电网企业而言，实践中往往存在以下不足：

（1）尚未建立权责清晰的风险管理组织体系。当前，由于尚未建立权责明确的运营风险管理工作组织体系，尚没有明确专门机构负责风险管理，全面统筹和组织协调电网企业运营风险管理工作；尚没有建立覆盖集团总部各部门、省级各公司的运营风险管理组织体系，各层级、各岗位的风险管理职能和责任有待进一步清晰。

（2）需要制定基于战略目标的企业风险评价标准。电网企业作为向社会提供电力供应的公用事业企业，运营目标资产、财务效益好、服务质量好、供电安全可靠、社会声誉好、安全环保符合要求等多个方面。电网企业需要在研究确定战略目标及其关键绩效指标（KPI）的基础上，建立风险评价标准，将非量化目标进行量化评价，建立统一风险管理语言，指导企业上下开展风险识别和评价。

（3）尚未将企业风险管理纳入战略规划工作流程。从战略层面重视企业风险管理，已经成为金融危机以来人们对企业风险管理的共识。加拿大第一水电风险管理的成功在于将企业风险管理纳入战略规划和决策程序中，从流程和制度上将企业风险管理理念融入每个部门和业务工作中。目前国内电网企业已经形成了基本的战略规划工作体系，但是仍需要进一步将企业风险管理过程融入，在战略规划制定过程中同时开展风险识别、评价以及战略规划方案的风险评估等。

（4）需要建立基于企业风险管理的投资优化决策方法。电网企业的核心业务是电网输变电业务。该业务投资具有两个特点：①投资以提高全网运行的安全可靠为主要目的，难以对某项支出单独计算产出效益；②作为受管制的业务，资产回报率由监管机构核定。基于这些特点，常规的成本—效益评价方法对电网业务内的各单项投资作出评价较为困难。因此，需要借鉴第一水电的经验，按照投资带来电网企业风险降低的能力来评价不同投资对企业的贡献。目前企业电网基建投资、技改投资等尚未建立统一的评价和选择标准，需要研究探索基于风险管理的方法，充分利用生产管理信息系统、资产状态评估和资产管理的技术经济评价等已有成果，研究建立投资项目优化决策方法，提高企业充分利用资源科学决策的能力。

（5）需要加快建设风险管理信息系统。对风险实行量化分析是现代企业风险管理的趋势。量化分析需要大量的数据采集和积累，电网企业需要依托跨部门的信息系统，在明确了风险辨识和沟通机制后，建立贯通公司各层级、各专业、各项主要业务的风险管理信息平台，实现风险识别分析和风险预警功能，为加强风险管理提供有效措施。

第二节　运营风险衡量与综合评价

一、运营风险识别

电网企业运营风险可以分为两类：一类是主要由外部因素导致的风险，由于环境的变化影响到内部运营绩效，导致与预期目标发生偏离，对电网企业整体目标的实现造成不确定性。另一类是企业内部经营管理因素导致的风险，在企业经营管理中由于对预期目标指标的偏离，而产生的对实现预期目标的不确定性。

综上，可将电网企业运营风险分为外部风险和内部风险 2 类一级风险。其中，外部风险包括政策、经济、技术、自然、舆情 5 类二级风险；内部风险包括战略、运行、市场、财务、法律 5 类二级风险；进一步分成 29 个三级风险以及 67 个四级风险，形成具有四个层级的电网企业运营风险管理分类分级识别体系，见表 7 - 2。

表 7 - 2　　　　　　　　　电网企业运营风险识别体系

一级风险	二级风险	三级风险	四级风险
外部风险	政策风险	国企改革	发展变革
		电力市场化改革	输配电体制
			售电体制
			调度体制
			价格体制
		法律规范	依法治企
	技术风险	能源技术	新能源接入
		电网技术	智能电网
	自然风险	自然灾害	灾害事故
	经济风险	经济运行	宏观经济
	舆情风险	舆情风险	舆论舆情
		信访风险	员工稳定

续表

一级风险	二级风险	三级风险	四级风险
内部风险	战略风险	电网企业治理风险	治理结构完善
			治理能力提升
		战略决策	电网投资
			金融业务
			产业发展
			国际化经营
			并购重组
		创新	科技创新
			管理创新
		品牌形象	品牌管理
			公共关系
			企业文化
	运行风险	电网安全	安全生产
			应急管理
		生产运行	电网运行
			设备管理
		项目管理	前期工作
			物资采购
			工程管理
		信息系统	信息安全
			信息化建设
		客户服务	优质服务
			电能计量
		人力资源	干部管理
			员工管理
			农电工管理
	市场风险	金融市场	货币汇率
			利率
			资本市场
		物资管理	物资供应
			物资价格
		信用管理	客户信用
			企业信用

一级风险	二级风险	三级风险	四级风险
内部风险	市场风险	营销管理	售电量
			电力供应
			电力交易
			电价
			电费回收
			市场开拓
	财务风险	财务管理	财务报表
			担保
			成本控制
		投资管理	短期投资
			长期投资
		资金管理	资金管理
			融资管理
	法律风险	法律纠纷	环保投诉
			劳动保护
			合同纠纷
			设施保护
		合规性	经营合规
			合同管理
			党风廉政
		知识产权	知识产权保护
			知识产权侵权

根据对电网企业系统运营风险的问卷调研，电网企业运营总体面临的主要风险描述及风险成因见表 7-3。

表 7-3 电网企业运营部分风险描述及风险成因

风险点	风险描述	导致风险的因素
宏观经济	我国经济发展进入新常态，经济形势变化、行业结构调整等将对电网企业收益与经营存在较大不确定性	国家经济发展形势发生变化，导致政策和需求环境变化；经济结构与产业结构将对电网企业运营产生重大影响
发展变革	国资监管、行业监管、社会监管等政策和标准变化，对电网企业经营发展产生的不确定性	国资监管、行业监管、社会监管等政策环境不断发生新的变化，对电网企业战略定位、业务发展、经营管理不断产生新的影响

风险点	风险描述	导致风险的因素
输配电价改革	电力市场化改革取向，独立输配电价等改革监管举措持续深化，使电网收入与电网企业经营存在不确定性	行业改革、政府改革等外部监管，要求加强自然垄断行业监管，加强成本公开透明，推进输配电价独立，将对电网企业收入与经营管理产生重大影响
售电市场改革	售电市场引入竞争，影响电网企业盈利模式与管理模式	电网企业基层管理、盈利模式、经营效益等面临全方位影响
舆论舆情	对行业改革、企业管理舆论监督更为全面，对电网企业运营产生的不确定性	网络、媒体等对自然垄断企业改革更为关注，对政策方向也可能产生较大影响
管理创新	企业内外部环境变化要求不断推进电网企业管理创新，对电网企业经营产生的不确定性	运营管理体系持续建设有待进一步深化，电网企业管理模式需要根据环境与政策变化动态优化调整，需要电网企业持续深化管理创新，推进各专业、各层级、各业务协同发展，持续增强创新与适应能力
国际化经营	国际能源合作和国际业务开展受国际政治经济环境影响，存在偏离预期目标的不确定性	国际经济形势变化剧烈，国外电力监管机构对电力行业监管与国内存在较大差别。同时也存在国际化经营项目选取是否充分考虑国际经济形势和监管环境等因素
治理结构完善	治理结构包括母（子）电网企业层面的电网企业治理结构、母子电网企业间治理结构、外部治理结构和跨国治理结构。电网企业有效解决了母子电网企业治理中分散经营问题，但其他方面的治理结构需进一步优化	电网企业传统经营管理模式及电网自然垄断产业特定属性，使其治理结构具有一定的行政特色，但随着市场化程度的逐步加大，业务逐步放开，电网企业面临较大的治理结构调整压力
治理能力提升	治理能力体现为集团化运作能力、风险防控、应对突发事件、制度建设与执行、依法治企等多方面能力，是电网企业体制机制有效协同的综合体现。随着改革深化，电网企业治理能力需动态优化提升，存在适应性风险	国家全面深化改革，要求深化企业治理体系、提升治理能力，对电网企业经营管理适应性与治理能力动态优化提出更高要求
安全生产	安全生产管理不到位，可能引发电网停电、人员伤亡、设备损坏、重要通信通道中断、现场施工等事故	电煤供应、外力破坏、网厂协调、设备质量等影响安全生产。同时，电网建设相对滞后，电网结构不合理等因素影响安全生产
前期工作	拆迁难度加剧，环境标准提升，跨区跨省电网项目审批困难，征地赔偿金额提高，通道获取困难，导致前期工作难度加大，制约电网规划落实	各级地方政府和用地、环评、水保、规划等主管部门，在电网项目核准支持性文件审批方面的政策、标准和办理流程上不统一；用地、环评、水保、规划等方面的政策法规、技术标准变化调整较大；土地供给的趋紧，拆迁难度加剧等。同时，企业对前期工作认识不足，相关准备性文件提供不及时、不符合要求

续表

风险点	风险描述	导致风险的因素
信息安全	文件保密工作存在漏洞，信息网络存在被攻击、瘫痪或运转失灵的隐患，引发信息泄密事件	外部：国际政治经济局势复杂化的影响，敌对势力、外部：利益集团、极端分子对电网企业日益关注；随着文件拷贝、信息传播技术的发展，文件保密工作压力越来越大，泄密风险日益增大。 内部：信息安全防范措施有效性、管理严密性、保密制度落实程度都会影响信息安全；对新的窃密和网络攻击技术缺乏有效的防护手段
农电工管理	农电工用工形式、待遇与县供电企业正式工存在差异，影响农电队伍稳定	农电工及其用工政策等历史遗留问题；电网企业农电工管理缺乏统一规范
电价	电价结构不合理，电价水平过低，抑制电网企业正常收益，影响电网发展能力	政府对于定价权利的控制，未能建立起科学有效的电力价格联动机制
售电量	售电量减少或增速低于预期，影响主营业务收入	经济发展速度放缓，经济结构调整导致电力需求下降，影响售电量
电力供应	电力供需存在结构、区域不平衡，导致对用户供电的中断或可靠性下降，给电网企业形象和声誉带来不利的影响	传统火力发电存在生态环境等方面制约，新能源快速发展，电能质量与技术标准等因素对供电可靠性与电网经营带来较大压力
电力交易	电力市场运作机制不完善，电力交易"三公"要求增强，电力跨区交易机制有待进一步优化完善	外部：电力市场建设进展缓慢，缺乏完善规范的电力交易规则； 内部：电网企业组织开展的电力市场交易是否透明，容易引起发电企业、监管部门和社会猜疑和争议
电费回收	电费回收出现困难，影响经营收入	企业经营状况恶化，电费按时缴纳出现问题；客户信用不良，存在恶意、蓄意拖欠电费；停电催缴电费的行为，缺少法律保护
客户信用	电力和设备供应商信用影响电网企业经营活动	发电企业因燃料成本上升等因素减少发电量，国外电力供应商因为经济政治原因降低向电网企业的售电量，将直接影响电网企业售电量和电网企业信誉；设备供应商产品质量直接影响电网企业安全生产
成本控制	投资成本和运营成本上升	外部：大宗商品和劳动力成本上升，以及石油、煤炭等发电燃料价格上涨导致投资成本和运营成本上升。内部：成本控制机制不健全，预算执行不到位导致投资成本和运营成本上升

风险点	风险描述	导致风险的因素
资金管理	资金来源匮乏，资金使用不合理、资金管理不规范影响资金安全和资金流动性和现金流，导致资金收益低于预期	外部：外部资金以银行贷款为主，企业债券规模有限，电网企业尚未上市，多元化筹资机制有待完善；随着电力交易机制变化，电网企业现金流收到一定冲击。 内部：资金集中使用机制仍有待完善，资金管理尤其是工程项目资金管理长效机制尚未建立
劳动保护	农电用工、劳务派遣等规模大，风险点多	《劳动合同法》等法律法规的出台后，对加强用工管理提出更高要求
环保投诉	针对输变电的环保投诉增加的风险	居民环境保护意识不断加强。电力系统对有关环境影响的科学研究不深入；有关电磁辐射等方面环保宣传不够
设施保护	电力设施保护得不到有效法律支撑	目前虽然有法可依，但电网企业不具备执法权，政府机关执法力量薄弱，执法不严，有关法律的权威和有效性体现不足
党风廉政	法律监督失效，导致发生行贿受贿、贪污腐败行为发生，导致违法违纪行为和经济案件发生的可能性	内部：电网企业的制度建设不够完善；部分干部员工价值观存在问题，思想境界不够。 外部：拜金主义、自由主义等不利的思潮仍然存在；整个社会风气的改善还需要时间

二、运营风险要素的衡量分析

1. 运用因子分析法筛选主要风险要素

因子分析法是指从研究指标相关矩阵内部的依赖关系出发，把一些信息重叠、具有错综复杂关系的变量归结为少数几个不相关的综合因子的一种多元统计分析方法。基本思想是：根据相关性大小把变量分组，使得同组内的变量之间相关性较高，但不同组的变量不相关或相关性较低，每组变量代表一个基本结构——即公共因子。应用因子分析法的主要步骤如下：①对数据样本进行标准化处理；②计算样本的相关矩阵R；③求相关矩阵R的特征根和特征向量；④根据系统要求的累积贡献率确定主因子的个数；⑤计算因子载荷矩阵A；⑥确定因子模型；⑦根据上述计算结果，对系统进行分析。

以上文识别出的电网企业战略风险分析为例，电网战略风险主要分析以下 12 个风险点：①企业治理结构完善；②电网企业治理能力提升；③电网投资风险；④金融业务风险；⑤产业发展风险；⑥国际化经营风险；⑦并购重组风险；⑧科技创新风险；⑨管理创新风险；⑩品牌管理风险；⑪公共关系风险；⑫企业文化风险。请专家组对这 12 项风险点即 12 个变量的重要性进行排序，最重要的为 1 分，以下分数递增，最不重要的为 7 分。

首先使用 SPSS 统计软件对 12 个变量进行巴特利特球型检验与 KMO 检验，检验其数据是否适合进行因子分析。KMO 统计量的取值在 0~1 之间，KMO 值越接近于 0 表明原始变量相关性越弱，越接近于 1 表明原始变量相关性越强，通常认为 KMO 的度量标准是：0.9 以上表示非常适合进行因子分析，0.8 以上表示比较适合，0.7 表示一般，0.6 表示不太适合，0.5 以下表示极不适合。Bartlett 球形检验的原假设是：原始变量的相关系数矩阵是单位阵，即主对角线元素为 1，其他元素均为 0。

相关系数矩阵及相关显著性检验如表 7 - 4 所示。表中上半部分是原始变量的相关系数矩阵，可以看到，矩阵中存在许多比较高的相关系数；表 7 - 4 的下半部分是相关系数显著性检验的 P 值，其中存在大量的小于 0.05 的值，这些都说明原始变量之间存在着较强的相关性，具有进行因子分析的必要性。

表 7 - 4　　　　　　　　　相关系数矩阵及相关显著性检验

参数		X_1	X_2	X_3	X_4	X_5	X_6	X_7	X_8	X_9	X_{10}	X_{11}	X_{12}
Correlation	X_1	1.000	0.861	−0.05	−0.2	0.733	0.127	0.112	0.153	0.084	0.158	0.240	0.177
	X_2	0.861	1.0	0.105	0.082	0.917	0.351	0.261	0.263	0.233	0.345	0.427	0.378
	X_3	−0.054	0.105	1.0	0.746	0.136	0.602	0.327	0.337	0.0	0.357	0.397	0.587
	X_4	−0.166	0.082	0.746	1.0	0.121	0.522	0.306	0.319	0.009	0.318	0.408	0.538
	X_5	0.733	0.917	0.136	0.121	1.0	0.354	0.266	0.242	0.192	0.307	0.367	0.348
	X_6	0.127	0.351	0.602	0.522	0.354	1.0	0.598	0.560	0.470	0.777	0.777	0.933
	X_7	0.112	0.261	0.327	0.306	0.266	0.598	1.0	0.958	0.197	0.363	0.464	0.625
	X_8	0.153	0.263	0.337	0.319	0.242	0.560	0.958	1.0	0.223	0.293	0.533	0.633
	X_9	0.084	0.233	−0.02	0.009	0.192	0.470	0.197	0.223	1.0	0.499	0.643	0.530
	X_{10}	0.158	0.345	0.357	0.318	0.307	0.777	0.363	0.293	0.499	1.0	0.819	0.834
	X_{11}	0.240	0.427	0.397	0.408	0.367	0.777	0.464	0.533	0.643	0.819	1.0	0.906
	X_{12}	0.177	0.378	0.587	0.538	0.348	0.933	0.625	0.633	0.530	0.834	0.906	1.0

续表

参数		X_1	X_2	X_3	X_4	X_5	X_6	X_7	X_8	X_9	X_{10}	X_{11}	X_{12}
Sig.	X_1		0.000	0.359	0.130	0.000	0.194	0.224	0.150	0.285	0.142	0.050	0.114
	X_2	0.000		0.240	0.289	0.000	0.007	0.036	0.036	0.055	0.008	0.001	0.004
	X_3	0.359	0.240		0.000	0.178	0.000	0.012	0.010	0.455	0.006	0.003	0.000
	X_4	0.130	0.289	0.000		0.206	0.000	0.017	0.014	0.477	0.014	0.002	0.000
	X_5	0.000	0.000	0.178	0.206		0.007	0.034	0.049	0.095	0.017	0.005	0.008
	X_6	0.194	0.007	0.000	0.000	0.007		0.000	0.000	0.000	0.000	0.000	0.000
	X_7	0.224	0.036	0.012	0.017	0.034	0.000		0.000	0.090	0.006	0.000	0.000
	X_8	0.150	0.036	0.010	0.014	0.049	0.000	0.000		0.064	0.022	0.000	0.000
	X_9	0.285	0.055	0.455	0.477	0.095	0.000	0.090	0.064		0.000	0.000	0.000
	X_{10}	0.142	0.008	0.006	0.014	0.017	0.000	0.006	0.022	0.000		0.000	0.000
	X_{11}	0.050	0.001	0.003	0.002	0.005	0.000	0.000	0.000	0.000	0.000		0.000
	X_{12}	0.114	0.004	0.000	0.000	0.008	0.000	0.000	0.000	0.000	0.000	0.000	

表 7-5 提供了 KMO 检验统计量与 Bartlett 球形检验结果。KMO 统计量等于 0.718，Bartlett 球形检验的 P 值为 0.000，这些也都说明本例中的数据比较适合进行因子分析。卡方检验是一种用途很广的计数资料的假设检验方法，它属于非参数检验的范畴，主要是比较两个及两个以上样本率（构成比）以及两个分类变量的关联性分析，其根本思想就是在于比较理论频数和实际频数的吻合程度或拟合优度问题。

表 7-5　　　　　　　　　　KMO 检验与 Bartlett 球形检验结果

KMO 统计值		0.718
Bartlett 球形检验	卡方值	839.693
	自由度	78
	P 值	0.000

表 7-6 提供了 12 个原始变量的变量共同度。变量共同度反映每个变量对提取出的所有公共因子的依赖程度。从表 7-6 来看，几乎所有的变量共同度都在 80% 甚至 90% 以上，说明提取的因子已经包含了原始变量的大部分信息，因子提取的效果比较理想。

表 7-6　　　　　　　　　　　　变量共同度

参数	Initial	Extraction	参数	Initial	Extraction
X_1	1.000	0.877	X_4	1.000	0.825
X_2	1.000	0.965	X_5	1.000	0.878
X_3	1.000	0.858	X_6	1.000	0.890

参数	Initial	Extraction	参数	Initial	Extraction
X_7	1.000	0.973	X_{10}	1.000	0.809
X_8	1.000	0.980	X_{11}	1.000	0.885
X_9	1.000	0.784	X_{12}	1.000	0.974

表 7-7 提供了因子分析各个阶段的特征值与方差贡献，其中，初始特征值栏给出初始的样本相关系数矩阵或协差阵的特征值，用于确定哪些因子应该被提取，共有 3 项：①合计列为各因子对应的特征值，本例中共有 4 个因子对应的特征值大于 1，因此应提取相应的 4 个公因子；②百分比列为各因子的方差贡献率；③累计百分比列为各因子的累积方差贡献率。

因子载荷栏给出提取出的因子方差贡献表，提取出的 4 个因子按方差贡献的大小自上而下列出。同时可以看出，前 4 个因子可以解释原始变量 89.651% 的方差，已经包含了大部分的信息。

旋转因子载荷栏给出提取出的公因子经过旋转后的方差贡献情况。从中可以看到，由于经过了旋转，4 个因子的方差贡献已经发生了变量，但是 4 个因子总的累积方差贡献率并没有改变，依然是 89.651%。

表 7-7　　　　　　　　　特征值与方差贡献表

元素	初始特征值			因子载荷			旋转因子载荷		
	合计	百分比	累计百分比	合计	百分比	累计百分比	合计	百分比	累计百分比
1	6.644	51.106	51.106	6.644	51.106	51.106	4.164	32.032	32.032
2	2.393	18.405	69.511	2.393	18.405	69.511	2.767	21.282	53.314
3	1.411	10.853	80.364	1.411	10.853	80.364	2.456	18.893	72.207
4	1.207	9.287	89.651	1.207	9.287	89.651	2.268	17.443	89.651
5	0.443	3.410	93.061						
6	0.286	2.204	92.265						
7	0.263	2.022	97.287						
8	0.149	1.145	98.432						
9	0.106	0.819	99.252						
10	0.044	0.336	99.588						
11	0.031	0.239	99.827						
12	0.017	0.174	100.00						

下一步经过相应计算提取因子。

表 7‐8 给出旋转前的因子载荷阵。根据表 7‐7 可以计算每个原始变量的因子表达式

$$X_1 = 0.309F_1 + 0.869F_2 + 0.148F_3 + 0.055F_4$$

$$X_2 = 0.543F_1 + 0.793F_2 + 0.155F_3 + 0.131F_4$$

$$X_3 = 0.581F_1 - 0.406F_2 + 0.419F_3 + 0.424F_4$$

......

每个因子在不同原始变量上的载荷没有明显的差别，为了便于对因子进行命名，还需要对因子载荷阵进行旋转。

表 7‐8　　　　　　　　　　　旋转前的因子载荷阵

观察变量	因　　子											
	F_1	F_2	F_3	F_4	F_5	F_6	F_7	F_8	F_9	F_{10}	F_{11}	F_{12}
治理结构风险	−0.1565	−0.4433	0.7672	−0.3365	0.2138	0.1319	−0.0021	0.2834	0.3426	0.9243	0.4562	0.5426
电网投资风险	0.2444	−0.7179	−0.3129	0.3877	−0.2119	0.2878	0.0021	−0.4352	0.3432	−0.4537	0.7563	0.4526
治理能力风险	0.4545	0.016	−0.6442	−0.4891	−0.2441	−0.4236	−0.002	0.5432	−0.7542	0.5436	0.5467	−0.5546
品牌管理风险	−0.4353	−0.0637	−0.2464	0.2441	0.2156	−0.4968	−0.002	0.6352	0.6456	0.7673	0.6527	0.5427
产业发展风险	−0.6845	0.4847	−0.362	−0.4205	−0.1858	0.3972	0.0019	0.0231	0.5636	0.5654	0.8678	0.8345
国际化经营风险	0.5707	0.4554	−0.0723	0.2293	0.6214	0.1477	0.0018	0.3425	0.5657	0.6567	0.0965	0.5432
并购重组风险	0.0432	0.4956	0.4318	0.5082	−0.4693	−0.0394	−0.0015	0.5422	0.2375	0.2334	0.7356	0.5436
企业文化风险	0.5425	−0.4352	0.4325	0.4352	0.5423	−0.4235	0.5452	−0.4526	0.5462	0.7845	0.8346	−0.7345
管理创新风险	0.4529	−0.3875	0.3426	0.4325	0.7472	0.7342	0.9231	−0.5425	0.7843	−0.6356	0.5637	0.5463
金融业务风险	−0.5345	0.4523	0.6526	0.5322	0.3253	0.6231	0.4355	0.5454	−0.5436	0.5245	−0.5258	0.5723

观察变量	因 子											
	F_1	F_2	F_3	F_4	F_5	F_6	F_7	F_8	F_9	F_{10}	F_{11}	F_{12}
公共关系风险	0.6823	0.5423	−0.9452	0.5632	0.6334	0.6345	0.4323	0.8332	0.5462	0.5274	0.5457	0.5462
科技创新风险	0.5822	0.1234	0.9542	0.7234	0.4235	0.4526	0.6732	0.5422	0.8345	0.5426	−0.4536	0.8742
特征值	1.234	1.343	1.123	1.0345	0.9834	0.9842	0.9347	0.8456	0.9453	0.8954	0.8452	0.7543
方差贡献率(%)	9.00	28.20	34.45	18.00	5.70	2.20	0.85	0.40	0.30	0.40	0.40	0.10
累计贡献率(%)	9.00	37.20	71.65	89.65	95.35	97.55	98.40	98.80	99.10	99.50	99.90	100.00

注：指标及数据为模拟数值，实际运用需采用电网企业运营管理实际指标数据。

从表7-8可以看出，综合变量解释变量的总方差的能力有大有小。前4个累计方差贡献率达到了89.651%，即前4个因子解释了总方差的89.651%，能够较好的解释变量的方差。因子分析希望达到的目的是减少变量的个数，解释事物的本质。

旋转后的因子载荷阵如表7-9所示，为了使因子对变量的解释以及因子的命名更准确，再对因子进行旋转，旋转之后得到因子负荷系数。

表7-9　　　　　　　　　旋转后的因子载荷阵

观察变量	因 子			
	F_1	F_2	F_3	F_4
治理结构风险	−0.91344	−0.14700	0.45236	0.05564
电网投资风险	−0.04342	−0.53323	−0.2356	−0.43657
治理能力风险	0.64355	0.30570	0.4537	−0.54677
品牌管理风险	−0.65963	0.02008	−0.44855	0.56733
产业发展风险	−0.45366	0.77784	−0.24567	0.76547
国际化经营风险	0.75635	−0.08405	−0.08925	0.94543
并购重组风险	0.23455	−0.39328	0.07437	0.94856
企业文化风险	0.54424	0.04352	0.45367	0.65634
管理创新风险	0.45432	0.34125	0.54636	0.45356
金融业务风险	0.32563	0.73453	0.76737	0.54367
公共关系风险	−0.42566	0.54626	0.54737	0.75625
科技创新风险	0.54624	0.54636	0.78473	0.35355

因子 F_1 与变量 X_1、X_3 相关性较强，说明它在整体上表明与战略风险中治理结构风险、治理能力风险之间的耦合性较高；因子 F_2 与变量 X_2、X_5、X_6、X_7、X_{10} 有较强的相关性，说明它与战略风险中电网投资风险、产业发展风险、国际化经营风险、并购重组风险、金融业务风险之间的耦合性较高；因子 F_3 与变量 X_9 和 X_{12} 正相关性较强，说明它与战略风险中科技创新风险、管理创新风险耦合性较高；因子 F_4 与 X_4、X_8、X_{11} 有较强的正相关，说明它与战略风险中的品牌管理风险、公共关系风险、企业文化风险耦合性较高。

要评价每一个风险因素对电网运行的影响程度，必须计算每个风险变量的综合得分。计算方法是以各因子的方差贡献率占 4 个综合因子总方差贡献率的比重作为权重进行加权汇总。

$$F = (9.00\%F1 + 28.20\%F2 + 34.45\%F3 + 18.0\%F4) / 89.651\%$$

因子得分表见表 7 - 10。

表 7 - 10　　　　　　　　　　因 子 得 分 表

风险变量	因子得分				综合得分
	F_1	F_2	F_3	F_4	
治理结构风险	−0.435	0.145	0.343	0.435	0.488
电网投资风险	0.435	0.345	−0.144	0.435	1.071
治理能力风险	0.234	−0.342	0.342	0.123	0.357
品牌管理风险	0.412	0.124	0.562	0.622	1.72
产业发展风险	−0.425	0.345	0.341	0.341	0.602
国际化经营风险	0.145	0.432	−0.341	0.542	0.778
并购重组风险	0.345	0.631	0.521	0.134	1.631
企业文化风险	0.452	0.653	0.345	0.342	1.792
管理创新风险	0.245	0.342	0.632	0.532	1.751
金融业务风险	0.234	0.324	0.532	0.442	1.532
公共关系风险	−0.634	0.424	0.234	0.234	0.258
科技创新风险	0.435	0.323	0.342	0.342	1.442

根据以上描述及分析，电网企业运营战略风险可以重新排序为：企业文化风险、管理创新风险、品牌管理风险、并购重组风险、金融业务风险、科技创新风险和电网投资风险等。

2. 关键风险因素量化

在确定关键风险因素之后，需要对关键风险进行量化。以管理创新风险为例，运用盲数法量化衡量风险大小。

（1）本研究聘请 10 位专家，组成风险评估专家组，对电网企业风险指标影响因素进行估算：

根据 10 位专家的威望、学识水平、工作经验，运用模糊评价法，计算每位专家的可信度。模拟计算专家组成员每位专家的可信度相量为（0.9，0.9，0.85，0.9，0.85，0.8，0.8，0.85，0.75，0.7）。然后根据盲数理论计算公式，确定每名专家关于战略风险专家群的综合可信度为：$\alpha_1 = 0.108$，$\alpha_2 = 0.108$，$\alpha_3 = 0.102$，$\alpha_4 = 0.108$，$\alpha_5 = 0.102$，$\alpha_6 = 0.096$，$\alpha_7 = 0.096$，$\alpha_8 = 0.102$，$\alpha_9 = 0.09$，$\alpha_{10} = 0.084$。由此计算得到战略风险专家群可信程度为 $\alpha = 0.83$。

（2）管理创新风险评估专家群根据工作经验对电网运营过程中管理创新风险发生的概率进行估算。

电网品牌管理风险发生估算结果如表 7-11 所示，每名专家对品牌管理风险发生估算结果之间存在着发生区间交叉重叠现象。根据盲数理论，对品牌管理风险发生端点值按大小顺序进行重新排序，使得新区间序列之间无交叉。品牌管理风险的重新排序结果是 0.05，0.10，0.15，0.20。新划分的区间是 [0.05，0.10]　[0.10，0.15] [0.15，0.20]。

表 7-11　　　　　　　　　　电网品牌管理风险发生估算结果

专家	管理创新风险概率	专家	管理创新风险概率
专家 a	[0.05，0.10]	专家 f	[0.10，0.20]
专家 b	[0.10，0.15]	专家 g	[0.10，0.20]
专家 c	[0.05，0.10]	专家 h	[0.10，0.15]
专家 d	[0.05，0.10]	专家 i	[0.10，0.15]
专家 e	[0.10，0.15]	专家 j	[0.10，0.20]

得出新划分出来的区间可信度值分别为 $\beta1 = 0.318$，$\beta2 = 0.540$，$\beta3 = 0.142$，从而得出品牌管理风险概率分布，见表 7-12。

表 7-12　　　　　　　　　　品牌管理风险发生概率分布

可信度	品牌管理风险发生频率
0.318	[0.05，0.10]
0.542	[0.10，0.15]
0.142	[0.15，0.20]

根据计算管理创新风险发生的期望值，同时计算风险发生的概率 $x = \dfrac{1}{\alpha}\left(\Theta\sum\limits_{i=1}^{m} a_i x_i\right)$。

在本案例中 $x=0.116$，即风险发生的可能为 11.6%。

（3）构建风险划分标准。品牌管理风险带来的损失程度较高，应根据电网企业运营经验构建品牌管理风险量化标准表，如表 7-13 所示。

表 7-13　　　　　　　　　　品牌管理风险量化标准表

品牌管理风险量化	状　态	品牌管理风险量化	状　态
［ 15， 20］	高风险	［ 2， 5 ］	较低风险
［ 10， 15］	较高风险	［ 0， 2 ］	低风险
［ 5， 10］	中等风险		

在本案例中，品牌管理风险发生概率为 $10<11$、$6<15$，属于较高风险变量。

根据盲数分析法，可以继续将其他主要的风险因素进行风险量化，计算出它们发生的概率，绘制出风险发生概率分布。运营风险分布地图如图 7-3 所示。

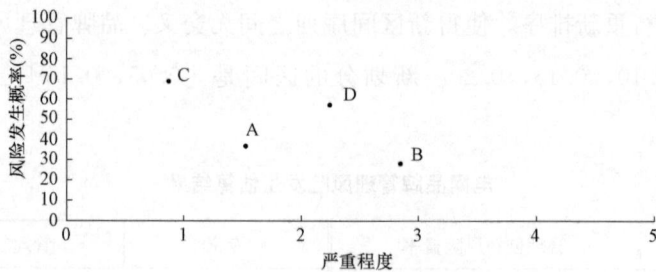

图 7-3　运营风险分布地图

三、运营风险综合评价模型

1. 运用层次分析法（AHP）确定权重

层次分析法（AHP）是一种将定性和定量分析进行完美结合的多准则多目标的评价方法。将被评价的对象看成一个多层次的系统，通过分析将系统结构层次化和条理化。还运用一系列的标度来刻画人的思维，从而将定性的问题数量化，主观的判断客观化。处理过程包括：

首先，建立评级指标层次结构。将影响评价的各因素按照不同属性自上而下分解成若干层次，同一层次的各因素从属于上一层次的因素，同时又支配下一层次的因素。层次分析法要求的递阶层次结构一般分为三个层次，即目标层（最高层）、准则层（中间层）、指标层（最低层）。

其次，构造判断矩阵。相对于上层因素而言，判断下层指标因素两两对比的相对重要性程度，通过数值刻画相应的定性的表述，构造出其判断矩阵 H。

$$H = \begin{bmatrix} h_{11} & h_{12} & \cdots & h_{1n} \\ h_{21} & h_{22} & \cdots & h_{2n} \\ \cdots & \cdots & \cdots & \cdots \\ h_{n1} & h_{n2} & \cdots & h_{nm} \end{bmatrix} \quad h_{ij} > 0 \ (i = 1, 2\cdots n, \ j = 1, 2\cdots m)$$

其中，指标因素重要性程度用标度进行赋值，标度的具体含义参见表 7-14。

表 7-14　　　　　　　　　　　　标　度　含　义　表

标度	定义	具体含义
1	同样重要	两因素比较，具有相同重要性
3	稍微重要	两因素比较，其中一个稍微重要
5	明显重要	两因素比较，其中一个明显重要
7	强烈重要	两因素比较，其中一个强烈重要
9	极端重要	两因素比较，其中一个极端重要
2、4、6、8	相邻标度中值	相邻两标度之间折中时的标度
倒数	反比较	若因素甲与因素乙相比的标度为i，则乙与甲相比的标度为1/i

第三，正规化和一致性检验。根据公式 $M_i = \sqrt[n]{\prod_{j=1}^{m} h_{ij}}$，$i = 1, 2\cdots, n$ 可以求得矩阵的特征向量 $M = \{M_1, M_2, \cdots, M_n\}^T$；然后根据公式 $W_i = \dfrac{M_i}{\sum_{t=1}^{n} t_i}$ 求得其权重向量为 $W = \{W_1, W_2, \cdots, W_n\}^T$，得到其最大特征根为 $\lambda_{\max} = \sum_{i=1}^{n} \dfrac{(AW)}{nw_i}$。最后对判断矩阵进行一致性检验，即根据公式 $CI = \dfrac{\lambda_{\max} - n}{n-1}$，$CR = \dfrac{CI}{RI}$ 计算求得，其中 RI 的值能够在平均随机一致性指标表中查到。在计算完毕后，若一致性检验得出的值 $CR < 0.10$ 时，说明判断矩阵的一致性检验满意；否则就要对判断矩阵进行相应的调整，直至得到满意的CR值。

按照以上的计算步骤，对风险指标体系的各层次结构进行逐层计算，最后可以得到各层次指标因素对于总目标层的相对重要性，即指标权重。

根据前文所构建的电网企业运营风险指标体系，随机邀请电网运营管理人员、运营操作人员、相关学者等专家20人，请专家根据自身的知识和经验，按照标度含义表对各层次各指标对于上一层次某一指标的相对重要性进行判断赋值，建立两两比较的判断矩阵，并采用方根法，计算出各层次因素的权重，运营风险指标权重见表 7-15。

表 7-15 运营风险指标权重

内部运营风险指标体系	战略风险 A_1 0.26	电网企业治理风险 B_1 0.11	治理结构完善 C_1 0.34
			治理能力提升 C_2 0.66
		战略决策 B_2 0.32	电网投资 C_3 0.13
			金融业务 C_4 0.21
			产业发展 C_5 0.33
			国际化经营 C_6 0.12
			并购重组 C_7 0.11
		创新 B_3 0.17	科技创新 C_8 0.45
			管理创新 C_9 0.55
		品牌形象 B_4 0.50	品牌管理 C_{10} 0.21
			公共关系 C_{11} 0.44
			企业文化 C_{12} 0.35
	运行风险 A_2 0.36	电网安全 B_5 0.31	安全生产 C_{13} 0.76
			应急管理 C_{14} 0.24
		生产运行 B_6 0.26	电网运行 C_{15} 0.68
			设备管理 C_{16} 0.32
		项目管理 B_7 0.11	前期工作 C_{17} 0.24
			物资采购 C_{18} 0.34
			工程管理 C_{19} 0.42
		信息系统 B_8 0.13	信息安全 C_{20} 0.57
			信息化建设 C_{21} 0.43
		客户服务 B_9 0.11	优质服务 C_{22} 0.46
			电能计量 C_{23} 0.54
		人力资源 B_{10} 0.08	干部管理 C_{24} 0.23
			员工管理 C_{25} 0.45
			农电工管理 C_{26} 0.32
	市场风险 A_3 0.15	金融市场 B_{11} 0.8	货币汇率 C_{27} 0.33
			利率 C_{28} 0.23
			资本市场 C_{29} 0.44
		物资管理 B_{12} 0.8	物资供应 C_{30} 0.55
			物资价格 C_{31} 0.45
		信用管理 B_{13} 0.8	客户信用 C_{32} 0.63
			企业信用 C_{33} 0.37

内部运营 风险指标体系	市场风险 A_3 0.15	营销管理 B_{14} 0.8	售电量 C_{34} 0.22
			电力供应 C_{35} 0.11
			电力交易 C_{36} 0.23
			电价 C_{37} 0.10
			电费回收 C_{38} 0.24
			市场开拓 C_{39} 0.10
	财务风险 A_4 0.23	财务管理 B_{15} 0.8	财务报表 C_{40} 0.34
			担保 C_{41} 0.22
			成本控制 C_{42} 0.44
		投资管理 B_{16} 0.8	短期投资 C_{43} 0.33
			长期投资 C_{44} 0.64
		资金管理 B_{17} 0.8	资金管理 C_{45} 0.62
			融资管理 C_{46} 0.38
	法律风险 A_5 0.10	法律纠纷 B_{18} 0.8	环保投诉 C_{47} 0.22
			劳动保护 C_{48} 0.13
			合同纠纷 C_{49} 0.32
			设施保护 C_{50} 0.33
		合规性 B_{19} 0.8	经营合规 C_{51} 0.13
			合同管理 C_{52} 0.34
			廉政风险 C_{53} 0.53
		知识产权 B_{20} 0.8	知识产权保护 C_{54} 0.61
			知识产权侵权 C_{55} 0.39

判断矩阵一致性比率：0.0005，所有二阶以上判断矩阵的 CR＜0.1，因此，所有判断矩阵通过一致性检验，其结果是可靠的。

2. 运用模糊综合评价（FCE）方法进行综合评价

模糊综合评价是基于模糊数学的理论，对边界模糊、难以定量的多因素影响的对象，依据相应的判断标准进行评价。其评价的结果是一个以模糊集的形式存在的，而不是绝对的肯定或否定的形式。主要实施步骤如下：

（1）评价指标与评价等级的划分。对于评价指标直接采用前面建立的风险指标体系中的因素，组成包含 n 个指标因素集合 $U = \{U_1, U_2, \cdots, U_n\}$，然后组成每一个指标因素 U_i 可能存在的 m 种评价等级所对应的评语集合厂 $V = \{V_1, V_2, \cdots, V_m\}$。

（2）构造评判矩阵。首先要找 k 个专家组成专家评价小组，然后对指标因素集合 U 中的因素 U_i（$i = 1, 2, 3, \cdots, n$）进行评价，将得到一个相对应的评语等级 V_J |

($j=1$, 2, 3, $\cdots$, m)。通过统计因素 U_t 的评价结果，即其相对应的评价等级的数目，求其均值后，建立因素 U_i 的模糊子集 $R_i = \{r_{i1}$, r_{i2}, $r_{i3}\cdots\}$。同理，可以得到从集合 U 到集合 V 的模糊矩阵：

$$R = \{R_1, R_2, R_3, \cdots, R_n\} = (r_{ij})_{n\times m} = \begin{bmatrix} r_{11} & r_{12} & \cdots & r_{1m} \\ r_{21} & r_{22} & \cdots & r_{2m} \\ \cdots & \cdots & \cdots & \cdots \\ r_{n1} & r_{n2} & \cdots & r_{nn} \end{bmatrix}$$

其中，R_{ij} 为第 i 个指标因素对应于第 j 个评语等级 V 的隶属度，对其进行归一化后，可使得 $\sum_{i=1}^{n} r_{ij} = 1$。

（3）模糊合成及综合评价。结合前面层次分析法所得到的指标权重向量 W 和模糊矩阵 R，然后运用公式 $Y = W^t \times R$ 对模糊矩阵进行合成，得到其综合评价结果，最后从最大隶属度的原则出发对综合评价的结果进行分析处理。

根据上述分析结合模糊评价法，运用上文层次分析法相关成果，对电网企业运营风险管理水平进行模拟评价。

1）确定评价等级标准。参考企业风险管理评价等级一般标准，本报告建立了电网企业五等级的评价等级标准，即 Z＝（AAA，AA，A，BBB，BB），分别代表优、良、中、差、很差，风险管理等级标准见表 7 - 16。

表 7 - 16　　　　　　　风险管理等级标准

评分	等级	等级含义	含　义
90～100	AAA	优	风险管理体系成熟、完整，无风险事故发生，运营体系运作顺畅，各项运营风险指标均达到高标准
80～90	AA	良	风险管理体系较为成熟、完整，有低等级风险事故发生，运营体系基本运作顺畅，各项运营风险指标符合日常运行标准
70～80	A	中	风险管理体系基本完整，有中低级风险事故发生，运营体系运作基本通畅，大部分运营风险指标符合基本标准，少部分运营风险指标达不到基本标准要求
60～70	BBB	差	风险管理体系不完善，各类型风险事故经常发生，运营体系运作不通畅，大部分运营风险指标均达不到基本标准要求
60 以下	BB	很差	风险管理体系缺损严重，重特大风险事故时有发生，运营体系运作呈瘫痪状态，各项运营风险指标均达不到基本标准要求

2）确定指标层各指标的隶属度。参照上述风险等级标准，根据各运营风险指标的具体内容与含义，制定了各运营风险指标的等级分类参考标准，如表 7 - 17 所示。

表 7 - 17　　　　　　　　　　运营风险指标各等级参考标准

指标	优（AAA）	良（AA）	中（A）	差（BBB）	很差（BB）
治理结构	结构完善	结构较合理	组织结构 完善度一般	组织结构较 不合理	组织结构极 不完善
治理能力	很强	较强	一般	低	很低
电网投资	投资能力强	投资能力较强	一般	投资能力较差	基本不投资
金融业务	发展速度很快	发展速度快	一般	发展速度缓慢	基本不发展
产业发展	朝阳产业， 国家扶持	朝阳产业， 区域政策支持	一般	夕阳产业	面临退出
国际化经营	水平很高	水平较高	水平一般	水平较低	水平很低
并购重组	水平很高	水平较高	水平一般	水平较低	水平很低
科技创新	创新水平很强	创新水平较强	水平一般	创新水平较低	创新水平很低
管理创新	能力很强	能力较强	能力一般	能力较弱	能力很弱
品牌管理	品牌管理 水平高	品牌管理 水平较高	品牌管理 水平一般	品牌管理 水平较低	品牌管理 水平极低
公共关系	公共关系 水平很高	公共关系 水平较高	公共关系 水平一般	公共关系 水平较低	公共关系 水平很低
企业文化	总体水平高	水平较高	水平一般	水平较低	水平很低
安全生产	总体水平高	水平较高	水平一般	水平较低	水平很低
应急管理	有丰富应急 处理经验和 完善制度	有一定应急 管理经验	应急管理 水平一般	应急管理 水平较低	应急管理 水平很低
电网运行	电网运行通畅	电网运行 基本通畅	电网运行 不够顺畅	电网运行 难度较大	电网运行 难度极大
设备管理	设备定期保养， 管理水平高	设备管理 水平较高	一般	设备管理 水平较差	设备管理 水平极差
前期工作	前期工作准备 非常充分	前期工作 准备充分	前期工作准备 情况一般	前期工作准备 情况较差	基本没有任何 前期工作
物资采购	总体水平高	水平较高	水平一般	水平较低	水平很低
工程管理	设备更新快， 投入大	定期更新， 投入较大	物力投入一般	物力投入较少	基本无投入
信息安全	信息安全性高	安全性较高	安全性一般	安全性较差	安全性极差
信息化建设	信息化建设 水平高	信息化建议 水平较高	一般	信息化建设 水平较低	信息化建设 水平极低
优质服务	口碑好，威信高	口碑较好	口碑一般	口碑较差	口碑很差
电能计量	计量准确性高	准确性较高	准确性一般	准确性较差	准确性极差

指标	优（AAA）	良（AA）	中（A）	差（BBB）	很差（BB）
干部管理	专职研发人员比例和水平高	专职研发人员比例和水平较高	专职研发人员比例和水平一般	专职研发人员比例和水平较低	人力投入很小或无投入
员工管理	多且专业	较专业	一般	较少	无
农电工管理	管理水平高	管理水平较高	一般	管理水平较低	管理水平极低
货币汇率	汇兑风险极小	汇兑风险较小	风险一般	汇兑风险较大	汇率不稳定，汇兑风险极大
利率	利率风险极小	利率风险较小	风险一般	利率风险较大	利率风险极大
资本市场	资本市场完全有效	资本市场基本有效	资本市场部分有效	资本市场不发挥太大作用	无效或者效果很小
物资供应	物资供应充足，供货质量高	物资供应较充足	物资供应情况一般	物资供应情况较差	物资供应情况极差
物资价格	价格稳定度高	价格较稳定	价格稳定度一般	价格稳定度较差	价格稳定度极差
客户信用	信用极好	信用良好	信用一般	信用欠佳	信用极差
企业信用	信用极好	信用良好	信用一般	信用欠佳	信用极差
售电量	售电量快速增长	售电量稳定增长	售电量变化并不大	售电量逐步下降	售电量快速下降
电力供应	电力供应极充足	供应较充足	一般	供应有些匮乏	供应极度紧张
电力交易	电力交易快速增长	电力交易稳定增长	电力交易变化并不大	电力交易逐步下降	电力交易快速下降
电价	电价快速增长	电价稳定增长	电价变化并不大	电价逐步下降	电价快速下降
电费回收	能够按期回收	基本能够回收	部分可回收	回收较困难	无法回收
市场开拓	市场开拓顺利，市场占有率高	开拓能力较强	开拓能力一般	市场开拓能力较低	市场开拓能力很低
财务报表	财务报表编制详细，内容准确	财务报表较准确	财务报表编制水平一般	编制水平较差	编制水平极差
担保	担保能力高	担保能力较强	一般	担保能力较弱	担保能力极弱
成本控制	成本控制水平高	成本控制水平较高	成本控制水平一般	成本控制水平较低	成本控制水平极低
短期投资	有短期投资目标，投资收益高	投资收益较高	投资收益一般	投资收益较低	投资收益极低
长期投资	有长期投资目标，投资收益高	投资收益较高	投资收益一般	投资收益较低	投资收益极低
资金管理	获利能力强	获利能力较强	获利能力一般	获利能力较差	获利能力很差
融资管理	融资能力强	融资能力较强	融资能力一般	融资能力较差	融资能力很差
环保投诉	环保措施周密，零投诉	环保措施较合理	有一定投诉，处于可控内	投诉较多	投诉非常多

续表

指标	优（AAA）	良（AA）	中（A）	差（BBB）	很差（BB）
劳动保护	保护完善	保护程度较高	一般	保护程度较低	保护程度极低
合同纠纷	基本不出现纠纷	较少出现纠纷	出现纠纷 可妥善解决	出现纠纷 次数较多	出现纠纷 次数极多
设施保护	保护完善	保护程度较高	一般	保护程度较低	保护程度极低
经营合规	总体水平高	水平较高	水平一般	水平较低	水平很低
合同管理	制度完善到位	制度较完善到位	制度完善度一般	制度完善度和 执行力较差	制度完善度 执行力很差
廉政风险	廉政制度完善， 监管体系严格	廉政制度较完善	有一定的监管	廉政体制和 监管都较差	基本无监管
知识产权保护	知识产权被 完全保护	知识产权基本 能够得到保护	知识产权保护 程度一般	知识产权保护 程度较差	基本无保护
知识产权侵权	侵权风险极小	侵权风险较小	风险一般	侵权风险较大	侵权风险极大

3）确定隶属度。根据以上运营风险指标各等级的参考标准，通过对电网企业各项风险指标水平的现状进行分析，采取专家打分的方式，可以得到各指标的隶属度，见表 7 - 18。

表 7 - 18　　　　　　　　　　　运营风险指标评级隶属度

指标	隶属度	指标	隶属度
治理结构	(0, 1, 0, 0, 0)	治理能力	(1, 0, 0, 0, 0)
电网投资	(0.8, 0.2, 0, 0, 0)	金融业务	(1, 0, 0, 0, 0)
产业发展	(0.5, 0.5, 0, 0, 0)	国际化经营	(1, 0, 0, 0, 0)
并购重组	(0.7, 0.3, 0, 0, 0)	科技创新	(0, 0, 0, 0, 1)
管理创新	(1, 0, 0, 0, 0)	品牌管理	(1, 0, 0, 0, 0)
公共关系	(0.6, 0.4, 0, 0, 0)	企业文化	(1, 0, 0, 0, 0)
安全生产	(0.5, 0.5, 0, 0, 0)	应急管理	(0.2, 0.8, 0, 0, 0)
电网运行	(0.7, 0.3, 0, 0, 0)	设备管理	(0, 0, 0.1, 0.9, 0)
前期工作	(0.6, 0.4, 0, 0, 0)	物资采购	(1, 0, 0, 0, 0)
工程管理	(0.7, 0.3, 0, 0, 0)	信息安全	(0, 0, 0, 0.9, 0.1)
信息化建设	(0.8, 0.2, 0, 0, 0)	优质服务	(1, 0, 0, 0, 0)
电能计量	(0.9, 0.1, 0, 0, 0)	干部管理	(0.37, 0.63, 0, 0, 0)
员工管理	(0.8, 0.2, 0, 0, 0)	农电工管理	(1, 0, 0, 0, 0)
货币汇率	(0.5, 0.3, 0.2, 0, 0)	利率	(0.3, 0.7, 0, 0, 0)
资本市场	(0.8, 0.2, 0, 0, 0)	物资供应	(0.5, 0.3, 0.2, 0, 0)
物资价格	(0.8, 0.2, 0, 0, 0)	客户信用	(1, 0, 0, 0, 0)

指标	隶属度	指标	隶属度
企业信用	(0.6, 0.4, 0, 0, 0)	售电量	(0, 0.5, 0.5, 0, 0)
电力供应	(0.7, 0.3, 0, 0, 0)	电力交易	(0.37, 0.63, 0, 0, 0)
电价	(0.9, 0.1, 0, 0, 0)	电费回收	(0.5, 0.5, 0, 0, 0)
市场开拓	(0.8, 0.2, 0, 0, 0)	财务报表	(1, 0, 0, 0, 0)
担保	(0.5, 0.3, 0.2, 0, 0)	成本控制	(0.8, 0.2, 0, 0, 0)
短期投资	(0.6, 0.4, 0, 0, 0)	长期投资	(0, 0.5, 0.5, 0, 0)
资金管理	(0.7, 0.3, 0, 0, 0)	融资管理	(0.37, 0.63, 0, 0, 0)
环保投诉	(0.9, 0.1, 0, 0, 0)	劳动保护	(0.5, 0.5, 0, 0, 0)
合同纠纷	(0.8, 0.2, 0, 0, 0)	设施保护	(0.7, 0.3, 0, 0, 0)
经营合规	(0, 0.5, 0.5, 0, 0)	合同管理	(0.9, 0.1, 0, 0, 0)
廉政风险	(0.37, 0.63, 0, 0, 0)	知识产权保护	(0.8, 0.2, 0, 0, 0)
知识产权侵权	(0.5, 0.5, 0, 0, 0)		

根据前文所述方法，进行三级模糊评价计算，最终可得风险管理等级的综合评价相量 $B=$ （0.13、0.14、0.41、0.09、0.21）。

引进分数集 $F=(F_1, F_2, F_3, F_4, F_5)^T=(100, 90, 80, 70, 60)^T$，其中 F_j 表示第 j 级评价等级的分数，则综合评价分数为

$$U=BF=（0.13、0.14、0.41、0.09、0.21）(100, 90, 80, 70, 60)^T=77.3$$

参照上表的评定标准，电网企业具有 A 级别的综合风险管理水平。这个等级的风险管理水平处于中间等级，说明风险管理体系基本完整，有中低级风险事故发生，运营体系运作基本通畅，大部分运营风险指标符合基本标准，少部分运营风险指标达不到基本标准要求。

第三节　运营风险协同应对机制设计

一、完善运营风险管理组织体系

为实现电网企业运营风险及时处置与有效应对，保证电网企业运营业务安全有效开展，必须构建分层级、跨部分的风险协同应对机制，完善配套机制与流程。

（1）建立电网企业运营风险管理委员会。在集团层面设置运营风险管理委员会，公司总经理担任运营风险管理委员会主席。运营风险管理委员会负责审定电网企业运营风险管理原则、风险管理标准、风险管理体系建设规划，评估确定每年的重大风险，

审定重大风险管理策略和年度风险管理报告。风险管理委员会向总经理办公会负责，在既定的风险偏好和管理策略基础上，开展工作，定期向监事会（代表出资人）呈报经营风险分析报告。

（2）完善业务部门的风险管理职责。明确各业务部门对运营风险管理管理职责，对部门负责的专业业务领域进行风险识别和评估、制定风险管理策略和解决方案，执行风险管理措施，向电网企业风险管理专业机构汇报专业风险管理状况。

（3）完善集团下属企业运营风险组织体系。在下属企业设立由总经理负责的相应组织机构。按照总部既定的风险偏好和管理策略，对所经营的业务实施全面风险管理，并对主要风险和主要决策活动提交风险分析报告。

二、运营风险应对保障体系

（1）建立运营风险监督评价机制。电网企业的风险管理监督评价机制建设目标是要通过对企业风险管理体系建设、运行效果进行内部审计、外部审计，同时结合标杆经验，提出持续改进的方向和措施，保障风险管理体系能够持续发挥对战略目标实现的推动作用。

监督评价机制建设体现在对电网企业风险管理有效性进行持续评估的过程。主要关注风险管理体系运行与维护、风险数据库的更新、风险应对方案的有效性、总体风险策略等方面。国资委在其风险管理指引也强调，企业应以重大风险、重大事件和重大决策、重要管理及业务流程为重点，对风险管理初始信息、风险评估、风险管理策略、关键控制活动及风险管理解决方案的实施情况进行监督，采用压力测试、返回测试、穿行测试以及风险控制自我评估等方法对风险管理的有效性进行检验，根据变化情况和存在的缺陷及时加以改进。

按照监督与检查的范围与频率，可以通过三种途径来展开监督与检查工作：持续监督、管理层定期审核风险及其控制与应对措施、内部和外部审计师对风险管理工作独立评价（在第二方设计中，可以提出对标杆经验引入的需求），监督与检查的三种途径如图 7 - 4 所示。

（2）加强运营风险管理信息系统建设。风险管理信息系统是整个全面风险管理体系中的重要组成部分，为全面风险管理体系中进行风

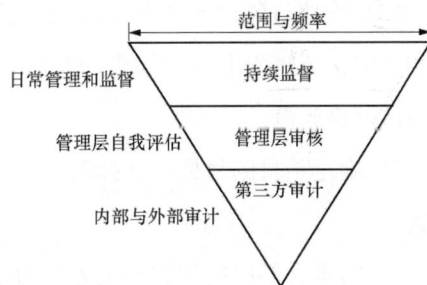

图 7 - 4　监督与检查的三种途径

险评估、实施风险管理解决方案、执行风险管理的基本流程、履行内部控制系统提供必需的技术基础。

在进行风险管理信息系统建设前，需要对于电网企业业务主要风险的预警指标体系进行细化研究，明确关键信息需求和监测指标，将指标和风险点、管理流程、具体责任主体对应起来，为信息系统能够有效固化流程奠定基础。

（3）加强运营风险管理文化建设。①在全体员工中就影响电网企业战略目标实现的风险达成共识；②在全体员工中就体现电网企业价值取向的风险偏好、风险容忍度达成共识；③自觉遵循风险管理规章制度，落实到日常行为规范中。为了实现以上目标，电网企业需要在以下两个方面加强工作：①加大风险管理培训、宣传教育的工作力度。尤其是，针对目前电网企业面临的严峻经营形势，加大贯宣力度，营造危机意识，风险意识。②在风险管理体系建设中，注意全员参与，在风险辨识、风险评估的过程中，通过充分的上下互动，就一些关键问题达成一致认知，为风险管理文化、理念建设奠定良好的工作基础。

三、跨部门风险协同管理策略

由于风险具有相互传递性、多变性和难以准确预测性，想要通过风险防范来杜绝风险，做到万无一失的可能性不是很大的，因此风险防范的目标并不是杜绝风险，应该是以较低成本降低风险，从而达到较高的效用。根据跨部门风险风险的特点，按照电网企业业务运作所处的的不同阶段，采取不同的风险防范措施。

（1）跨部门风险识别阶段风险防范。在这一阶段，主要是对电力市场机遇识别不正确的风险防范，应采取的主要措施是：着重关注相关市场环境的变化，保证能够及时地收集到有效、真实和可靠的相关资料和经营机遇信息，并根据所要求达到的水平程度，对机遇的性质、特点进行准确描述。

（2）跨部门风险形成阶段风险防范。这一阶段是电网企业各部门处于磨合的阶段，在相互的交流过程中存在很多冲突和矛盾，但并没有明显表现出来。该阶段应采取的风险防范措施有：

1）确定项目的目标，选择动态模式，从而根据项目的目标明确电网企业的目标和宗旨。

2）明确各部门的权利和义务，为了防范某些部门及分支机构的投机主义行为，使就范者得到惩罚，需要一些相关的限制性和排他性的条款制定。

3）在组织设计方面，要充分考虑跨部门风险的现实情况与特点，组建电网企业风险管理机构进行管理，并对各方的职责进行细化，同时，各成员企业要相互配合，且服从风险管理机构的管理。

4）采用合理的科学理论为基础，根据跨部门风险自身的特点，通过共同协商制定公平、平等的管理规章制度、检查机制和反馈机制，制定管理规章制度时，要注意应以激励性的机制为主，并辅以约束性的机制。

（3）跨部门风险运行阶段风险防范。这一阶段可能是跨部门风险整个生命周期中经历时间最长的一个阶段，也是其投入各种资源急剧增长的时期，更是各种矛盾和潜在风险相互交织的突发时期。在这一阶段，先前各种矛盾和潜在的风险很有可能突然发生，迅速蔓延，并造成较大的损失。因此，在这一阶段，对各种可能造成损失的事件要严加防范。该阶段应采取的风险防范措施有：

1）优先使用先进的信息技术，在电网企业内部各部门之间实行多样化的沟通方式，尽量减少甚至避免因部门之间间沟通问题而造成的损失。

2）在电网企业内部进行协作时，各部门一定要保证严格遵守相关规定和原则进行，以有利于其关系的协调，同时，各部门一定要以践行坦诚相见的诚信美德为荣。

3）在质量、成本、进度、技术等方面，电网企业风险管理机构应该做好充分的准备，加强定期质量检查、成本控制，制定柔性的进度计划，制定相关的技术应急预案和变更方案等。

（4）重点风险防范处理。从跨部门风险风险识别所建立的指标体系到风险评价的实例分析，我们都可以清楚地看到部门协作方面的风险才是电网企业风险管理的主要对象。协作贯穿于跨部门风险的每一阶段，所以部门协作方面的风险防范也自然成为电网企业风险防范的重点。部门协作方面风险的防范措施：包括制定公司文化，统一管理理念，帮助部门或者分支机构提高其内部组织结构的柔性，统一部门之间的信息处理和系统接口标准，加强对核心技术的保护，加强企业参与方部门之间的交流和沟通以及技术的衔接，在合作过程中评价各个部门的协作程度，制定机制明确各自责任。

（5）跨部门风险控制策略。跨部门风险控制机制应该建立在对关键风险因子和风险因素有明确认识的基础上，维持风险和责任、权限、利益、能力的相对等，并根据企业风险管理的原则，按照风险管理的步骤选择合适的控制策略。

（6）跨部门风险规避策略。该策略一般应用于高概率、大损失发生的风险，又没有找到其他有效的对策来降低该种风险的情况，即拒绝承担风险，因此这种方法将风险彻底的加以消除。是否采取风险规避的策略与有关项目参与方对风险的偏好程度有关，即任务参与方的决策者和管理人员是风险保守型、中性型还是冒险型有很大关系。

对跨部门风险来说，遇到下面几种情况需要考虑采用风险规避策略：

1）属于高概率发生、大损失的风险事件。

2）并不属于高概率发生的风险事件，但其一旦发生会造成的非常严重的损失，甚至是难以估计的。

（7）跨部门风险减轻与分散策略。风险控制的行为通常称为风险减轻，该策略一般包含有两层含义：其一是从概率的角度降低风险发生的可能性，其二是从风险发生后果上来减小造成的损失。当具备相应的条件时，正确地采用减轻风险的策略也许能够会得到比风险规避更好的技术经济效果。分散风险是指通过增加承担风险责任人的数量，将风险加以分割，并分配给多个参与方，从而使总体风险得到降低。

（8）跨部门风险自留与利用策略。风险自留是指有关项目参与方自己承担风险带来的损失，并做好相应的准备工作，制定应急计划，尤其适用于那些可能发生的概率较低，且即使发生造成的损失也很小的风险。采用风险自留策略的前提是决策者应掌握较完备的风险信息，这样才能平衡风险和收益，使所造成的损失不超过项目参与主体的承担能力。

（9）跨部门风险转移策略。作为风险管理的一个手段—风险转移是非常重要的。该策略是通过运用一些特别的方式，对其认为比较难办的风险因素的权利和责任一同转移给他人，适用于那些无法规避、必须直接面对，而从自身承受能力来看又不能有效地承担的风险。风险转移的方法有很多种，从目前来看主要是通过保险转移和非保险转移两大途径进行的。保险转移是通过购买保险来转移；非保险转移一般是通过保证担保、工程分包和合同条件等的规定来实现。

延伸阅读

电网企业抓住机遇、控制运营风险的趋势研判

在全球经济格局变化的新形势下，电网企业受到的经营压力越来越大，更需要运用大数据手段，分析企业运营趋势、控制风险，对企业中长期发展进行风险预判。

一、环境变化对企业发展和电网发展提出了更高的要求

全球经济格局深度调整，经济复苏存在不稳定、不确定因素。我国面临的宏观经济形势错综复杂，有利条件和不利因素并存。我国支撑发展的要素条件也在发生深刻变化，深层次矛盾凸显，正处于结构调整阵痛期、

增长速度换挡期。

（1）实现 2020 年"双倍增"目标为经济发展提供了广阔空间，全面深化改革将进一步激发经济活力，电网发展和电网企业发展处于重要战略机遇期。各项改革措施的陆续出台，将有利于更充分地发挥市场在资源配置中的决定性作用，提升要素生产效率，夯实经济长期可持续发展的基础。

（2）经济发展进入"新常态"阶段，经济增速换挡、结构布局优化、增长动力转变都对电网发展与电网企业发展提出了更高的要求，要求更加注重发展质量，实现从外延伸式向内涵式发展方向转变。随着经济增速逐步换挡，在产业结构上，第三产业将占据主导地位，钢铁、水泥等高耗能产品产量将逐步趋于峰值，第三产业增加值占 GDP 比重将超过第二产业；地区结构上，东部地区将率先进入工业化和城镇化中后期，经济增速放缓并低于中西部地区，东、中、西部地区布局更加协调；增长动力转变上，将从低端的要素、投资驱动向高端的创新驱动转换。此外，人口红利逐渐消失、土地等要素价格不断提高，依靠廉价要素驱动的经济增长模式难以为继。综合上述因素，电网企业的售电量增速将受到直接影响，原有用能模式下，用电量增速将不可避免下滑，提升供电服务质量、开发用电增值服务成为新的利润增长点。

（3）加快发展战略性新兴产业，为电网企业产业发展带来了良好机遇，但也面临着产能过剩、市场竞争激烈等挑战。《国家战略性新兴产业发展规划》提出，把高端装备制造业培育成为国民经济的支柱产业。加速发展战略性新兴产业，将带动电网上下游产业蓬勃发展，随着我国特高压、智能电网、新能源等领域的快速发展，智慧用能产业将迎来新一轮的发展机遇。

二、中国企业走出去正处于加快发展和提升水平的关键时期

从国际环境来看，发达国家基础设施老化，发展中国家城市化和工业化进程加速发展，全球能源电力等基础设施更新改造需求潜力较大，为电网企业国际业务发展提供了重要市场机遇。

（1）"一带一路"战略为拓展国际市场提供有利机遇。"一带一路"战略的实施将打造我国全方位对外开放格局，明确了我国与沿线国家在互联互通、能源合作、对外投资、经贸合作、金融合作等重点领域的发展方向，有利于电网企业争取政策和金融支持、优化国际业务布局、加快开发

沿线国家市场。

(2) 发达国家出售能源资产的进程仍在持续，但受全球性资金流动性过剩影响，收购优质境外资产竞争压力增加。过去五年里，欧洲、大洋洲很多国家均有出售能源企业国有股权的计划；E. ON、RWE、Vattenfall、Iberdrola 等能源企业也制定了庞大的资产出售计划。为寻求稳定投资回报，大量财务投资者涌入电力行业，购买优质电力资产面临的竞争压力增大。

(3) 世界范围内电工装备和电力工程市场潜力巨大，但在政策、技术、标准等方面的壁垒仍然较为突出。欧美发达国家电力基础设施日趋老化，发展中国家大多进入工业化和城镇化的快速发展阶段，电力工程和设备市场潜力巨大。全球电力行业发展势头良好，可再生能源在世界范围内快速发展，迫切需要外部资金和技术支持，为中国企业输出电力工程和装备提供了有利机遇。但为了保护本国装备和工程企业，大部分国家在关税政策、本地化采购、技术标准等方面对外国工程和装备企业设置了一定限制，中国企业扩大境外工程和装备业务面临比较严重的壁垒。

(4) 我国政府实施"中国制造 2025"、"国际产能合作"等新举措，加大企业走出去配套措施，简化审批流程，通过亚投行、丝路基金等措施拓展投融资渠道，但电网企业境外投资的审批仍面临一定障碍。对外贸易和投资领域的简政放权是我国行政制度改革的重要组成部分，近期国家通过缩减审批范围、简化审批流程等措施，进一步扩大企业对外贸易和投资自主权。为解决企业走出去面临的资金"瓶颈"，近期国家通过筹建新型国际金融组织、推进外汇储备多元化应用、创新金融产品、扩大信用保险范围等措施，加大对企业走出去的金融支持力度。

三、大数据等新兴技术发展融合对电网企业提出新的要求

互联网、云计算、大数据等新兴技术的快速发展对电网生产、经营管理与优质服务等领域产生显著影响。着眼未来，这些新兴技术与电网调度控制、企业经营管理的深度融合，对电网企业业务模式创新发展提出新的要求与机遇。

(1) 互联网、大数据等新兴技术快速发展为实现智能电网海量数据实时采集接入、在线计算处理和关联分析挖掘，提供了有效支撑，需要企业面向电网生产、经营管理等方面，积极推进新兴技术在负荷预测、电网规

划、配网运行、核心资源集约管理等领域的深度应用，提升业务创新能力。

（2）传统产业与新兴技术融合对传统产业营销模式、盈利模式的创新带来新的挑战。需要电网企业加快新兴技术与传统业务融合，充分发掘企业业务资源价值，重塑业务价值链，增强技术应用与转化能力，积极拓展用户增值服务。

（3）电网企业经营管理和业务模式创新发展对数据治理提出了新的要求，需要企业加快统一信息系统和数据平台建设，完善并推进各专业、各层级数据应用管理模式，构建数据运维管理体系，加强数据信息开发应用和安全管理，实现数据资源价值的大幅提升。

参 考 文 献

［1］孙艺新. 大型企业运营分析体系建设与实践——大数据时代运营管理解决之道［M］. 北京：中国电力出版社，2017.

［2］成思危. 中国管理科学的学科结构与发展重点选择［J］，管理科学学报，2000，3（1）.

［3］孙艺新. 基于故障树方法的供电可靠性灰色关联分析［J］. 中国电力，2016（5）.

［4］李鹏. 智能电网运营管理风险元传递模型及决策支持系统研究［D］. 华北电力大学，2014.

［5］张秀兰. 逻辑回归模型下的企业财务预警实证研究［J］. 求索，2012（01）：36 - 38.

［6］王雁凌，李艳君，许奇超. 改进雷达图法在输变电工程综合评价中的应用［J］. 电力系统保护与控制，2012（05）：119 - 123.

［7］李存斌，李鹏，陆龚曙. 基于模糊数相似度的智能电网运营风险综合评价［J］. 华东电力，2012（09）：1486 - 1489.

［8］陈绍君，杨桂钟，黄道姗，吴丹岳. 层次分析法在电网运营效率评价中的应用［J］. 华东电力，2012（11）：1891 - 1894.

［9］司峻山. 云南大唐国际电力电网企业对标管理研究［D］. 长沙理工大学，2013.

［10］张孟娟. 电力运营监控可视化管理研究［D］. 西南财经大学，2013.

［11］周明，赵炜，王鹏，李庚银. 供电企业运营绩效评估的层次化标尺竞争模型及方法［J］. 电力系统自动化，2008（04）：20 - 24.

［12］石文辉，别朝红，王锡凡. 大型电力系统可靠性评估中的马尔可夫链蒙特卡洛方法［J］. 中国电机工程学报，2008（04）：9 - 15.

［13］周勇，巩敦卫，张勇. 混合性能指标优化问题的进化优化方法及应用［J］. 控制与决策，2007（03）：352 - 356.

［14］刘玉树，项鸿雁. 寻求成本与服务的最佳结合点——山东电力集团电网企业国际对标成果转化综述［J］. 国家电网，2007（04）：60 - 62.

［15］孙艺新. 电网企业运营分析主题库架构设计［J］. 中国电力企业管理，2014，13.

［16］徐敏杰，胡兆光，单葆国，吴俊勇. 电力需求影响因素的解释结构模型分析［J］. 中国电力，2009（04）：1 - 5.

［17］赵渊，周家启，刘志宏. 大电网可靠性的序贯和非序贯蒙特卡洛仿真的收敛性分析及比较［J］. 电工技术学报，2009（11）：127 - 133.

［18］韩金山，谭忠富，刘严. 电力零售企业风险的解释结构模型研究［J］. 电网技术，2005（08）：14 - 19.

[19] 聂宏展，聂耸，乔怡，吕盼．基于主成分分析法的输电网规划方案综合决策 [J]．电网技术，2010 (06)：134-138.

[20] 李国栋，李庚银，杨晓东，周明．基于雷达图法的电能质量综合评估模型 [J]．电力系统自动化，2010 (14)：70-74.

[21] 李继红，戴彦，周剑波，孙维真，吴臻，倪秋龙，王超．电网风险预警管理体系探讨 [J]．华东电力，2010 (07)：1057-1061.

[22] 刘艺梁，殷坤龙，刘斌．逻辑回归和人工神经网络模型在滑坡灾害空间预测中的应用 [J]．水文地质工程地质，2010 (05)：92-96.

[23] 王德青，万永波，王翔，狄让丽．基于主成分的改进雷达图及其在综合评价中的应用 [J]．数理统计与管理，2010 (05)：883-889.

[24] 周松林，茆美琴，苏建徽．基于主成分分析与人工神经网络的风电功率预测 [J]．电网技术，2011 (09)：128-132.

[25] 朱俊敏，景利学，饶克克．基于小波神经网络的电网故障诊断研究 [J]．电气开关，2011 (06)：23-25.

[26] 别朝红，王锡凡．蒙特卡洛法在评估电力系统可靠性中的应用 [J]．电力系统自动化，1997 (06)：68-75.

[27] 林健，周晓斌，任远，余民．大规模风电入网后的电网运营风险及其控制手段 [J]．供用电，2013 (02)：1-7.

[28] 吴怀岗．我国智能电网运营管理机制的复杂性及应对策略 [J]．现代经济探讨，2013 (04)：36-40.

[29] 熊国江，石东源，朱林．基于多输出衰减径向基函数神经网络的电网故障诊断 [J]．电力系统保护与控制，2013 (21)：38-45.

[30] 肖其师，吴畏，张鹏飞，赵红卫，许唐云．电网企业运营风险管理体系模型及管控机制研究 [J]．华东电力，2014 (08)：1691-1694.

[31] 熊国江，石东源，朱林，陈祥文．基于径向基函数神经网络的电网模糊元胞故障诊断 [J]．电力系统自动化，2014 (05)：59-65.

[32] 林丽琼，陈守军，谭忠富．电网运营风险预警评估的模糊故障树分析模型 [J]．华东电力，2014 (02)：229-235.

[33] 戴维斯．运营管理基础 [M]．北京：机械工业出版社，2005.

[34] 郑毅．证析-大数据与基于证据的决策 [M]．北京：华夏出版社，2012.

[35] 维克托·迈尔·舍恩伯格 (Viktor Mayer-Schönberger)．大数据时代 [M]．杭州：浙江人民出版社，2012.

[36] 罗伯特·卡普兰 (Robert S. Kaplan)．平衡计分卡：化战略为行动 [M]．广州：广东经济出

版社，2004.

［37］罗伯特·卡普兰（Robert S. Kaplan）. 战略地图：化无形资产为有形成果［M］. 广州：广东经济出版社，2005.

［38］梁林海. 知识管理［M］. 北京：北京大学出版社.

［39］孙艺新. 电力大数据应用模式与前景分析［J］. 中国电力企业管理，2015（17）.

［40］孙艺新. 英国国家电网公司资产全寿命周期管理实践与启示［J］. 价格月刊，2011.11.

［41］孙艺新，喻小宝，张玮，等. 基于蒙特卡罗模拟的电网企业运营监测指标与阈值研究［J］. 华东电力，2014（12）.

［42］师萍，曾艳玲，张炳臣. 一种简便实用的经营业绩评价方法——沃尔比重法的应用与改进［J］. 中国软科学，2000（10）：119 - 120.

［43］马璐. 企业战略性绩效评价系统研究［D］. 湖北：华中科技大学，2004.

［44］李辛欣. 环境绩效对企业价值的影响研究［D］，2011.

［45］http：//soft. zdnet. com. cn/software _ zone/2013/0312/2148115. shtml.

［46］Zheng，Tongxin，Litvinov Eugene. Operational Risk Management in the Future Grid Operation ［M］. 2011 IEEE POWER AND ENERGY SOCIETY GENERAL MEETING. 2011.

［47］Zhang，Jinhui. Assessment on operational risk in power grid enterprises based on variable weight fuzzy evaluation ［M］. 2009 INTERNATIONAL CONFERENCE ON ENERGY AND ENVIRONMENT TECHNOLOGY，VOL 2，PROCEEDINGS. 2009：92 - 95.

［48］Innocentini，VA Procedure for Operational Use of Wave Hindcasts to Identify Landfall of Heavy Swell ［J］. WEATHER AND FORECASTING. 2014：349 - 365.

［49］Li，Cun - bin. Analysis of wind power generation operation management risk in China ［J］. RENEWABLE ENERGY. 2014：266 - 275.

［50］戴维斯. 运营管理基础（第 8 版）. 北京：机械工业出版社，2005.

［51］环境绩效对企业价值的影响研究. 硕士学位论文. 李辛欣（2011）.

［52］http：//france. edf. com/france - 45634. html.

［53］Lee J. Krajewski，Larry P. Ritzman. Operations Management ［M］，New York：Pearson Education. 2005.

［54］F. Robert Jacobs，Richard B. Chase. Operations and Supply Chain Management ［M］. New York 13th Edition. McGraw - Hill 2011.

［55］Blanchard，David. Supply chain Management Best Practices. New York：John Wiley&Sons，2006.

［56］林海. 电网运营监控体系建设与实践［J］. 大众用电，2014，04：47 - 50.

索　引

后　　记

本书是笔者在运营分析体系建设方面撰写的第二部专著，也是笔者博士生学习生涯期间的研究工作总结。在第一部专著中，笔者提出大型企业开展运营分析的方法论，揭示了企业在大数据时代运营管理解决之道。本书则是从术的视角，力求在电网企业运营分析与预警工作上提出清晰的技术实施路径与决策模型。

运营分析体系建设是一个比较新颖的命题，也是一项源于实践、面向实践的命题，近年来伴随着大数据的发展，逐渐成为社会各界关注的热点。在大数据时代下，运营分析体系与预警技术的核心是算法与模型，只有充分应用数据分析、完善数据管理，企业的运营分析工作的精准度与有效性才会不断提高，对企业的运营预警功能才能够发挥实效。本书沿着企业内部、外部、内外部结合三个层面建立了完整的运营分析与预警技术框架，力求将运营绩效评价、诊断与预警技术、运营流程分析监测与预警技术、外部环境数据获取与监测技术、运营风险综合分析与评价技术等进行全面、系统的阐述与探索。受本人水平所限，书中恐多有疏漏乃至错误，还望各位读者朋友及专家学者多多指教！在应用层面，本书将作者五年来积累的相关案例、算例与项目成果进行了全面梳理，力求为相关算法模型提供更有应用前景的示例介绍。其中部分观点已经在大型电网企业中得到应用，部分算例则仅为读者提供一个可以借鉴的视角。另外，受篇幅与主题的所限，针对每一章内容中没有详细阐述到的内容或未来可能的新趋势、新领域，本书还增加了延伸阅读环节，也是笔者在相关领域的进一步思考，供读者参考。

在本书完稿之际，感谢国网能源研究院各级领导对本书的关心与支持，感谢华北电力大学恩师与同门的鼎力支持。国网能源研究院作为智库机构，有一大批优秀的研究学者，与优秀者同行，使我在成长之路上不断汲取到宝贵的知识与经验。我深刻体会到作为一位企业管理与运营分析的青年研究人员，在我职业生涯的每一个节点都得到了很多领导、前辈的帮助与支持。

感谢张运洲院长、王广辉总经理、吕健副书记、蒋丽萍副院长、柴高峰副院长、李伟阳副院长、李连存书记、张全总工、王耀华副院长、牛忠宝调研员的院领导团队对我的信任与支持，使我有了持续的成长机会与更为宽松的研究空间。

感谢华北电力大学闫庆友、谭忠富两位恩师对我博士生研究期间的指导与帮助。

两位教授严谨的治学作风为我树立了研究工作与学习的楷模，闫教授在数量经济与决策优化领域有很深的造诣，谭教授长期深耕于电网企业战略管理与运营分析领域，并取得丰厚的成果，两位老师对我无私的付出促成了本书的完成。

感谢张玮、李云峰、邱忠涛、周原冰、李英、葛旭波等老领导对我的悉心指导，在本书撰写初期对选题方向给予了充分指导。

感谢张勇、鲁刚、郭磊、石书德、陈武、仲福森、栾昊、马云高、刘伟、张园、郭建鎏、张倩、黄东流等领导和同事对书稿的关心和照拂。

感谢喻小宝、鞠立伟、秦超、邹鑫、杨乐等同门对书稿的审阅和斧正。

感谢父母和爱妻刘沙长期以来对我的鼓励与支持，感谢儿子孙卿洋小朋友的体贴关心。

感谢中国电力出版社各位老师，特别是罗翠兰老师为本书的付出。

还有很多领导、同事、前辈、朋友的名字没有一一列上，在此一并感谢！

最后，希望本书为电网企业的运营管理创新之路能够贡献绵薄之力，希望每一个持续奋斗者都有收获的喜悦！